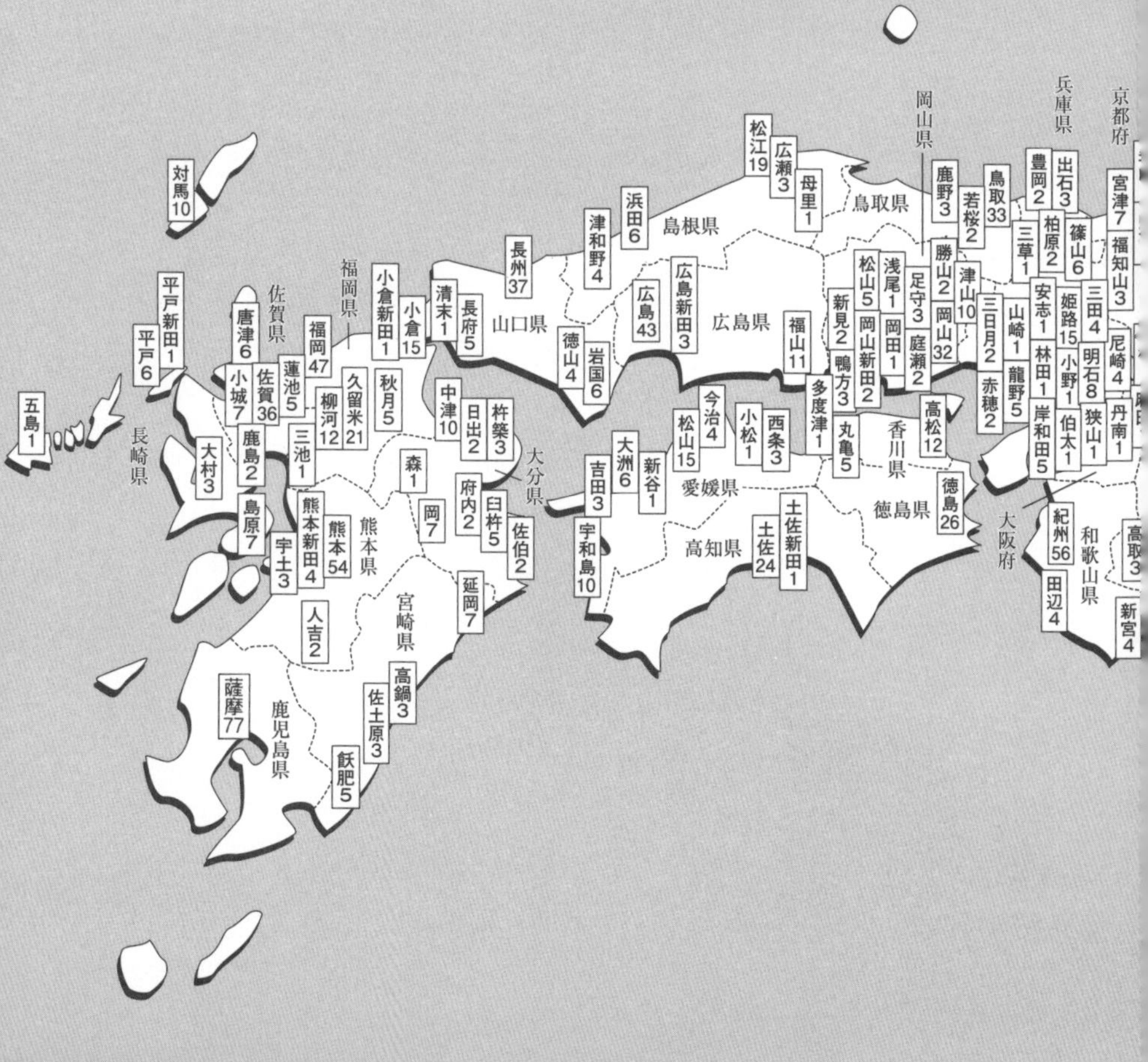

対馬 10
平戸新田 1
平戸 6
五島 1
長崎県
佐賀県
唐津 6
小城 7
佐賀 36
蓮池 5
鹿島 2
大村 3
島原 7
福岡県
福岡 47
柳河 12
久留米 21
三池 1
小倉新田 1
小倉 15
秋月 5
熊本新田 4
熊本 54
熊本県
宇土 3
人吉 2
薩摩 77
鹿児島県
宮崎県
高鍋 3
佐土原 3
飫肥 5
延岡 7
大分県
中津 10
日出 2
杵築 3
森 1
岡 7
府内 2
臼杵 5
佐伯 2
山口県
清末 1
長府 5
長州 37
徳山 4
岩国 6
津和野 4
浜田 6
島根県
松江 19
広瀬 3
母里 1
広島 43
広島新田 3
広島県
福山 11
鳥取県
岡山県
鹿野 3
若桜 2
鳥取 33
勝山 2
津山 10
岡山 32
新見 2
松山 5
浅尾 1
足守 3
岡山新田 2
岡田 1
庭瀬 2
鴨方 3
多度津 1
丸亀 5
香川県
高松 12
徳島 26
徳島県
今治 4
小松 1
西条 3
松山 15
大洲 6
新谷 1
吉田 3
宇和島 10
愛媛県
土佐新田 1
土佐 24
高知県
兵庫県
豊岡 2
出石 3
三草 1
柏原 2
篠山 6
三日月 2
山崎 1
安志 1
姫路 15
三田 4
赤穂 2
龍野 5
林田 1
小野 1
明石 8
尼崎 4
岸和田 5
伯太 1
狭山 1
丹南 1
大阪府
紀州 56
田辺 4
和歌山県
新宮 4
高取 3
京都府
宮津 7
福知山 3

シリーズ藩物語

林洋海……著

三池藩（下手渡藩）

現代書館

プロローグ

三池藩（下手渡《しもてど》藩）物語

三池藩（下手渡《しもてど》藩）というと藩政時代に詳しい方でも、どこにあった藩ですかと聞き返す人が多い。三池といえば炭鉱であり、その本拠があった大牟田市が東洋一の炭都として栄えた陰で三池藩は忘れさられ、三池が城下町であったことを知る人は少ない。

三池藩の隣の柳川藩は全国的に知られている。初代藩主立花宗茂は武人として知られ、その人となりは多くの作家を魅了して、幾多の伝記や小説で語られてきた。ところが弟である三池藩祖立花直次については語られてきたことがない。

藩どころか藩主も知名度がまったくない知る人ぞ知る藩だった。

しかし、十二万石の柳川藩が藩政時代の三百年を平凡に送ってきたのに比べて、三池藩はわずか一万石、藩士二〇〇人ばかりの小さな藩だったが、代々英邁《えいまい》な藩主を生み出してきた。それも外様《とざま》でありながら、譜代を差しおき幕府要職に用いられ、若年寄から老中まで輩出した藩でもあったのである。

次に下手渡藩であるが、九州ではまったくといっていいほどなじ

藩という公国

江戸時代、日本には千に近い独立公国があった

江戸時代。徳川将軍家の下に、全国に三百諸侯《しょこう》★の大名家があった。ほかに寺領や社領、知行所《ちぎょうしょ》★をもつ旗本領《はたもとりょう》などを加えると数え切れないほどの独立公国があった。そのうち諸侯を何々家《け》家中《かちゅう》と称していた。家中は主君を中心に家臣が忠誠を誓い、強い連帯感で結びついていた。家臣の下には足軽《あしがる》層《そう》★がおり、全体の軍事力の維持と領民の統制をしていたのである。その家中を藩と後世の史家は呼んだ。

江戸時代に何々藩と公称することはまれで、明治以降の使用が多い。それは近代からみた江戸時代の大名の領域や支配機構を総称する歴史用語として使われた。その独立公国たる藩にはそれぞれ個性的な藩風《はんぷう》と自立した政治・経済・文化があった。幕藩体制とは歴史学者伊東多三郎《いとうたさぶろう》★氏の視点だが、まさに将軍家の諸侯の統制と各藩の地方分権が巧く組み合わされていた、連邦でもない奇妙な封建的国家体制であった。

今日に生き続ける藩意識

明治維新から百四十年以上経っているのに、今

みがない。なじみがないのは当然で、下手渡は福島県の阿武隈高地にあるのだが、これまた福島県人でも、よほど県内の地名に詳しい人でもない限り知られていないのである。

実は、九州筑後国三池にはじまった三池藩は江戸後期の文化三年（一八〇六）、陸奥国伊達郡下手渡（福島県伊達市月舘町下手渡）に国替えとなって下手渡藩となり、嘉永四年（一八五一）、三池に半知復封したという数奇な経緯がある。

国替えといっても下手渡は三池から一六〇〇キロメートル離れた遠国《おんごく》で、気候も風土もことばもまったく異なる国であった。

現代のように飛行機や新幹線などのべんりな交通機関があるわけではなく、一六〇〇キロメートルを歩く旅なのである。

若者はともかくも、老人や幼子《おさなご》がいる家庭では容易に決断がつくはずもなく、藩士は苦悩し、移住を巡って藩論は分かれた。

それでも四二家が移転を決断し、下手渡へ向かった。

慶応四年（一八六八）の戊辰（維新）戦争では奥羽列藩同盟から、その向背を問われた。苦衷の下手渡は戦場になり、三池からの支援兵の奮闘もむなしく、陣屋も城下も灰燼《かいじん》に帰《き》した。しかし、藩士は苦難に負けずに下手渡を第二の故郷として復興し、発展に尽くした。

でも日本人に藩意識があるのはなぜだろうか。明治四年（一八七一）七月、明治新政府は廃藩置県《はいはんちけん》★を断行した。県を置いて、支配機構を変革し、今までの藩意識を改めようとしたのである。ところが、今でも、「あの人は薩摩藩の出身だ」とか、「我らは会津藩の出身だ」と言う。それは侍出身だけでなく、藩領出身も指しており、藩意識が県民意識をうわまわっているところさえある。むしろ、今でも藩対抗の意識が地方の歴史文化を動かしている。そう考えると、江戸時代に育まれた藩民意識が現代人にどのような影響を与え続けているのかを考える必要があるだろう。それは地方に住む人々の運命共同体としての藩の理性が今でも生きている証拠ではないかと思う。

藩の理性は、藩風とか、藩是《はんぜ》とか、ひいては藩主の家風ともいうべき家訓などで表されていた。

〔稲川明雄（本シリーズ『長岡藩』筆者）〕

諸侯▼江戸時代の大名。
知行所▼江戸時代の旗本が知行として与えられた土地。
足軽層▼足軽・中間・小者など。
伊東多三郎▼近世藩政史研究家。東京大学史料編纂所所長を務めた。
廃藩置県▼藩体制を解体する明治政府の政治改革。廃藩により全国は三府三〇二県となった。同年末には統廃合により三府七二県となった。

シリーズ藩物語 三池藩(下手渡藩)

目次

これも三池・下手渡

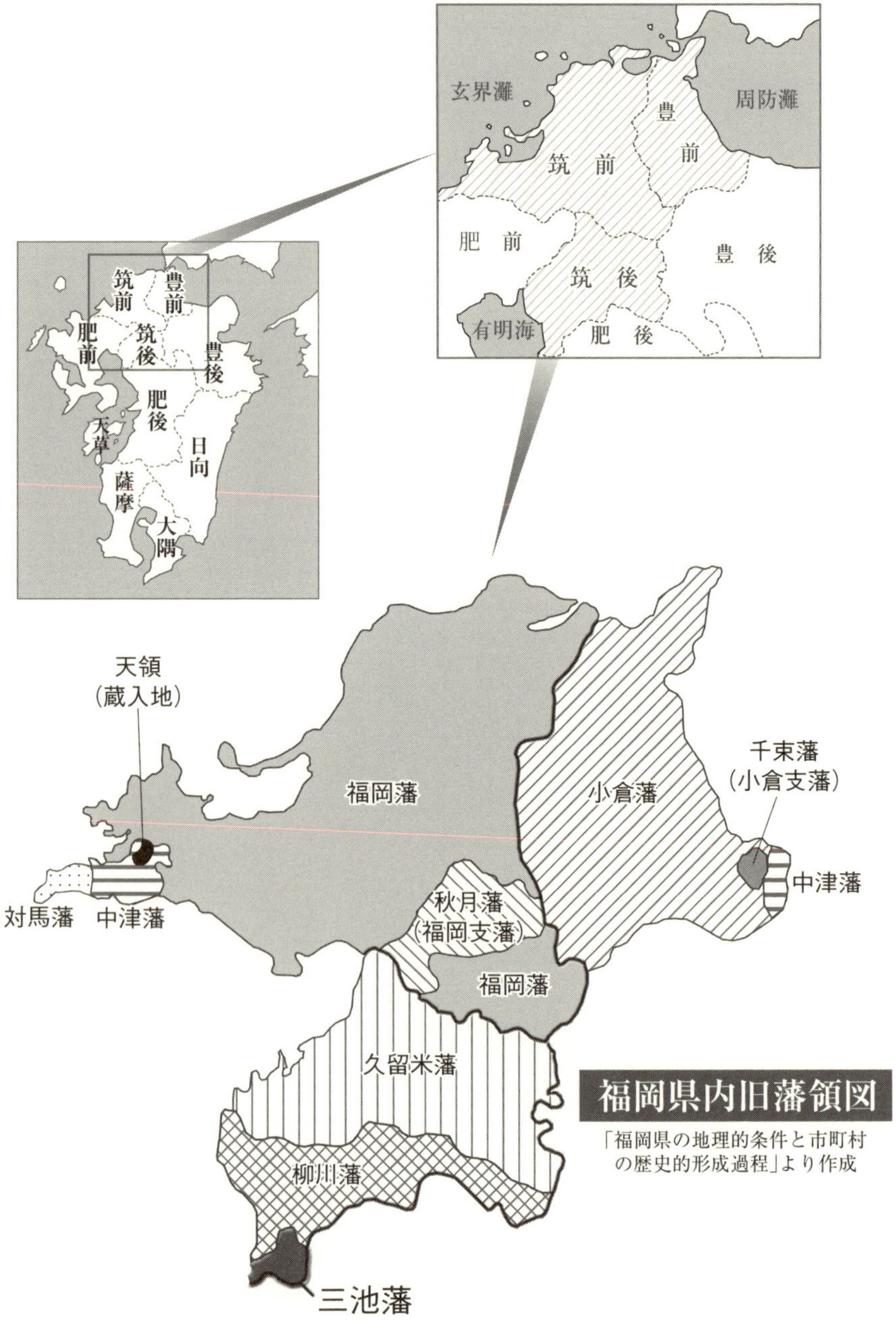

福岡県内旧藩領図

「福岡県の地理的条件と市町村の歴史的形成過程」より作成

第一章 三池藩前史

三池に権勢を誇った三池氏は大友氏に敗れ、二百八十八年の歴史を閉じた。

高橋紹運像
（大牟田市立三池カルタ・歴史資料館蔵）

① 三池のはじまり

鎌倉幕府の御家人だった中原氏系安芸氏が隈本に下って、土着して国人となり、のちに鎮西探題評定衆として三池を領して、「筑後十五家」といわれた権勢を誇った。しかし、戦国の抗争に敗れ、無念のうちに三池を去った。

三池と三池氏

三池は九州筑後国にある。筑後は一〇郡五四郷でなり、延喜五年（九〇五）、醍醐天皇の命による「延喜式」で定められ、明治半ばまで一〇郡でつづいた。

一〇郡は生葉《いくは》郡（うきは市）七郷、竹野郡六郷、山本郡五郷、御井《みい》郡八郷、御《み》原《はら》郡四郷、三瀦《みむま》郡八郷、上妻《かみつま》郡（八女《やめ》郡）四郷、下妻《しもつま》郡（みやま市）三郷、山門《やまと》郡五郷、そして肥後国境の三毛《みけ》郡（三池郡）四郷である。

明治二十九年（一八九六）、生葉、竹野郡が合併して浮羽《うきは》郡となり、御井、山本、御原郡が合併して三井《みい》郡となり、上妻、下妻郡が合併して八女郡となったが、筑後南端の三瀦、山門、三池郡は合併なくそのまま現在に至っている。

このうち、三池藩が置かれた三池郡は御木《みけ》、三毛《みけ》とも書いた。

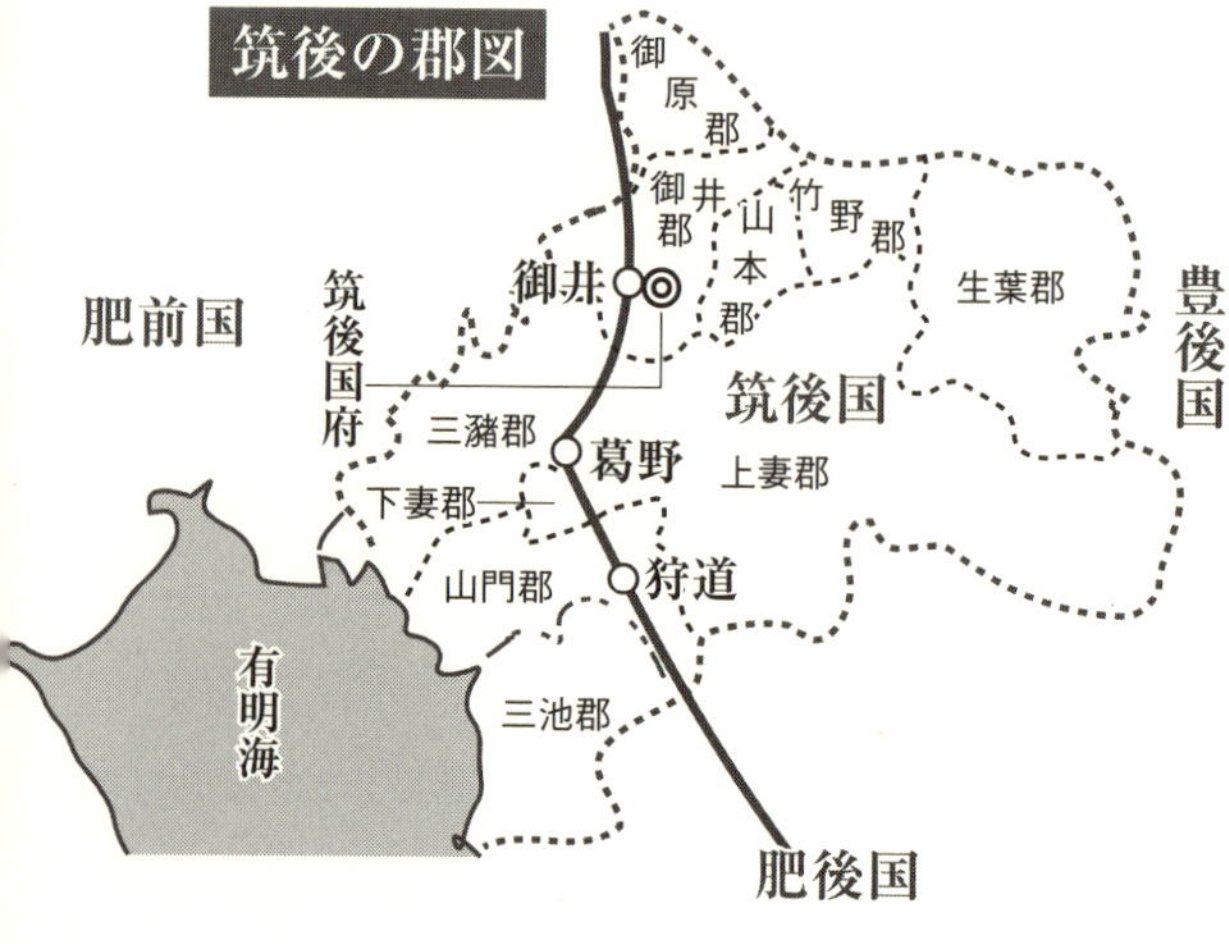

御木の由来は『日本書紀』にある。

「景行《けいこう》天皇、十八年秋七月、高田の行宮《あんぐう》にいたり、倒れたる木あり、長さ九七〇丈、天皇曰く『この木は神木なり、故にこの国宜しく「御木国」と号すべし』」

ちなみに三毛は、御木がなまったものだという。

三毛郡には米生《よねお》・十市《といち》・砥上《とかみ》・日奉《ひまつり》の四郷《ごう》があった。

一郷（条里・六町四方）は五〇戸からなり、一戸（牧場単位の地域）は五〇人ほどがいた。つまり三毛郡には一万人ほどが住んでいたことになる。

時代が進むにつれ、公地公民から原野の開発などによる土地の私有化が進んで律令制度が乱れて郷制度が崩壊した。このなかで三毛郡は勃興した豪族が治める北郷と南郷に分かれていった。また、豪族たちは自領の一部や全部を権門勢家《けんもんせいか》に寄進し、荘園が生まれた。三毛の荘園では平安時代の後期、建長五年（一二五三）の「近衛家所領目録」に筑後国三池荘が高陽院《かやのいん》（鳥羽皇后）領として現れる。これは三毛郡内の豪族が国司の干渉から私領を守るために権門勢家に寄進し、荘園としたものだといわれ、この頃から地域名が公称の三毛から私称の三池に変わって、三池荘と呼ばれるようになった。三池の豪族には、土着して三池姓を名乗る者がいた。鎌倉幕府の守護職として筑後に下った藤原師親系の三池氏、隈本の地頭となった中原師俊系の三池氏、大宰府府官大蔵春実系の三池氏などである。

条里制の跡が偲ばれる筑後平野
（柳川市蔵）

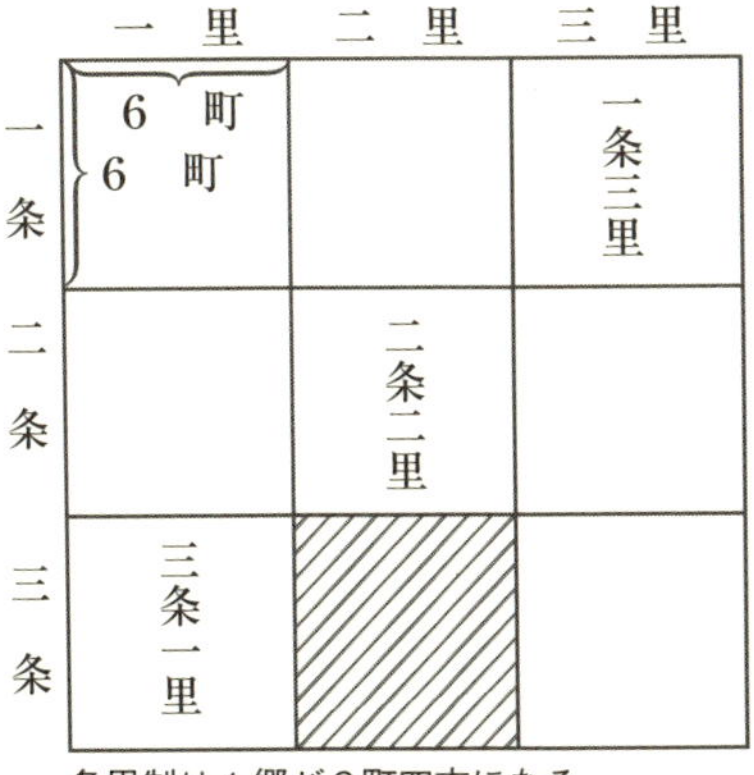

条里制は１郷が６町四方になる

藤原氏系三池氏

三池氏系譜では柳川三池氏の系譜と同じくする大牟田市の普光寺三池氏系譜が最も古い。同系譜では、祖を藤原師親《もろちか》として、弘仁十一年（八二〇）、師親が筑後三池郡に一一〇〇町を賜い、三池中納言師親と名乗った。普光寺の開山は弘仁十四年だが、開基は師親とある。

正治元年（一一九九）、三毛氏十三代師員《もろかず》が、鎌倉幕府より三池郡を賜い、三池に下って守護となり、翌年、大間《だいま》城を築いて居城となした。

ところが藤原師親を祖とする三池氏は、大分三池氏（大分県玖珠《くす》郡玖珠町）、大坂三池氏（大阪府池田市）にもあり、疑問がもたれていた。

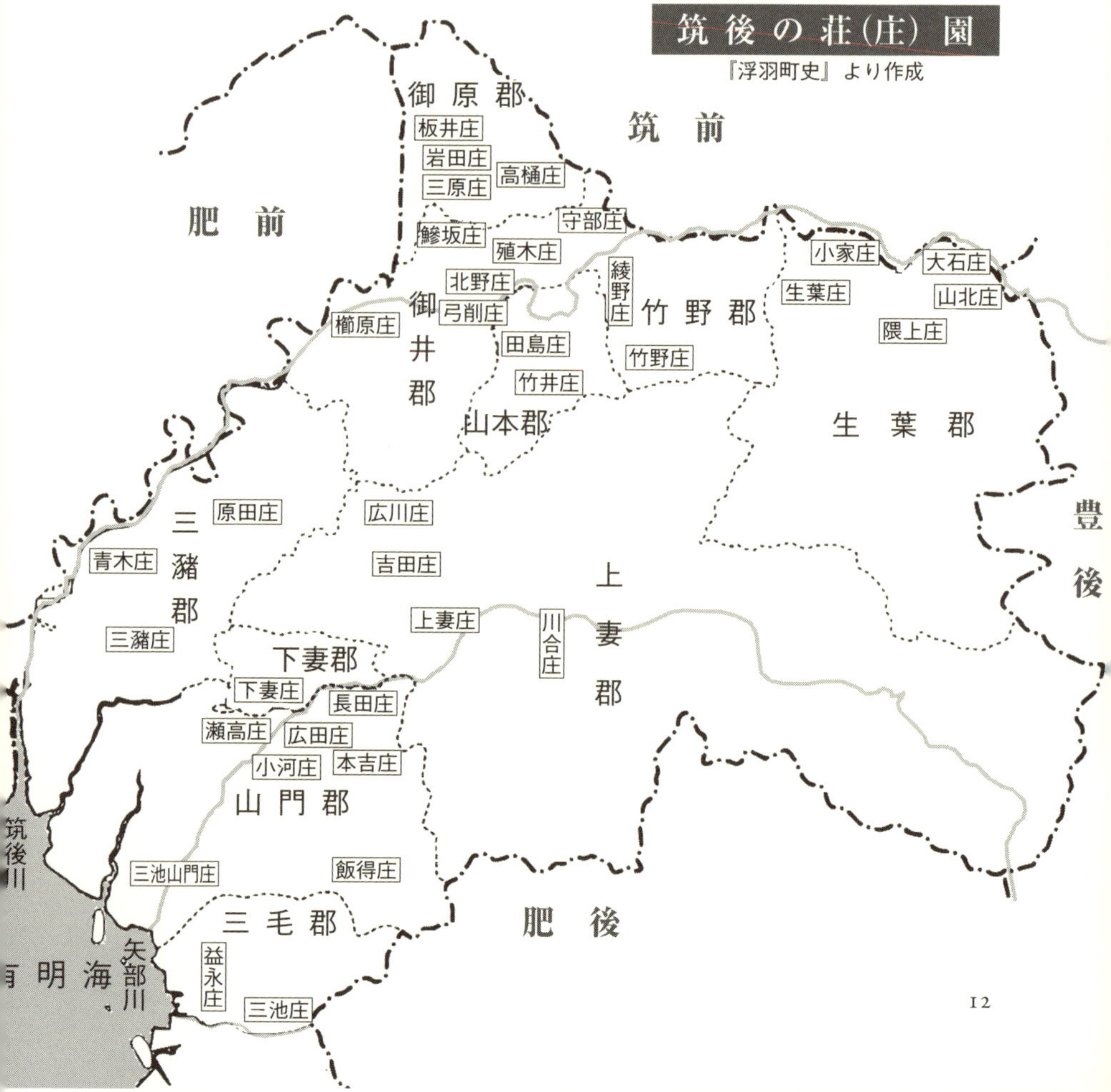

筑後の荘(庄)園
『浮羽町史』より作成

大蔵氏系三池氏

次に三池氏を名乗ったのは大宰府府官大蔵氏系の三毛大夫《たゆう》季実《すえざね》である。三毛とあるが、前述のように三池の地名は当初、御木・三毛と書いていた。東大寺文書のなかに三池の豪族として、三毛大夫の名が見られる。天慶四年（九四一）、藤原純友の反乱のさい、鎮圧軍の将として九州に派遣された大蔵春実《はるざね》は、大宰府を舞台に土着し、その一族は大宰府の監《かん》（警察）・典《すけ》（事務官）などの高級官僚として勢力を広げ、九州最大の武士団となった。

大蔵氏の一族は三毛（美気）のほかにも土着して、原田氏（筑前国御笠郡原田）、波多江《はたえ》氏（筑前国志摩郡波多江）、秋月氏（筑前国朝倉郡秋月）、三原氏（筑後国御井郡三原）、高橋氏（筑後国御原郡高橋）、江上氏（筑後国三瀦郡江上）、田尻氏（筑後国山門郡田尻）などを名乗り、筑前筑後の有力国人となっている。

なかでも筑後国の南端三池郡を本拠とする三毛氏の行動と活躍は華々しい。

康治三年（一一四四）一月十一日、大宰府大監薦野《こもの》小大夫資綱《すけつな》が筑後国生葉郡山北（うきは市）にあった領地の薦野郷の隣接地を襲った（「東大寺文書」）。

「肥前前司薦野小大夫資綱朝臣の手により、伝領の筑後国生葉郡薦野郷の公験《くげん》をもって、五百人余の軍兵を引き連れ、封内を追捕《ついぶ》、在家を焼き払わんと凝《はか》る」

これは肥前前司大江邦道が鳥羽院の皇后宮に荘園を寄進しようとして、薦野や三毛などの国衆を使って、観世音寺（太宰府市）領の大石・山北《やまきた》封（領地）の豊後

大宰府政庁復元模型（九州歴史資料館蔵）
政庁は太宰府市観世音寺にあった

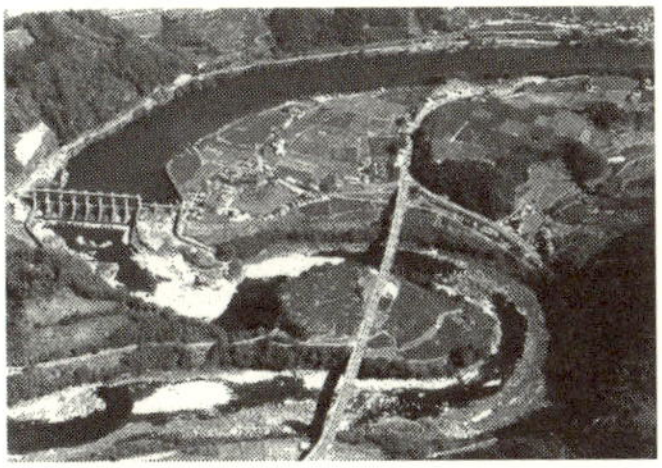

豊後国境の袋野郷
（筑後川河川事務所蔵）

との境の大野・袋野《ふくろの》を襲わせたものだといわれている（『浮羽町史』『筑後市史』）。

ただ、「和名抄」によれば生葉郡の郷には大石、山北、姫春《ひめはる》、物部《ものべ》、椿子《つばこ》、小家《おえ》、高西《こせ》の七郷しかないが、豊後との国境の袋野の一部にあったらしく、薦野が薦野公験（土地所有権証明書）をもって、袋野と隣接する大野を自領だとして乱入したのだといわれている。

この襲撃に動員された国衆は肥前、筑後、豊後の豪族で、三毛大夫季実は薦野の寄騎《よりき》として「東大寺文書」に名が見える。

こうして三毛氏は大宰府府官として働く一方、南筑後を代表する国人となった。

この頃中央では藤原氏の摂関政治が力を失い、白河上皇が院政を画策し、世は乱れていた。

保元元年（一一五六）に起きた保元の乱につづく平治の乱で、新興の武家勢力平清盛が勝利し、新たな権力者となった。

治承四年（一一八〇）、博多津を押さえ、日宋貿易を一手にして九州支配に拍車をかける平氏に、肥後の菊池隆直、阿蘇惟安《これやす》、木原盛実らが反乱した。

同年、都では三條宮以仁王《もちひとおう》が平氏打倒の令旨《りょうじ》（命令書）を発し、呼応した源氏が畿内や美濃、関東で挙兵、地方の豪族も巻き込んで源平合戦がはじまった。

大蔵一族は源平合戦では平氏に与《くみ》し、文治元年（一一八五）、美気三郎敦種《あつたね》は原田種益とともに豊前葦屋浦で源氏方を迎え討ったが、敗戦し、美気は戦死した。

「保元の乱絵巻」（部分）

「源平合戦図」（有馬記念館蔵）

戦後、大蔵一族は鎌倉幕府から所領を追われ没落し、大蔵系三毛氏も絶えた。ただ、田尻氏や秋月氏、高橋氏などはのちに復権している。

平氏を滅ぼし鎌倉幕府を開いた源頼朝は各地の豪族を御家人化する一方、没収した平家方の所領に幕府の御家人を守護・地頭として送り込んだ。

三池の最初の地頭職★となった鎌倉幕府の御家人は深堀能仲《よしなか》で、建長二年（一二五〇）五月、地頭職に補任された。ところが五年後に肥前国彼杵《そのぎ》郡戸町浦の地頭として去っている。次に地頭職となった御家人が安芸木工助《むくのすけ》定時である。

▼地頭職
所領の支配者。

中原氏系三池氏

建治三年（一二七七）、鎌倉幕府の書博士中原師俊の子、安芸木工助定時（師時）が肥後国鹿子木《かのこぎ》荘の地頭となった。安芸は父の官職名だった。

その後、定時が鎮西《ちんぜい》探題の評定衆《ひょうじょうしゅう》★となったさい、三池南郷に移り、土着して子孫が三池姓を名乗った。二代貞宗、三代貞鑑《さだあき》も鎮西評定衆、引付衆★を務めている。

建武二年（一三三五）、足利尊氏が関東で兵を挙げたとき、三池氏四代貞元（兵庫助親元）が父の名代として出兵したとある。その後、筑後は豊後の大友氏が守護として統治するようになるが、三池氏は度々反乱し、天文十九年（一五五〇）、大友氏に滅ぼされた。しかし、その名跡《みょうせき》は甥に受け継がれてつづいた。

▼評定衆
行政・立法・司法を司る役職。

▼引付衆
評定衆の補佐役。

　この中原系三池氏の系譜と藤原系三池氏の系譜は歴代の人物が類似していて、藤原系三池氏の系譜は宗祖から子孫までの家系が大坂、豊後にもあるなど、疑問をもたれていた。そのなかで郷土史家伊那健次氏が郷土研究『筑後』において、藤原氏系三池氏は熊本の『中原氏系鹿子木氏系図』と重なることが多く、三池氏は中原氏系ではないかと指摘され、三池氏中原系説が登場した。

　しかし、藤原氏宗祖と中原氏宗祖では、その興《おこ》りに五百年近い差がある。また、三池氏系図と鹿子木系図には時系列の違いや歴代の人物が微妙に異なっていて特定されず、鹿子木氏系図は祖を中原親能とするなど誤謬《ごびゅう》があって、新たな三池氏系図を確定するまでには至っていないという。

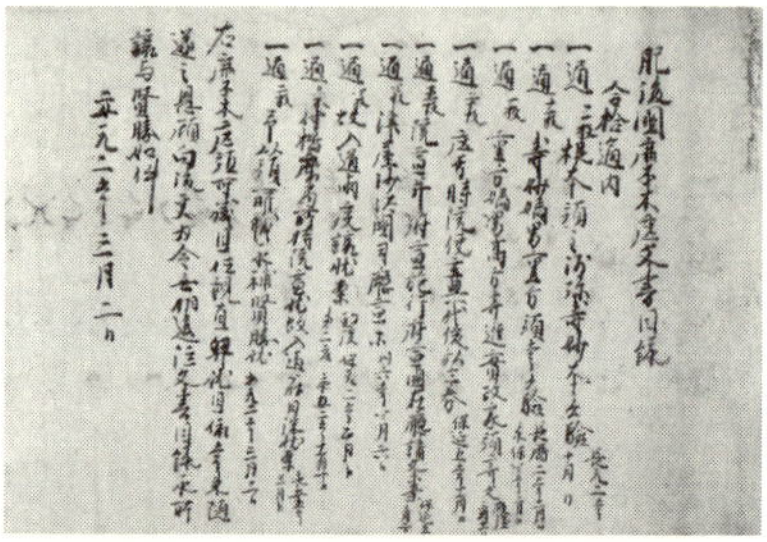

「肥後国鹿子木文書目録」（京都府綜合資料館蔵）
安元21年（1176）東大寺百合文書に掲載

高一揆と「筑後十五家」

　筑後では鎌倉幕府御家人を下り衆と呼び、下り衆も土着して豪族になった。

　しかし、筑後には守護大名★のような大豪族は生まれず、高《たか》一揆と呼んだ小豪族の連帯組織があり、これらの高一揆をまとめた有力豪族を国人とか国衆と呼んだ。

　三池には高一揆はなかったといわれ、三池氏が国人として勢力を張っていた。

　筑後国には三池氏のような国人が十五家あり、三池氏もその一家だった。

▼守護大名
室町幕府が派遣した地方官。今川・武田・大内・大友・島津氏などが有名。

国人	出自・家系	城館	領地
三池氏	鎌倉御家人	三池城	三池郡
田尻氏	大蔵氏末裔	鷹尾城	山門郡
上蒲池氏	宇都宮氏末裔	山下城	上妻郡
下蒲池氏	宇都宮氏末裔	柳川城	山門郡
草野氏	鎌倉御家人	発心岳城	山本郡
黒木氏	源助能《すけよし》末裔	猫尾城	上妻郡
河崎氏	源助能末裔	犬尾城	上妻郡
五條氏	五條頼元の後裔	高屋城	上妻郡
溝口氏	国人	溝口城	下妻郡
西牟田氏	国人	西牟田城	三潴郡
江上氏	大蔵氏末裔	江上城	三潴郡
丹波氏	高良社座主	高良社	御井郡
高橋氏	大蔵氏末裔	高橋城	御原郡
星野氏	源助能後裔	妙見城	生葉郡
問註所氏	鎌倉御家人	長岩城	生葉郡

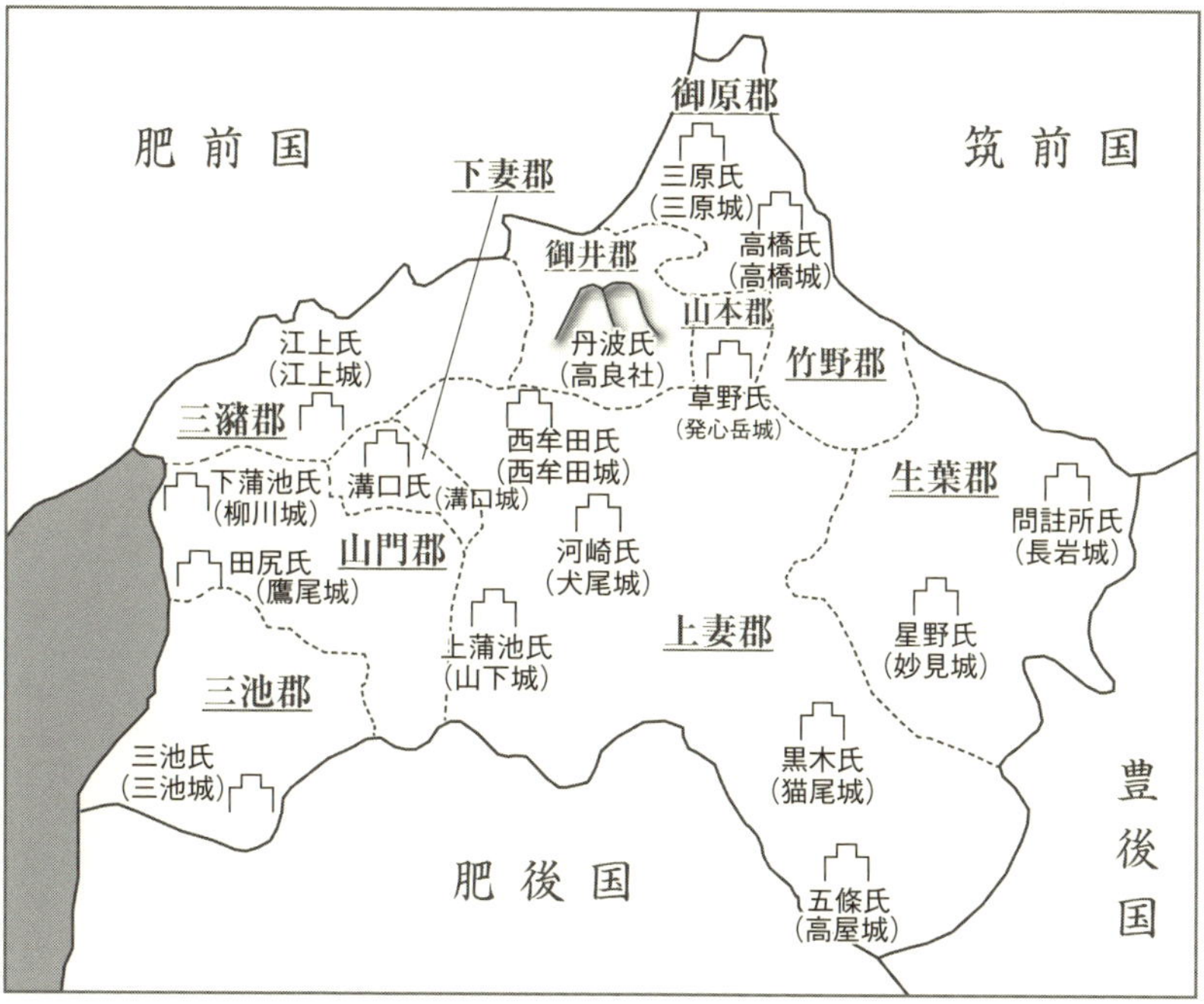

十五家のうち三池領に接していたのは山門郡の田尻氏だったが、田尻氏は三池とも名乗っていたようで『吾妻鏡』には「原田太郎種直の弟田尻三郎実種、三池の田尻に住する故、三池大蔵大夫と称す」ともある。

「田尻家譜」では美気大蔵大夫を田尻実種《さねたね》とみなし、田尻氏の祖としている。田尻の宗祖は大宰府府官の大蔵春実で、その子孫の原田種成《たねなり》の三男三郎実種が山門郡の田尻に下って田尻を名乗り、田尻親種が鷹尾城を構えていた。

三池郡では田尻氏の勢力伸長によって次第に三池領が侵され、北郷は田尻領になり、三池氏の領地は南郷内に狭められていった。

三池氏の盛衰

永正（一五〇四～一五二一）の頃、豊後の守護大名大友氏の権勢は近隣を圧倒し、豊後国内にとどまらず、一国を治めるほどの有力国人がいない豊前国・肥後国・筑前国・筑後国にまで及んでいた。

永正十二年（一五一五）、大友義長は家督を嫡男《ちゃくなん》の義鑑《よしあき》に譲った。義鑑は父の意向を受け、肥後を治めるべく弟の重治《しげはる》に肥後の豪族菊池氏の跡を継がせた。

天文元年（一五三二）、九州進出をもくろむ中国の大内氏と豊後の大友氏、筑前の少弐《しょうに》氏の抗争がはじまった。これを見て大友重治改め菊池義武は大友宗家から

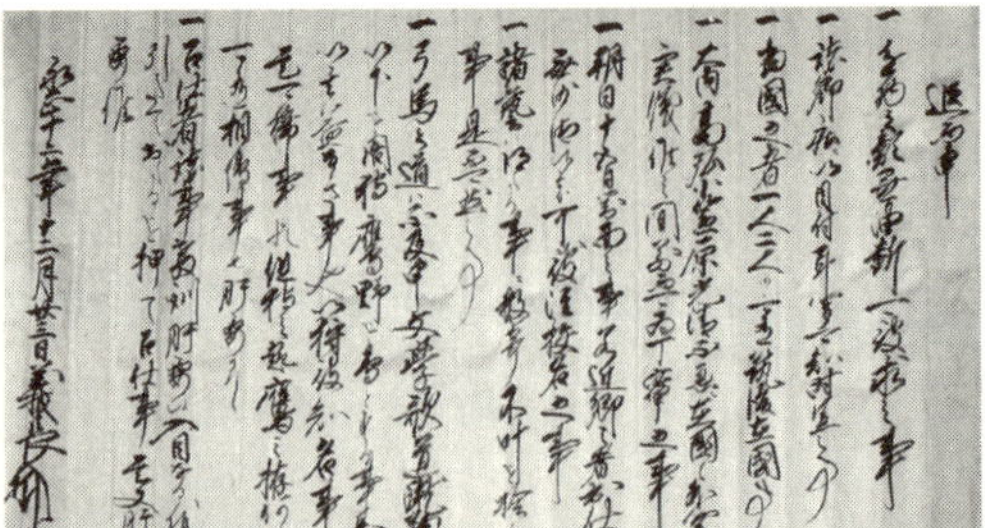
義鑑による領地統治心得「大友義鑑条々事」書状
（立花家史料館蔵）

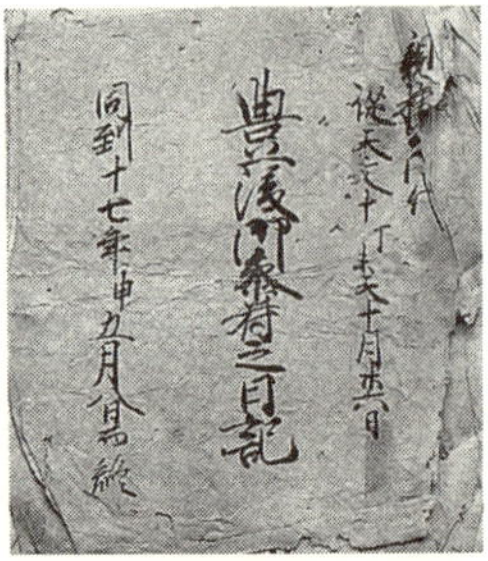
田尻氏の「豊後御参府之日記」
（佐賀県立博物館蔵）
大友氏傘下の国人として府内へ参勤した

の独立を図り、大内氏と通じて大友義鑑に反逆、義武には筑後の国衆三池親盛《ちかもり》・溝口長資《ながすけ》・河崎鑑繁《あきしげ》・蒲池能久・西牟田親毎《ちかまい》らが加担した。

この抗争は室町幕府将軍足利義晴《よしはる》の仲介で天文七年三月に和睦し、大内勢の撤兵により、大友の追撃を危惧した義武は肥前島原に逃亡した。

天文十九年二月十日、大友義鑑が家督相続の紛争から、家臣の津久見美作《みまさか》・田口新蔵人《しんくらんど》によって討たれるという「二階崩れの変」が起きた。

同年三月十四日、島原に逃れていた菊池義武は大友氏の混乱を見て、再び肥後への復帰を決意し、大友討伐の旗を挙げた。義武に与したのは菊池一族や親盛の跡を継いだ三池親員《ちかかず》、溝口鑑資《あきとも》、西牟田氏の残党、安武《やすたけ》鑑教《あきのり》、田河兄弟だった。

三池親員にとっては大友方の田尻氏を討ち、領土を回復する絶好の機会である。

これを知った田尻親種《ちかたね》は大友氏へ救援を求めた。

大友の新当主となった大友義鎮《よししげ》は、大友方の高良《こうら》社座主丹波麟圭《りんけい》、蒲池鑑広《あきひろ》、蒲池鑑盛《あきもり》の両蒲池、肥後の小代実忠らを田尻の鷹尾城へ救援に向かわせた。

五月になると大友義鎮の呼びかけに静観していたほかの肥後勢が応じ、大友勢が豊後から進撃して、肥後勢とともに大勢力で菊池方を圧倒した。

筑後では、大友方の攻勢を見て勢いを得た田尻・両蒲池軍によって菊池方の溝口城が陥落、続いて三池氏の出城竹井原城・今福城が落ちた。大友方の大攻勢で窮地に陥った三池親員は居城を捨て肥後へ落ち、三池氏は滅亡した。

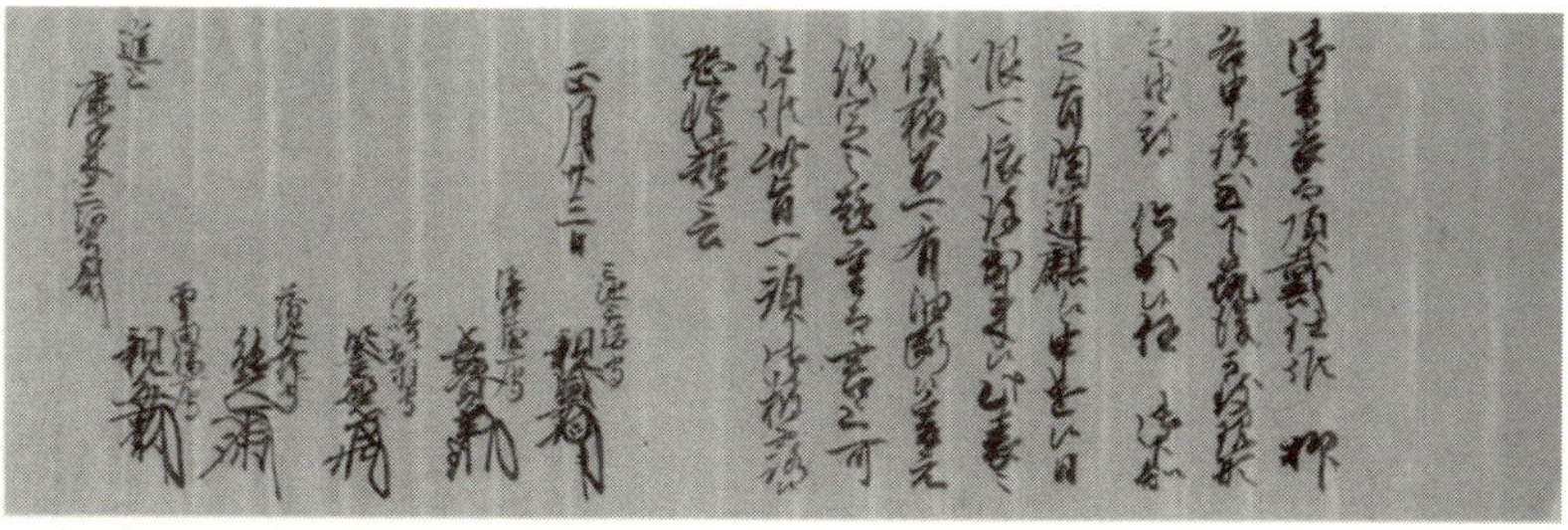

三池、溝口、河崎、蒲池西牟田連書書状
（慶応義塾大学図書館蔵）

菊池義武は島原に逃れたが、天文二十三年十一月二十日、大友義鎮におびき出され、豊後直入郡木原で殺されている（柳川の歴史『蒲池氏と田尻氏』）。

戦後、田尻氏は領地を七五〇町に拡大して筑後国一の国人となった。

三池氏の今福城は、三池親員の甥で大友方に恭順した三池親高の預かりとなった。親高は永禄十年（一五六七）九月、秋月種実との休松《やすみまつ》合戦で戦死、子の鎮実《しげざね》が大友義鎮から三池郡の倉永村・下内村・宮部村の一〇六町を新知村付された。

天正十五年（一五八七）六月七日、九州平定をなした豊臣秀吉の九州国割で三池鎮実は朱印を受け、三池から三瀦郡一五〇町に国替えとなり、南筑後の新たな領主となった立花宗茂の寄騎《よりき》とされた。その後、鎮実は文禄の役で戦死した。

宗茂は秀吉没後の関ヶ原合戦で西軍に与し、敗戦後改易となり、家臣を加藤清正に預け上京した。家臣のなかには清正にそのまま仕えた者もあった。

筑後の四大名亡き後、筑後一国三十二万石を一手にしたのは田中吉政だった。

吉政は近江田中村の生まれで、はじめは織田信長の足軽だった。

信長に目を掛けられ、さらに秀吉の御伽《おとぎ》衆宮部継潤《けいじゅん》の寄騎として二百石取りとなった。秀吉の信頼も厚く、甥の秀次の伝役《つたえ》（上奏役）となり、秀次によって四大老にのぼった。吉政は秀次と秀吉の間を周旋し、その都度、石田三成に報告していたこともあって、秀次の自刃事件の後も懲罰を受けることなく、かえって秀吉の信頼が高まり、三河岡崎で加増を受け、十万石の大名となった。

大友宗麟像（瑞峯院蔵）

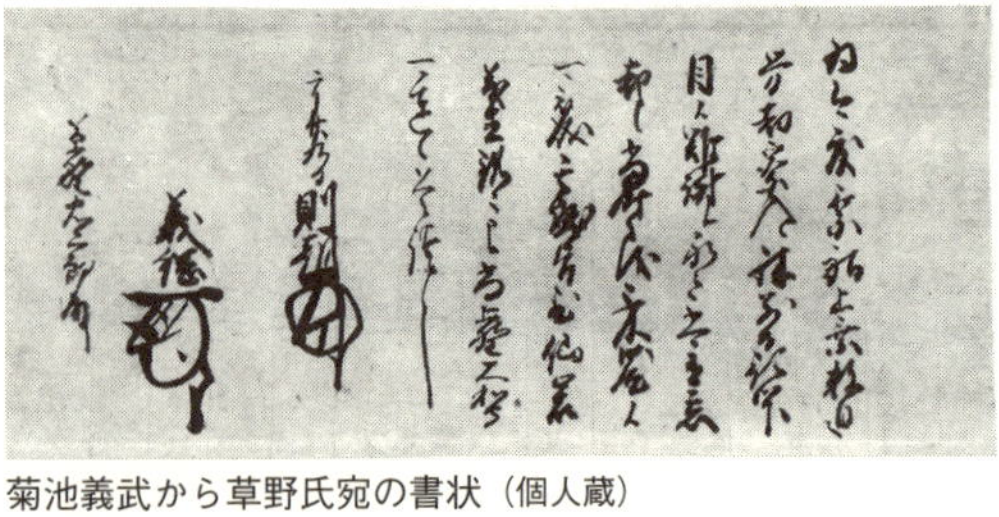

菊池義武から草野氏宛の書状（個人蔵）

秀吉亡き後に起きた関ヶ原の合戦では徳川家康に与し、「治部少崩れ」といわれた、敗残《はいざん》の石田三成を生け捕りにする大手柄で、戦後、筑後一国三十二万石の大大名となったのである。吉政は治政や土木に定評があった。

大庄屋、庄屋制度を設け、農村支配機構を整備し、治水・利水工事を行って農業振興に寄与した。有明海の干拓では「汐土居《しおどい》堤」を築き、耕作地を拡大した。

久留米の長門石《ながといし》で大きく湾曲していた筑後川の流れを変え、瀬下《せのした》まで直流させ、筑後川にそれまでなかった堤防を築いたので、洪水が少なくなったという。

居城のある柳川と久留米の間に「田中道路」といわれる街道を新設し、沿線の発展にも尽くした。民政ではキリシタンを保護し、布教を奨励している。

このように優れた治政で領民に慕われた吉政だったが、慶長十四年（一六〇九）二月十六日、上府途上に病を発し伏見で没した。享年六十二。

元和六年（一六二〇）八月七日、筑後藩二代忠政が江戸で没し、継嗣《けいし》がない筑後藩は改易となった。同年十一月二十七日、幕府は筑後を二つに分け、南築後十万九千六百四十七石を立花宗茂に与えた（柳川の歴史『近世大名立花家』）。

宗茂は翌七年二月二十八日に柳川城に入城して、同日、上使衆から領国支配権を受け継いだ。柳川に返り咲いた宗茂のもとへ、加藤清正預かりの旧臣らも復帰した。

田中道路（久留米柳川往還）

筑後川長門石の改修図（久留米市蔵）

このとき三池氏も柳川藩に仕えることになった。

三池鎮実の嫡男親家《ちかいえ》は熊本藩に八百石で召し抱えられたが二十八歳で死去、親家の嫡男親頼は早世し、親頼の弟親利が宗茂に仕え、柳川三池氏初代となった。

また、肥後の豪族だった大津山家直の嫡男龍介が長じて、母方（三池鎮実の娘）の姓を名乗り、三池龍介として柳川藩に仕えている。

柳川藩にはこのように三池氏が二家あり、幕末までつづいた。

柳川三池氏　三池親高――鎮実――親家――親頼――親利（柳川三池氏初代）

大津山系三池氏　大津山家直――三池龍介（柳川藩に出仕）――吉兵衛

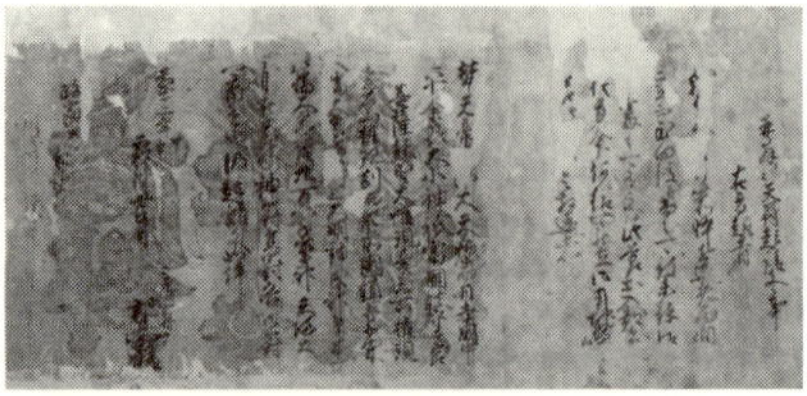

三池鎮実の龍造寺政家宛の起請文
（佐賀県立図書館蔵）

これも三池

勇壮な祭り大蛇山

大蛇山

寛永十七年（一六四〇）、三池藩主立花氏によって、三池新町に祇園宮が勧請され、柳川藩領三池本町の大蛇山も同時期頃はじまったといわれる。大蛇山は、その名のとおり大蛇を冠した高さ五メートル、長さ一〇メートル、重量三トンの山車《だし》が裂けるように開いた真っ赤な口から七色の火を噴きながら、笛や太鼓のお囃子《はやし》もにぎやかに、三池の町を練り歩く勇壮な祭りである。

三池新町（三池藩）と三池本町（柳川藩）は隣りあっていて、お互い祭りで競いあい、大蛇の山車がより豪壮に、勇壮になっていったといわれている。

大蛇山は「祇園六山」といわれ、三池本町祇園宮、三池藩三池新町彌剱神社、大牟田神社第二区祇園、三区八劒神社、本宮彌劔神社、諏訪神社などから意匠を凝らした大蛇山が競って繰り出し、大牟田市の夏を盛り上げる。

三池新町の山は「ワッショイ、ワッショイ」といい、三池本町の山は「ヨイサー、ヨイサー」と掛け声が異なる。大蛇は雄と雌がいて、これらの違いを見つけるのも山巡りのだいご味である。祭礼は「五穀豊穣・悪疫退散・家内安全」を祈願している。

大蛇の大きな口に子どもを噛んでもらうと、無病息災のご利益があるといわれ、親たちが競って大蛇に子どもを差し出すが、子どもは怖がって泣き叫ぶのは一興である。この日は市民総踊りもあり、大牟田の町は大蛇山で明け暮れる。

（写真・大牟田市提供）

これも三池

高橋氏とキリシタン

天文二十一年（一五五二）六月、筑後国御原郡（大刀洗町）の新しい領主となった高橋鑑種《あきたね》は、キリシタン大名大友宗麟の家臣だった。鑑種もキリシタンで、豊後から率いた家臣もキリシタンが多かった。そのため、高橋領の上高橋・今《いま》・鵜木《うのき》・下高橋の村々にキリスト教が広まった。

今村教会

一方、勇猛な武者でもあった鑑種は、大友に反乱した秋月文種討伐で戦功をあげ、筑前岩屋城総督に栄進し、高橋を去ったが、農民のキリシタン信者はそのまま高橋に残っていた。

天正十五年（一五八七）、秀吉の九州国割で、久留米の領主となった小早川秀包は、敬虔なキリシタンとして知られ、妻は大友宗麟の娘でマセンシャといい、熱心なキリシタンだったので久留米一円はキリシタン王国となった。ところが、関ヶ原の戦いで西軍側だった秀包は改易となり、久留米のキリシタン王国は崩壊。その後の徳川幕府もキリスト教を禁制し、高橋領の信者も消えたと思われていた。それから二百八十年後の慶応三年（一八六七）、久留米に藍を仕入れに来た長崎のキリシタンが、御原郡の今村に「隠れキリシタン」が八六八人いることを発見した。キリシタン詮議が厳しかった江戸時代に、一度も発見されずに筑後平野の農村に隠れキリシタンがいたことは、当時でもセンセーショナルな事件だった。

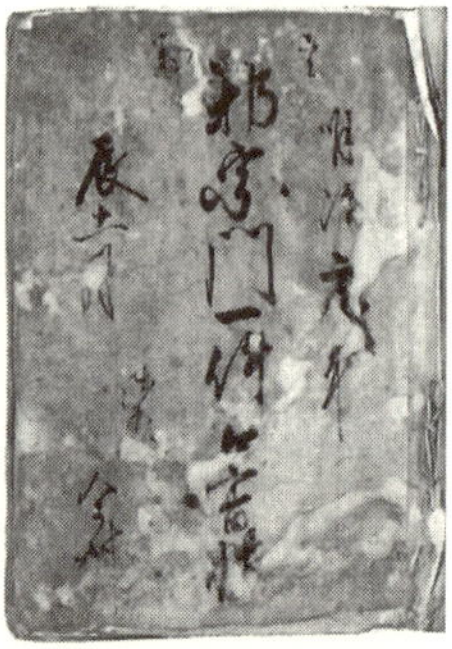

キリシタン宗門徒を記した「宗門帳」（筑前町歴史民俗資料室蔵）

今集落には大正二年（一九一三）に竣工したロマネスク様式の双頭の塔を持つ壮麗な赤レンガ造りの教会があり、四百年の信仰を持つ敬虔なキリシタンを迎えている。

◆2

九州国割と高橋氏

「筑後十五家」に数えられる名門高橋氏は、大友一族出身の高橋鎮種が跡を継ぎ、その名声は不動のものとなる。さらに嫡男宗茂が戸次道雪の養子となり立花家を継ぎ、のちに柳川藩祖となり、二男の統増が高橋家を継いで三池藩祖となった。

宗祖高橋氏のはじまり

三池藩の祖となる立花直次は、元は高橋統増《むねます》といった。

高橋氏の宗祖は大宰府府官大蔵春実で、春実の嫡男筑前国原田城主原田泰種の二男光種が筑後国御原郡高橋（三井郡大刀洗町）に城を築いて高橋を名乗り、筑後の国衆十五家に名を連ねた。しかし、大蔵一族は源平合戦で平氏に与して、戦後は領地を追われ、高橋氏も雌伏《しふく》を強いられたようで史実から消える。

時代は下って、足利尊氏が筑前国多々良《たたら》浜の戦いで幕府軍を破り、京へ攻め上るさい、尊氏が、二木《にき》義長、一色範氏《いっしきのりうじ》、高橋光種を筑紫三検断職★に命じたとある。

天文二十一年（一五五二）六月、七代長種は無嗣のまま没した。この頃、高橋氏は筑後守護職大友氏の傘下にあり、高橋の家が絶えるのを恐れた家臣が大友義

▼検断職
検察と裁判権をもつ役職。

太刀洗町にある高橋城址

鎮に請い、大友一門の一万田《いちまた》親敦《ちかあつ》の子、右馬助を迎え、高橋鑑種《あきたね》と名乗らせた。鑑種は大友方に反乱した秋月文種討伐で戦功をあげ、筑前岩屋城の城督に命じられた。ところが義鎮と対立するようになり、永禄九年（一五六六）冬、鑑種は九州進出を図る中国の毛利氏と結んで、大友宗麟と改名した義鎮に反乱した。

鑑種の呼びかけに応じた秋月氏の遺児種実・筑前の豪族宗像氏・原田氏と大友軍が筑前休松山（朝倉市）の「休松合戦」で激突、大友軍が敗れた。

永禄十一年夏、立花山城（福岡市）の立花鑑載《あきとし》が大友氏に反乱、この反乱に中国の毛利氏に与した鑑種が加担した。大友氏の海外貿易の拠点博多津を統括する鑑載と筑前の国衆を抑える鑑種の反乱は、大友氏を揺るがす大事件である。

大友宗麟は戸次《べっき》氏・臼杵氏・吉弘氏の加判衆《かはんしゅう》（重臣）を筑前へ急行させ、七月四日、立花山城を落とし、立花氏は滅亡。その後、立花救援に駆けつけた鑑種勢を宇美川内《うみかわうち》（糟屋郡宇美町）で破った。岩屋城に退き籠城した鑑種は頼みの毛利勢が本国で宗麟の支援を受けた大内輝弘の山口侵攻を受け、急ぎ山口へ退いたため、鑑種は後ろ盾を失い孤立無援となって同年十一月、宗麟に降伏した。

二度も反旗を翻した鑑種は処刑されるところを、一族・重臣の助命嘆願を受け、宗麟は鑑種を許し、豊前小倉に移している。

このとき、岩屋城の旧臣は鑑種に従属して小倉へ移ることを拒否、大友の重臣吉弘鑑理《あきただ》の二男鎮種《しげたね》をいただいて筑後高橋氏の再興を宗麟に願った。

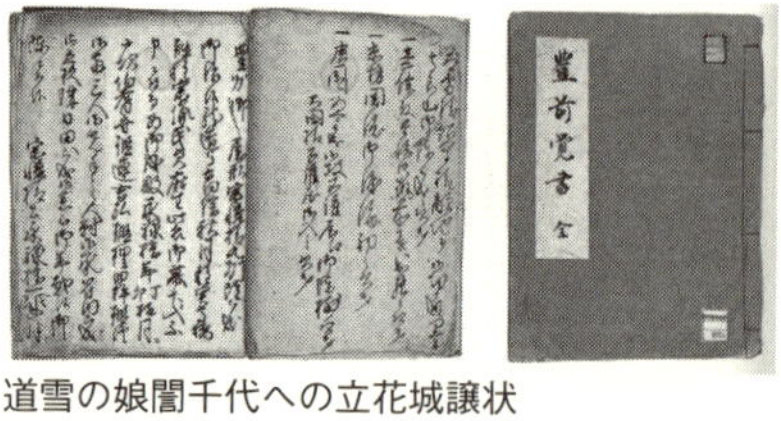

道雪の娘誾千代への立花城譲状
（立花家史料館蔵）

宝満山と前面に広がる古戦場

鎮種は高橋を継ぎ、のち、紹運《じょううん》と称した。紹運には統虎《むねとら》、統増の二人の男子があった。一方、大友宗麟は立花氏の名跡《めいせき》を惜しんで戸次道雪《べっきどうせつ》に与えたが、道雪は継がずに娘の誾千代《ぎんちよ》に立花氏を継がせ、立花山城の城督とした。

天正十年（一五八二）十一月十八日、戸次道雪は娘立花誾千代の婿に高橋紹運の嫡男統虎を迎え、大友宗麟の許しを得て統虎に立花家を継がせ、立花宗茂と名乗らせた。

宗茂は誾千代に代わって立花山城の城督となっている。

高橋氏は二男の統増が継嗣となり、父の宝満山城の城督となった。

覇権を争う九州の雄

世は戦国時代といわれ、各地で覇権を争う戦争がつづいていた。

九州で覇権を争ったのは豊後の大友氏、薩摩の島津氏、肥前の龍造寺氏だった。

なかでも大友宗麟は豊後国・肥後国にくわえ、天文二十三年（一五五四）に肥前国の守護職に補《ほ》され、永禄二年（一五五九）六月二十六日、豊前国・筑前国・筑後国の守護職に補任《ぶにん》されて、九州六カ国の守護職として抜きんでていた。

宗麟はさらに九州統一をもくろんで南九州に乗り出し、薩摩の島津と激突した。

しかし、ここで宗麟の誤算が生じた。

大友軍が島津軍に大敗した耳川合戦図（相国寺蔵）

天正六年（一五七八）十一月、高城・耳川合戦★で島津に敗れたのである。

しかもこの戦いで三千余が討ち死に、主だった重臣を失い、大友氏の支配地域では、肥前国の龍造寺隆信や筑前国の秋月種実など有力国人の離反が相次いだ。

勢いづいた島津氏は、九州統一の野望を抱いて北進をはじめた。

北部九州では肥前国を本拠とする龍造寺氏の勢いが盛んになり、筑前・筑後・肥後・豊前に勢力を伸ばし、大友氏の支配地域を収め「五州の太守」と呼ばれたが、大友氏が衰退するなか、北進する島津氏と龍造寺氏との対決は必至だった。

天正十二年三月、島津軍と龍造寺軍が島原沖田畷《なわて》で激突、龍造寺軍が敗れた。

大友氏に次いで龍造寺氏が敗れ、龍造寺氏に与した筑後の国人たちは動揺した。

龍造寺氏を失ったいま、旧来の大友氏につくか、新興の島津氏につくか、決断をせまられた。島津氏は勢いはあるが遠隔地にあり、なじみが薄い、大友氏の凋《ちょう》落《らく》はあるが、筑後では大友の重臣戸次道雪が筑前と筑後を見晴らす久留米の高良山に出城を構え、一帯ににらみを利かせていたからである。

筑後平野の中央を流れる筑後川の北、筑前側は島津氏に与する国人が多かった。

大友、島津両軍の尖兵《せんぺい》は、筑後川をはさんで衝突を繰り返していた。

ところが天正十三年九月十一日、筑後一円を抑えていた戸次道雪が前線の北野（久留米市）の赤司《あかし》城で患い、没した。享年七十三。

『鹿児島外史』には、敵軍ながら名将戸次道雪を惜しむ声が記されている。

▼高城・耳川
宮崎県児湯郡木城町。

龍造寺隆信像
（佐賀県立博物館蔵）

島原沖田畷の合戦
（尚古集成館蔵）
九州は大友氏凋落後、島津氏と龍造寺氏の２強が覇権を争った

戸次道雪像（福厳寺蔵）

文中に立花鑑連《あきつら》とあるのは戸次道雪のことで、道雪は主の大友宗麟に倣《なら》って出家した後、道雪と名乗り、立花家は天正十年、娘婿の宗茂に継がせている。

「九月大友柱立花鑑連、高良山営に卒す、噫々《ああ》、五丈原の衷と等しく高橋鎮種枢を守って帰る。筑前秋月の兵撃たず、島津軍また追わず、先に大友、常に毛利軍を退く、鑑連の筑前あるを以てなり。

龍造寺隆信、常に鑑連を恐れ、爵《しゃく》（献杯）をおくって欷《なげき》を厚くす。島津氏また鑑連を憚《はばか》る。鑑連の死後、豊後を獲るの易き熟柿を拾うがごとし」

戸次道雪という大友一の名将を失った南筑後の大友方の国衆は浮き足立った。

名将戸次道雪あればこその大友軍だったが、弱体化は免れない。

島津氏は時を逃さず怒濤《どとう》のようにせまって、筑後の国人たちに有無をいわさず従えた。

大友傘下の有力国人上蒲池氏も十月には城を落とされ、島津の軍門に下った。

天正十四年、島津氏は大友討伐をかかげ、日向と肥後から豊後へ進撃した。肥後から豊後に向かう島

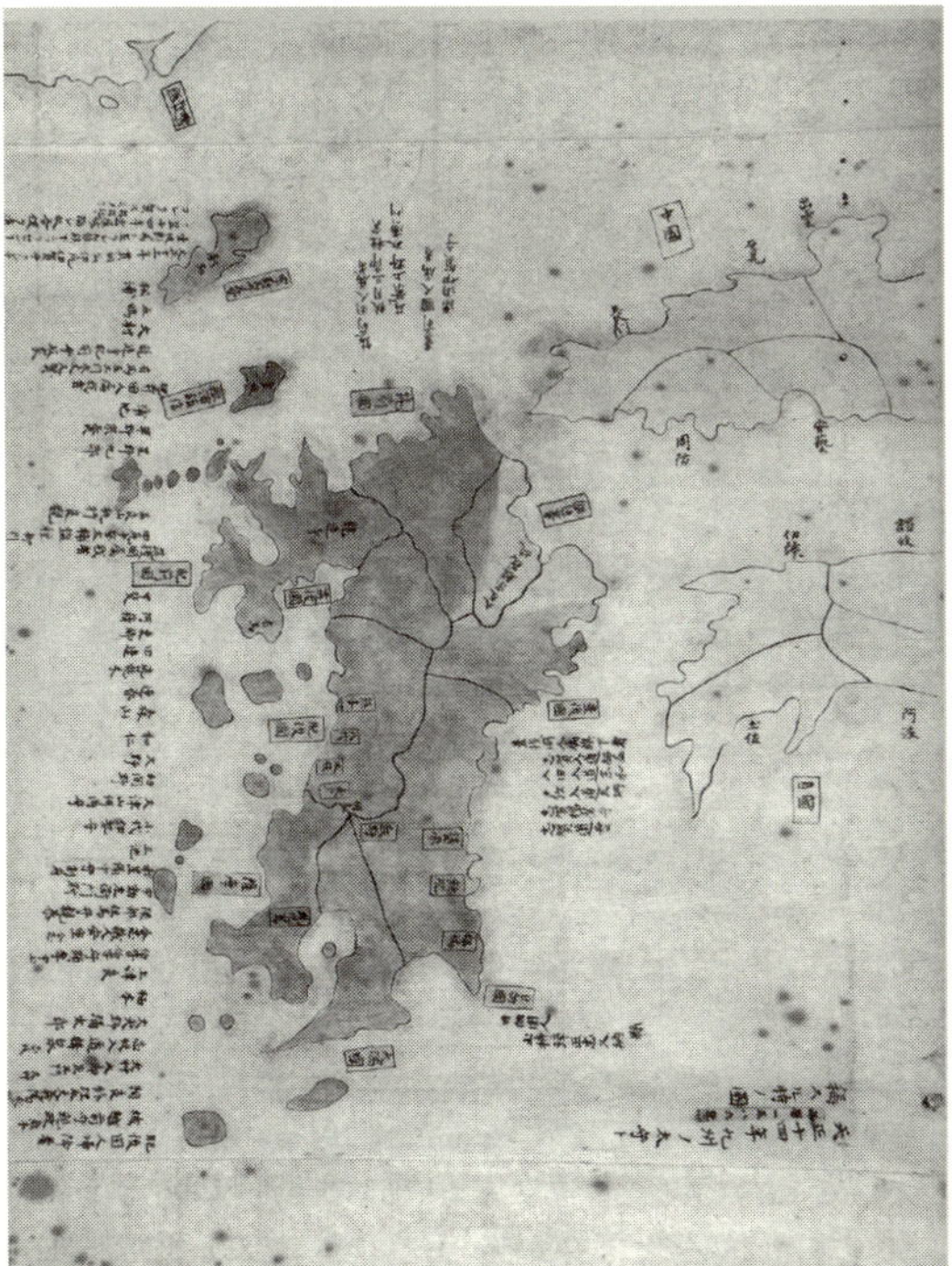

島津氏の北進と九州平定戦略図「九州略定図」（尚古集成館蔵）

津軍には南筑後の三池氏・上蒲池氏・高良座主らの国衆、北肥後の大津山氏・辺《へ》春《ばる》氏・小代氏などの国衆が従軍した。

七月十二日、豊後から筑後入りした島津軍五万は、いったん島津氏に降《ふ》った筑《つく》紫広門《しひろかど》が人質を出さないため、広門の勝尾城（佐賀県鳥栖市）を落とした。残す大友方は勝尾城から二里余りの堅城岩屋城・宝満山城、立花山城である。

七月十四日、島津軍は大友方の高橋紹運が守る岩屋城・宝満山城（太宰府市）に進撃、島津忠長率いる隊がその東にある立花山城（糟屋郡久山町）に向かった。

秀吉の九州平定

時代は大きく動いていた。

畿内では豊臣秀吉が新たな覇者となって、天下統一を目前にしていた。頼みとする戸次道雪を天正十三年九月に失った大友宗麟はかねてから昵懇の秀吉に助けを求めた。同年十月二日、秀吉は島津に「惣無事令」を遣わした。

「九州の者ども、私の争いをやめ、急ぎ上洛すべし、しからばその本領相違あるべからず。もし、違背する者あらば征伐すべし。豊太閤」

ところが畿内の動静に疎《うと》かった島津義久はこれを一蹴《いっしゅう》した。

「島津は、これを聞いて嘲笑《あざわら》っていわく、かの猿面《さるづら》の藤吉郎が、われに上洛せ

高橋紹運像
（大牟田市立三池カルタ・歴史資料館蔵）

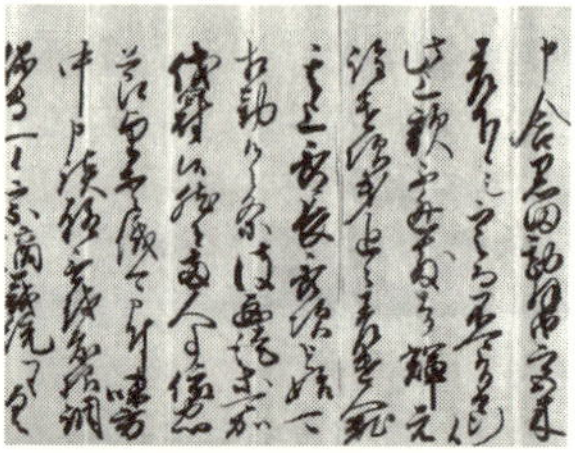

秀吉が籠城中の高橋氏に送った激励文「高橋紹運宛秀吉判物」
（立花家史料館蔵）

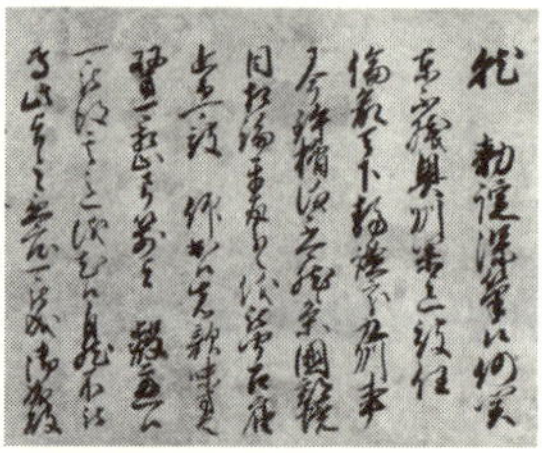

「惣無事令」
（東京大学史料編纂所蔵）

よとは片腹いたきことなり。返答に及ばずと御書を投げ捨てる」（『黒田家譜』）。

この頃は島津氏の絶頂期で、九州平定を予想した「九州略定図」には「九州の太守と称するときの図」と記し、残すは府内としていたほど勢いがあった。

しかし、秀吉軍を与《くみ》しやすしと見くびった島津の当主義久も、秀吉軍のかつてない巨大さについては思いもおよばなかった。

天正十四年三月、惣無事令を無視して北上する島津に窮地に陥った宗麟は海路大坂へ上り秀吉に島津討伐を懇願した。七月十日、秀吉は島津討伐を命じた。

島津氏の九州平定はあと一歩だった。

筑前国を抑える岩屋城を落とせば、平定がなるのである。

しかし、岩屋城督は猛将で知られた高橋紹運である。攻め手の大将島津忠長は、紹運を惜しんで、戦いを避けようと家臣の新納蔵人《にいのうくらんど》を軍使として開城を勧めた。紹運は忠長の武人としての心遣いに感謝しながらも、武士の義を貫いた。

「盛者必滅、会者定離は世の常である。国衰えても義を守って節を変ぜず、君々足らずとも、よく臣節を尽くしてこそ誠の武士であろう。兵家に勝敗は常、義こそは武家の本領」と答え、戦いで決することを望んだ。

天正十四年七月二十七日、決戦の朝を迎えた。

合戦は寅の刻（午前四時）にはじまり、攻防四刻《しこく》（八時間）におよんだ。

真夏の炎天下である、寄せ手も守兵も甲冑を脱ぎ捨て、死力を尽くして戦った。

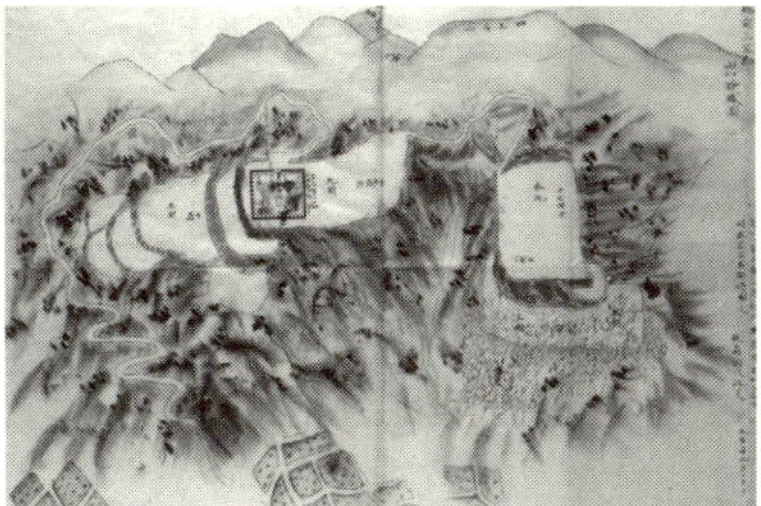

筑前三笠郡岩屋城図（個人蔵）
岩屋は岩谷とも書いた

岩屋乱劇（武蔵寺蔵）

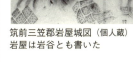

秀吉の九州侵攻

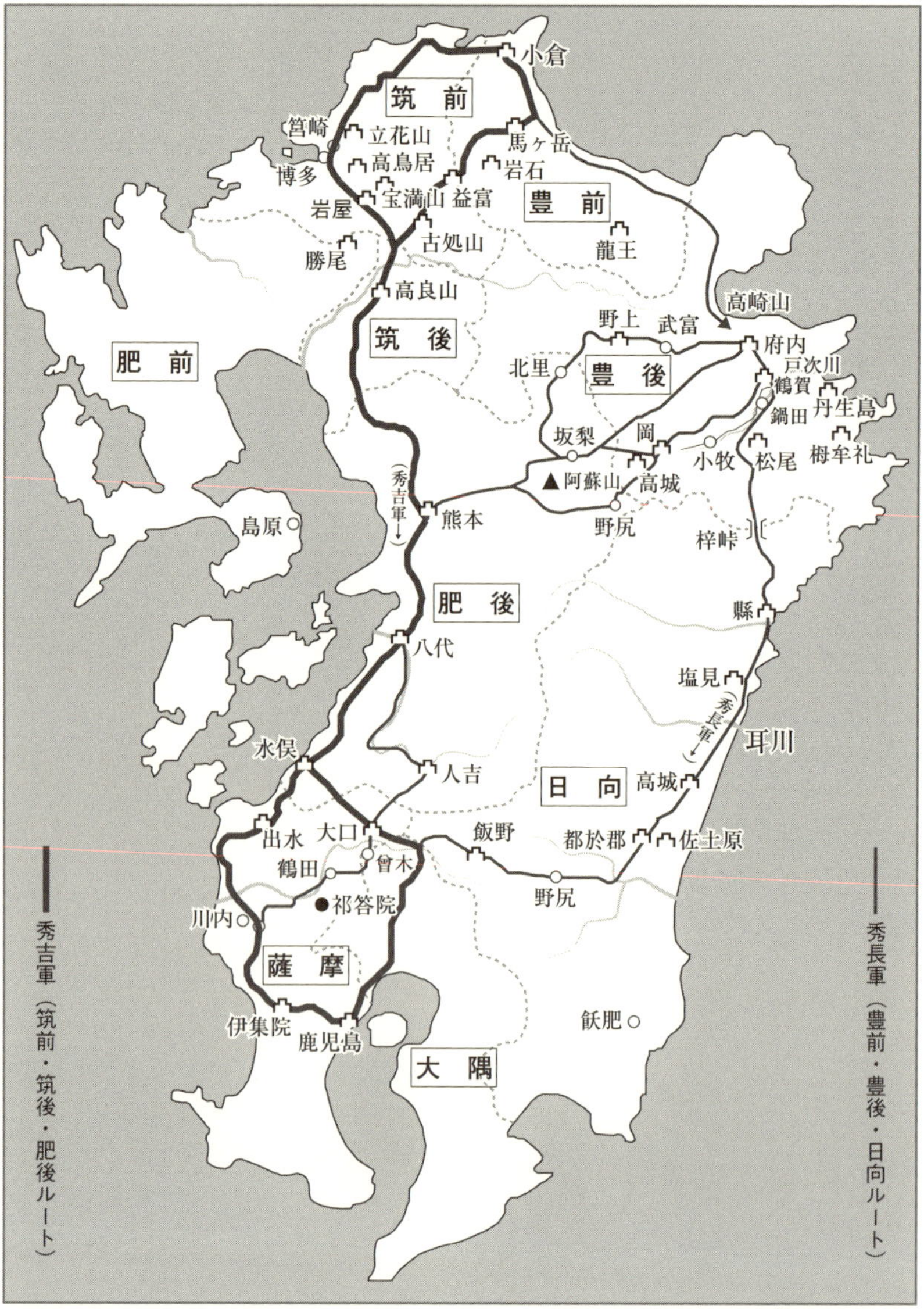

島津氏の九州制覇は岩屋城を残すだけだったが、秀吉の九州平定で攻め込まれ、祁答院《けどういん》で降伏した

紹運は本丸の出櫓《でやぐら》にあって敵勢の侵入を見るや、長刀《なぎなた》を振るって斬り捨てた。しかし、七六三人の守兵は次々に斃《たお》れ、残る兵が五〇人を下ったのを見て、もはやこれまでと覚悟を決めると、紹運は辞世を遺して自刃した。三十九歳だった。

　流れての末の世遠く埋《うず》もれぬ名をや岩屋の苔の下水《したみず》

天正十四年七月二十五日、秀吉は配下の黒田官兵衛に九州攻略の作戦指揮を執らせ出発させ、毛利輝元を総大将として「九州征伐」の陣触れを出した。

九州へ下る黒田官兵衛は安芸の手前で、岩屋城が落ち、高橋紹運以下城兵が全滅したことを知った。島津忠長は次に立花山城と宝満山城に開城を申し入れた。

立花山城の立花宗茂はかろうじて退いたが、宝満山城を守っていた高橋統増と妻、統増の母は島津側の開城申し入れを受けて、城を出たところで島津に拉致《らち》された。

八月十日、秀吉軍の先鋒《せんぽう》毛利勢が渡海し、豊前国柳ヶ浦に上陸した。

毛利軍の豊前上陸を知った島津義久は全軍に伝え、筑前筑後より兵を退かせ、いったん本国へ戻ることにして、博多の街を焼き払い、撤退していった。

このとき立花宗茂は、島津方の星野氏が守る高鳥居城（糟屋郡須恵町）を攻め落とし、立花山城落城の雪辱を果たしている。

十一月七日、九州征伐にあたって黒田官兵衛は調略に応じなかった宇留津《うるつ》城

九州制覇へ進撃する島津軍
（尚古集成館蔵）

難攻不落といわれた立花山城
（立花家史料館蔵）

（築上郡築上町）の加来《かく》久盛を落とし、十五日、高橋元種の支城障子ヶ岳城（京都郡みやこ町）次いで小倉城を落として進撃し、元種の本城鬼ヶ岳城（田川郡香春町）を落城させた。

難攻不落といわれた城が次々に落とされるさまを見た豊前の国人たちは慌てふためいて、われ先にと人質を出して秀吉方に降った。

一方、十月十八日、陣容を立て直した島津軍は再び北上を開始、十一月、肥後・日向から豊後の大友氏の残党を掃討し、大友氏は混乱のなか、崩壊した。

天正十五年三月一日、秀吉が五万の兵を率いて都を発った。これに畿内・東海・東山・北陸・南海・山陰・山陽の三七カ国から二五万の兵が従い、天地を揺るがすような鬨《とき》の声をあげて、九州征伐に向かった。

総勢三〇万人の兵には、ほぼ同数の兵站《へいたん》を担う雇人《やといにん》や街道沿いの農民が駆り出され、史上空前の軍団となった。秀吉がこれだけの軍兵を自在に動かすことができたのはその権力以上に、軍資金と兵站を最重要視して、早くから資金づくりと武器や兵糧《ひょうろう》の調達と輸送システムなど、兵站組織を構築していたからである。

それまでゆるゆると山陽道を下ってきた秀吉軍は九州に上陸すると、その軍事行動は迅速だった。秀吉軍は黒田官兵衛の作戦を受け、豊前から日向路を下り、薩摩を目指す軍と、筑前・肥後路を下る秀吉軍本体の二方から薩摩にせまった。

島津氏は先に大友を打ち破った耳川の合戦で、今度は完敗した。

豊臣秀吉像（誓願寺蔵）

島津氏は河川での戦では伏兵を隠しておき、敵が攻めかかると一戦して兵を退き、追撃した敵を伏兵で挟撃《きょうげき》する「釣り野伏せ戦法」を得意としていたが、耳川では黒田軍に同戦法でしてやられたのである。その後は大した戦闘もなく、巨大な秀吉軍に押され、ずるずると退くばかりで、秀吉軍は薩摩領にせまった。

四月二十一日、島津方の伊集院忠棟《ただむね》が島津義久の使者として降伏を願い出た。

五月四日、千代川（鹿児島県薩摩川内市）河口の太平寺を本陣とした秀吉軍一六万の兵が数千の船に乗り込んで、秀吉の号令を待っていた。

島津氏は絶体絶命に陥った。

五月八日、頭を丸めて僧体《そうたい》となった当主島津義久が降伏した。

高橋統増、三池を賜る

天正十五年（一五八七）六月、島津氏を降伏させ、博多に戻った秀吉は筥崎宮《はこざきぐう》に陣を置いて、「太閤国割」といわれる九州国割を行った。

肥前の鍋島直茂、薩摩の島津義弘は旧領を安堵し、肥後は熊本に加藤清正、宇土に小西行長、豊前国は二つに分け、小倉に毛利勝信、中津に黒田官兵衛を配し、筑前一国と筑後・肥前国の一部を小早川隆景に与えた。

小早川隆景の領した筑後は生葉・竹野の二郡で、久留米を中心とした山本・御

秀吉は「筥崎宮」で「太閤国割」といわれる九州国割を行った

原・御井郡は子の小早川秀包《ひでかね》に与えた。また、秀吉は筑後国上妻郡を筑紫広門に、そして三瀦・下妻・山門・三池郡を立花宗茂に与えた。

宗茂は南筑後四郡合わせて十三万二千二百石を配され、柳川を本拠として、城を築いた。次に秀吉は肥後と接する三池郡三十三カ村一万八千百十石五斗を高橋統増に与えた。三池鎮実は三池郡に一〇六町を領し、今福城を構えていたが、「天正十五年、秀吉公、三池上総鎮守家に百五十丁（町）を賜い、立花氏に属せしむ」と国替えの命を受け、立花家の寄騎とされた。

『戦国武将の誇りと祈り』（九州歴史資料館）より作成

今度依忠節、為御恩地、於筑後国山門郡、三瀦郡、下妻郡、三池郡合四郡事、被宛行訖、三池郡事、対高橋弥七郎可、引渡、並三瀦郡内百五十丁、三池上総之介相渡之、右両人為寄騎、致合宿、自今以後可抽忠勤之由候也。

天正十五年六月二十五日　　秀吉

立花左近将監宗茂とのへ

三池藩はこの「太閤国割」で、高橋弥七郎統増が肥後との国境、南筑後三池郡に領地を配されたことにはじまる。

統増が兄の立花宗茂にくらべ石高が少なかったのは、「年少であったとはいえ、薩軍の謀略にかかり、宝満山城開城、のち、拉致という不遇は、武将高橋統増の経歴に影響して、秀吉の行賞も三池一万八千石余にとどまった」のだという。

三池には三池氏の大間城などがあったが戦乱で焼失し、江の浦城を本城とした。

天正十五年（一五八七）六月、十六歳の城主高橋統増は家臣とともに、堂々と江の浦城（みやま市高田町江浦）に入城した。江の浦城は矢部川の南にあり、永禄三年（一五六〇）、大友氏の家臣永江平方が築いた城で、その後、田尻了哲が居城としたが龍造寺隆信に攻め落とされ、空き城となっていた。

統増が三池領を得たことを伝え聞き、宝満山城落城で離ればなれになっていた家臣や関係者が統増を慕って集まった。

「宝満山城御随身の侍六三人、そのほか岩屋戦死の妻子、御籠城のとき、軍場の働きなり兼ねたる幼少の者ども、山野に徘徊し、親類などの介抱にてありける者、馳せ集まりたるに恩賞を下し賜りぬ」（「平塚家旧聞記」）とある。

三池城主となった高橋統増は、岩屋・宝満山城督高橋紹運（鎮種）の二男として、元亀三年（一五七二）三月六日、宝満山城で生まれ、父のもとで育った。

兄の統虎（宗茂）が戸次道雪の娘立花誾千代の婿養子となって立花家を継いだので、統増が高橋家の後嗣となり、十二歳で筑紫広門の娘を娶《めと》った。

父紹運から宝満山城を預けられた統増は、

三池郡33カ村と村高

うす井・一武	九百五十九石三斗	下二分	千六百九十七石二斗七升
ふじこ	八百四十三石七斗六升	豊持	二百四十二石九斗
堺	二百二十九石九斗七升	とうか	七百五十一石一斗一升
かたひら	五百一石一斗六升	まこめ	八百二十四石八斗二升
ひらの	三百八十石九斗	草木	九百四十石六斗七升
田崎	五百八十二石九斗	おかまつ	百石九斗七升
豊永	九百七十九石四斗五升	ふかうら	三百四十五石九斗七升
下内	四百四十石三斗九升	ひらかま	六百九十八石四斗五升
深倉	二百十石	高泉	八百六石六斗八升
たくま	七百四石八斗九升	いま山	千百八十三石六斗一升
上宇治	五百九石三斗四升	いけ田	百二十二石七斗八升
大間・町	六百八十九石三斗五升	ふすへ	九十五石八斗八升
あまき	五百九十二石六斗九升	いちいの	五百二十二石四斗
本	二百四十八石八斗	勝立	二百三十七石四斗三升
久福木	六百六十九石三斗六升	教楽来	二百八十九石七斗四升
みやへ	四百十八石九升	よしかた・藤田	十石七斗八升
尾尻	二百五石四斗三升		
三十三カ村　合計　一万八千百十石五斗（天正十五年）			

『大牟田市史』を参考にしたが、合計石数は１万8037石２斗４升になる

天正十四年七月、岩屋城が陥落した後、島津氏の勧告を受け入れ、城を開城した。統増夫妻と統増の母は立花山城に退くことになり、城を出ると島津兵に捕らわれ、捕虜となった。宗茂は何度か救出を試みたものの失敗していた。

天正十五年五月、秀吉の九州征伐で島津氏が降伏したさい、宗茂の家臣十時連《ととき つれ》貞《さだ》が祁答院《けどう》（鹿児島県薩摩川内市）の虎居《とらい》城に幽閉されていた統増夫妻と母を助け出し、船で川内川を下り、有明海に出て立花山城に帰城したのだという。

同年七月、佐々《さっさ》成政の肥後領で検地に対して、肥後の国人隈部《くまべ》親永《ちかなが》・親安親子を中心に肥後の国衆が反乱、九月、統増は秀吉の命で兄とともに出陣し、反乱を収めた。また、文禄元年（一五九二）からはじまった朝鮮出兵にも出陣して、義父の筑紫広門とともに倭城を守った。

碧蹄館の戦いでは統増は先鋒を務め、戦乱のなか、危地に陥った兄の宗茂を助け出している。文禄四年（一五九五）十二月一日、秀吉は統増の慶長の役の働きにより三池四郡の領有を認めた。

統増は慶長の役にも出陣し、倭城を守備したが、秀吉の死去を受け帰国した。両役で戦死した家臣三二人の供養塔が、今山（大牟田市）紹運寺にある。

統増が三池領を治めたのは天正十五年六月から慶長五年の関ヶ原合戦までの十三年になるが、その国づくりや家臣構成・治政はわかっていない。

朝鮮軍陣図屏風
（佐賀県立名護屋城博物館蔵）

義に生きて国を失う

慶長五年（一六〇〇）九月十五日、石田三成が起こした関ヶ原合戦は、九州の版図《はんと》を一挙に塗り替えることになった。

関ヶ原合戦では徳川家康を将とする東軍、石田三成を将とする西軍に分かれた諸大名のうち、九州出身の国人大名は豊臣秀吉によって大名になった者が多く、そのほとんどが西軍に投じた。

立花・高橋兄弟も西軍側に与し、兄の宗茂が兵二〇〇〇を率いて上京した。弟の統増は留守居として柳川城に入った。兄弟が西軍に与した理由は不明だが、高橋家の家訓は「兵家に勝敗は常、義こそは武家の本領」というもので、宗茂は自分を引き立ててくれた亡き秀吉に義を立てたのではないだろうか。

信義に厚い宗茂は、石田三成と長束《なつか》正家・増田《ました》長盛・前田玄以の三奉行が出した「家康弾劾書」にも名を連ねていたのである。

九州の大名で家康方の東軍についていたのは豊臣恩顧でも、石田三成と仲が悪かった肥後の加藤清正・豊前の黒田長政など、元々九州以外の出身の大名だった。

石田方と徳川方に国が割れると、九州でも両陣営の合戦がはじまった。なかでも豊前国中津の黒田官兵衛の行動はすばやかった。

「関ヶ原合戦図」（関ケ原町歴史民俗資料館蔵）
西軍に与した立花・高橋兄弟は戦後国を失う

このときとばかりに兵を集め、近隣に攻め入り、またたく間に北部九州を押さえた。筑後では、久留米城の小早川秀包《ひでかね》も留守を襲われ、開城して留守居の妻子や家臣は、中国の毛利本家へ逃れて行った。

十月二十日、東軍方の肥前の鍋島・島原勢が柳川領へ攻め寄せてきた。統増はこれを三潴郡江上（三潴郡大木町）で迎え撃った。八院《はちいん》合戦（柳川合戦）である。間もなく兄宗茂も帰国し、柳川城に籠城して鍋島勢と対峙した。二十二日、鍋島勢を援護すべく黒田勢が三潴郡酒見（大川市）までせまった。

ところがこの日、戦後処理のために京都に残した宗茂の重臣丹《あかし》親次が、家康の「身上安堵の御朱印」をもたらした。

宗茂がこれを重臣の立花賢賀《けんが》を使者として、山門郡久末（柳川市）の加藤清正の陣へ持参させたところ、清正は了承し、黒田・鍋島軍の陣を解かせ、二十五日、和睦した。しかし、宗茂は母の宗雲院（宋雲院とも）を人質として差し出し、自らは城を明け渡さなければならなかった。

関ヶ原合戦に参陣した筑後の大名は、石田方に与《くみ》したので国を追われることになった。久留米城の小早川秀包、福島城の筑紫広門、そして柳川城の立花宗茂、三池城の高橋統増も牢浪の身となった。このうち、立花・高橋兄弟と筑紫広門は肥後の加藤家預かりとなり、毛利本家に戻った小早川秀包は死去している。

筑紫広門は加藤家改易の後、細川家の預かりとなったが、子の主水正《もんどのしょう》が細川

熊本城

加藤清正像（勧持院蔵）
清正は立花・高橋兄弟の家臣を預かる

忠興《ただおき》の口添えで徳川秀忠に詫《わ》びを入れ、寛永四年（一六二七）、知行三千石で旗本に取り立てられ、幕末まで旗本家としてつづいた。

福島城と久留米城は、のちに筑後藩主となった田中吉政の預かりとなる。柳川・三池城を預かった加藤清正は、家臣の加藤正次を城番に置いた。

立花宗茂は、清正が用意した肥後高瀬（熊本県玉名市）に居を落ちつけた。高橋統増については、「肥後国小代に御居住のとき、清正公御預かりの衆者、伊藤市助、三原忠左衛門、両組五十騎也」（「平塚家旧聞記」）とあり、三池の隣の肥後小代（熊本県荒尾市）にいたが、のちに肥後の矢部村（熊本県上益城郡山都町）や清正の家臣加藤正方の麦島城（熊本県八代市）に身を寄せ、牢浪の身を過ごした。

統増が小代から八代に移ったのは、麦島城にいた旧知の五條統康《むねやす》の計らいがあったからのようだ。五條氏は懐良《かいら》親王の御供《おとも》として九州に下ったが、南朝が敗れた後、大友氏の庇護を受け、大友滅亡ののちは加藤清正の庇護を受けていた。五條氏との縁は立花・高橋兄弟の父紹運以来である。このときの統康の恩義を忘れず、宗茂が統康の嫡男長安を柳川藩に迎えている。

関ヶ原戦後、新しい権力者となった徳川家康は戦後処理を果断に行った。石田方の九一家を取りつぶし、四家を減封《げんぽう》して六百四十二万石を手にすると、これを徳川の直轄領や譜代の家臣を大名に取り立て、配分した。大名の国替えも容赦なく断行して、関東は徳川の譜代・旗本で固め、東海・近

直次主従が身を寄せた麦島城（八代市）

伝五条頼元所用の甲冑（五條家蔵）

畿の要所に一族・縁者を配した。

豊臣恩顧の外様は奥州・中国・四国・九州に遠ざけた。

そのうち、九州には元は豊臣恩顧の大名だが、関ヶ原合戦で徳川に与し、戦功のあった大名に恩賞として領地を与えた。

敗残の石田三成を生け捕りにした田中吉政に、筑後一国三十二万石を与えた。

家康の命を受け、島津の進撃を抑えた加藤清正は肥後三十万石を安堵され、のちに小西行長の旧領宇土（熊本県宇土市）の半分を加増され、五十二万石になっている。

関ヶ原の活躍が目覚ましかった細川忠興は、豊前豊後三十二万石が与えられた。

小早川秀秋の裏切りを調略した黒田長政に、筑前三十一万石を与えた。

家康は褒賞を均等にして不満を抑えるとともに、大名の戦力を拮抗させ、お互いをけん制させることによって、九州を治めようとしたことがわかる。

常陸国柿岡で再興

慶長六年（一六〇一）六月、立花・高橋兄弟は加藤清正に家臣を頼み置き、身の振り方を考え上府した。

高橋統増は牢浪の間に法体《ほったい》★となって「道白」と名を改め、ときおり上府した。

▼法体
僧の姿。

上府には家老屋《や》山《やま》弥左衛門、福田五右衛門、伊藤内右衛門、山田助九郎、伊藤与次兵衛、岡弥右衛門らが付き従い、そのほかの家臣は加藤家預かりとなって、八代や薩摩との国境沿いの矢部原の村々に寓居《ぐうきょ》した。

慶長十九年一月、兄宗茂とともに徳川家康と二代将軍秀忠に拝謁した統増は、傍に侍《じ》した重臣の本多正信から「只今お召し出しに立花兄弟とあることなれば、高橋姓氏を改めてはいかがか」と勧められ、姓氏を立花と改め、立花主膳正直次と名乗るようになった。

慶長十九年十月九日、立花直次は二代将軍秀忠の信任を得、常陸国柿岡（茨城県石岡市柿岡）五千石を賜っている。

直次は柿岡領主となったものの、徳川家康の御相伴衆《ごしょうばんしゅう》だった兄立花宗茂とともに徳川家康の傍にあり、柿岡は家臣に治めさせていたらしく、加藤家に預けた家臣も呼び寄せてはいないようだ。

元和三年（一六一七）七月十九日、立花直次は江戸で没した。享年四十六。柿岡五千石は嫡男の立花種次が継いだ。

直次・種次二代にわたる柿岡統治は六年になるが、その記録が三池にも柿岡にもなく、柿岡時代のことはわかっていない。柿岡城址は現在、石岡市立柿岡小学校になっている。

直次・種次親子が領した柿岡城址
（現在、石岡市立柿岡小学校）

第二章 立花三池藩の誕生

立花種次が幕府から三池一万石を賜り、常陸柿岡から栄進して三池藩を築く。

三池陣屋の表門（大牟田市寿光寺）

1

立花種次の三池入城

父立花直次が望んでやまなかった領地とはいえ、少年藩主種次にとっては初めての領地、初めての国づくりだった。加藤家に預けた家臣を呼び戻し、父の名に恥じない国づくりに邁進した。

立花三池藩のはじまり

元和七年（一六二一）一月十日、立花種次は幕府から三池一万石に封ぜられた。

「正月十日、立花彌七郎を召し出して、父主膳直次、ときいまだ置けるに、終に空しく成ける事、哀戚《あいせき》（身内を悼む）最甚し。汝いまだ若年なりといえども、亡父が霊魂を悦ばせんがために、本領を与うるぞ。汝父がごとく貞忠を以て昵近をなすに於いては、重ねて恩賜あるべきなり。まず当分の領地と上意ありて、筑後国三池郡之内一万石の領地を賜る」（『徳川実紀』）。

父の代の一万八千石には届かなかったが、父祖の地に大名として帰り咲いたのである。三池藩初代藩主となった立花彌七郎種次は慶長九年（一六〇四）八月、直次の嫡男として生まれ、三池藩主となったときは十八歳だった。

三池立花氏家紋
（立花守）

三池立花氏花杏葉紋
（花杏葉紋）

三池を離れ、星霜二十二年、種次は父直次が渇望してやまなかった旧領を回復して、家臣ともども三池に戻ることができたのである。

これには御相伴衆として家康・秀忠の信任が厚かった柳川藩主立花宗茂の幕府への熱心な働きかけがあったといわれている。

種次には弟が四人あり、二男種吉と三男種俊（政俊）は柳川藩に仕え、のちに柳川藩御両家と呼ばれた。四男の忠茂は柳川藩主立花宗茂の養子に入り、二代藩主となった。五男の種元も柳川藩に仕えた。

このように三池藩の実質的な初代藩主は、幕府から三池を賜った立花種次だが、三池藩では藩祖立花直次を三池立花家初代としている。

三池藩立花氏系図

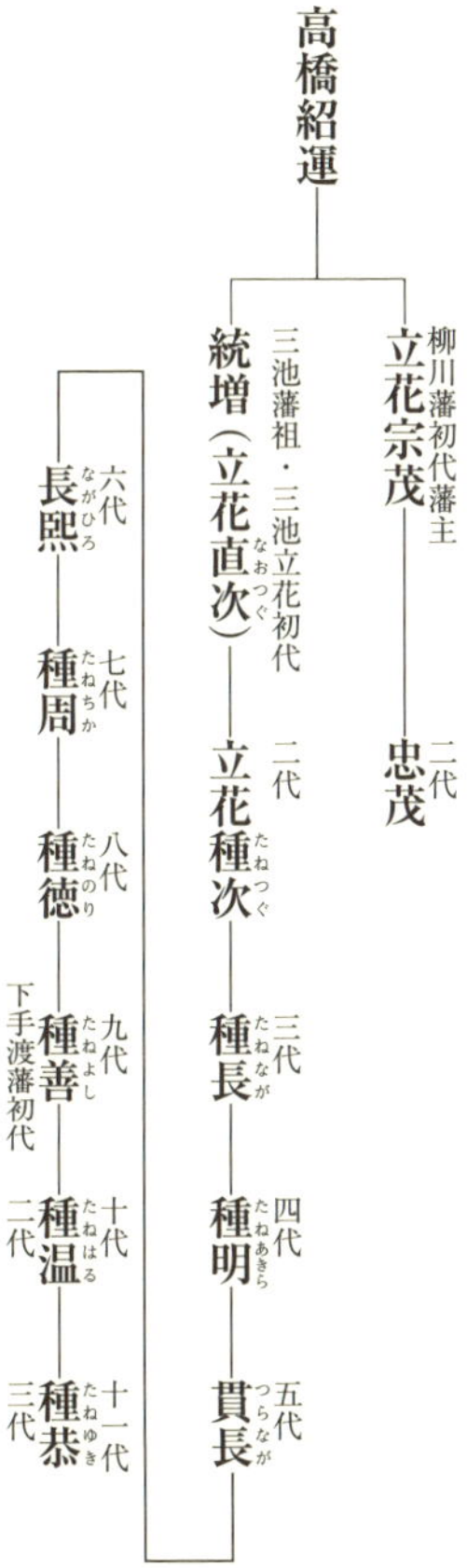

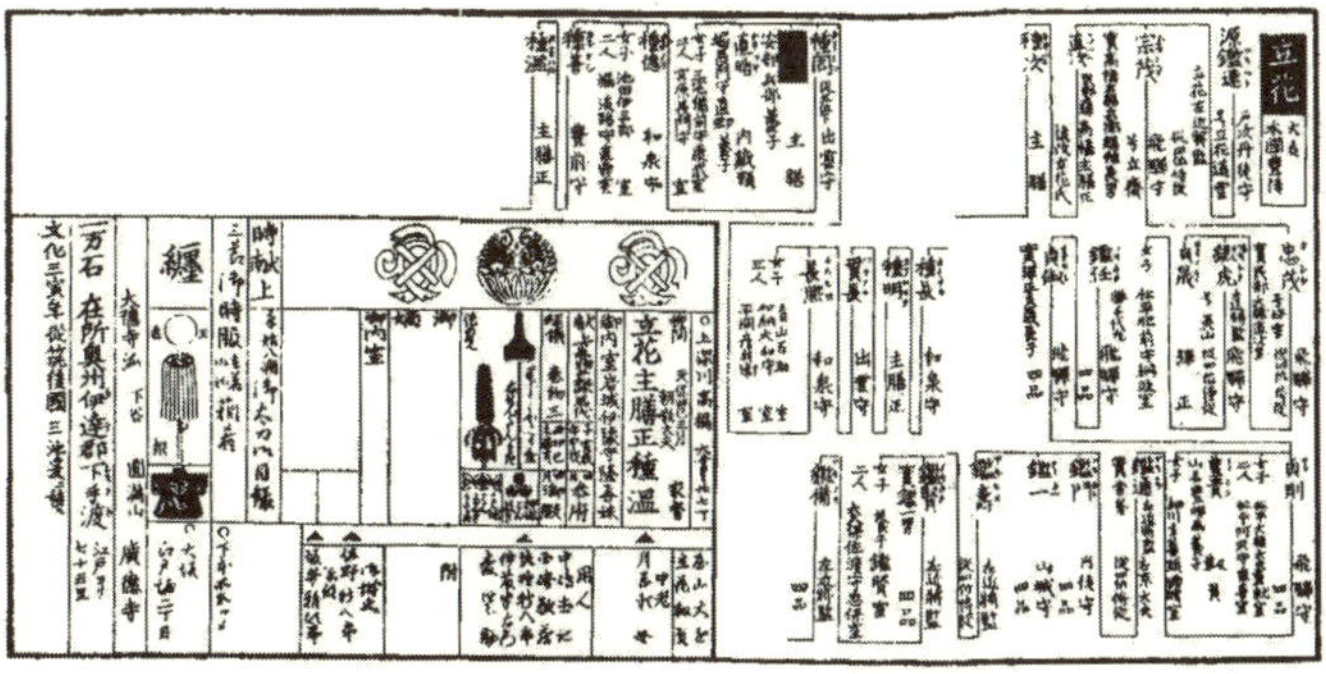

立花家家紋（『天保５年、大名武鑑』より）

三池藩の藩領

三池藩領は三池郡二町七〇村のうち、一町一六村で、現在の大牟田市の南半分に相当し、残りの一町五四村は柳川藩領になる。三池藩領の東部は肥後境の大間山麓からつづく丘陵で、南部は肥後と接していた。

白銀《しろがね》川・堂面《どうめん》川・大牟田川がそそぐ西部は有明海に至る。海岸線は湿地帯で、干潮になると広大な干潟が出現した。

領地となった村々は、稲荷《とうか》村、片平村、臼井村、藤田村、下二部《しもにぶ》村、馬籠村、今山村、櫟野《いちいの》村、勝立村、教楽来《きょうらぎ》村、一部《いちぶ》村、加納開《かのうびらき》村、早米来《ぞうめき》村、南大牟田村、船津村、下里村の一六村と新町である。

このうち、稲荷村、片平村、臼井村、藤田村、下二部村、馬籠村、今山村、櫟野村、勝立村、教楽来村の一〇村が藩祖統増の代からの村々になる。

領内の人口は男一八五〇人、女一三三三人の計三一八三人だった。

三池藩の公租は五公五民である。領地全体の収量は一万八百九十三石ほどで、余剰米が乏しい。藩財政の確立には米の収量を増やさなければならなかった。

そのためには沿岸部に広がる広大な干潟の干拓が何よりも重要で、農業基盤整備に力を注いだ。現在、三池郡から三潴《みずま》郡一帯に広がる南筑後の農地は、中

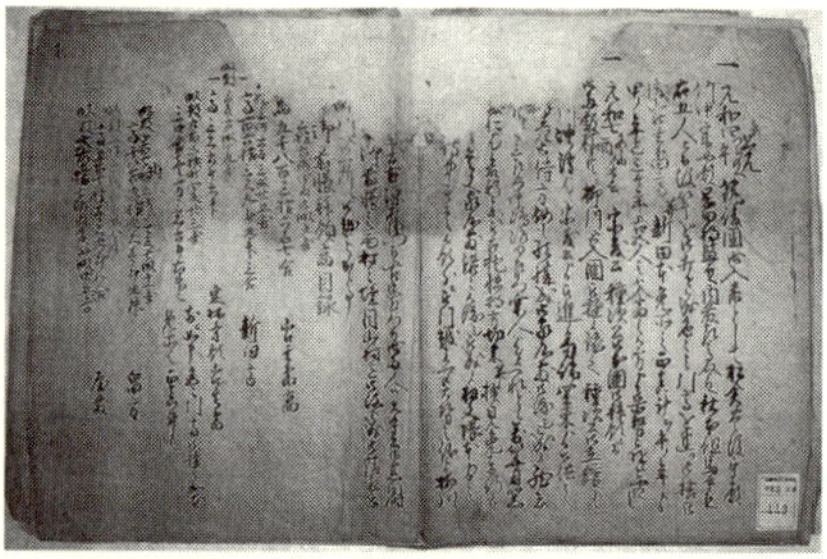

種次時代を記した「中島家文書」
（大牟田市立三池カルタ・歴史資料館蔵）

藩政時代の三池立花家藩領変遷図

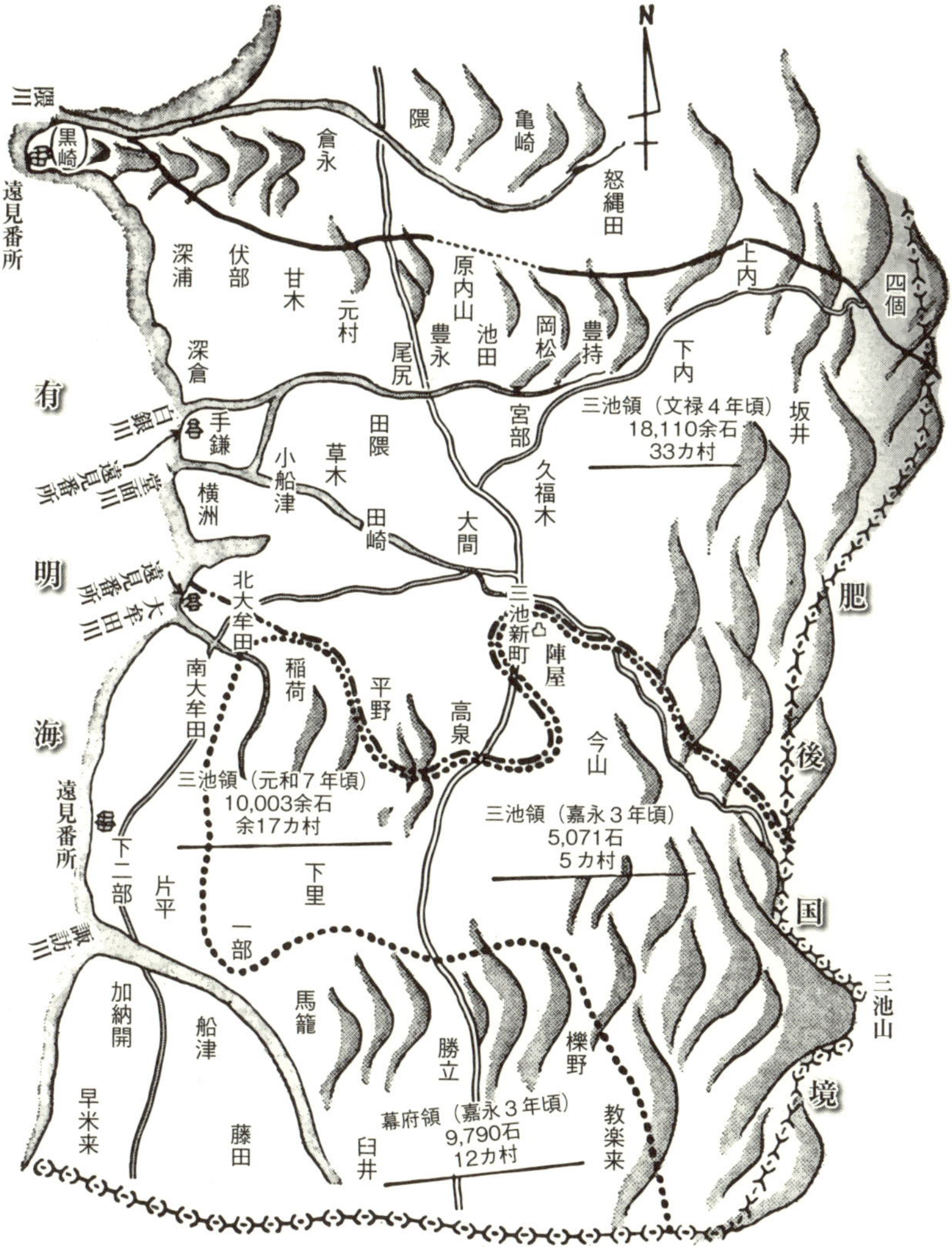

三池藩の領地は初代直次の頃、
二代種次の頃、嘉永３年の半
知復封で領地が増減している

●大牟田市三池カルタ・歴史資料館蔵資料から作成

主要道路
国境
文禄４年（1595）頃の藩境
元和７年（1621）頃の藩境
嘉永３年（1850）頃の藩境

世時代から干拓によって広げてきたものである。農地に縦横に走るクリーク（小運河）は、藩政時代、干拓が大規模化したさい、灌漑《かんがい》や排水のためにつくられた。南筑後の耕地は人工的に広げられてきた農民の汗と努力の結晶なのである。

三池城と城下町の形成

三池への再封とはいえ、立花氏にとっては三池を離れて二十二年、藩主種次にとって「初めての地であり、初めての国づくり」である。

「種次公御歳十八歳にて、御本領筑後国三池郡の内一万石御領地ありて、清正公への御預も差返され、君臣とも星霜二十二年にて、本国入りとて由々しかりける事どもなり」（「平塚家旧聞記」）。

筑後に下った種次主従は柳川城下鬼童小路《おんどう》（柳川市）に屋敷を構えていたが、寛永四年（一六二七）、三池に城を普請（建設）し、国づくりをはじめた。新しい城といっても、一万石の領主では天守のある城ではなく、館といわれる陣屋づくりである。

三池において種次の治政がはじまると、肥後加藤家に預け置いた家臣も、八代や薩摩との国境の矢部原から馳せ戻ってきた。

種次は旧臣とともに陣屋を普請し、家臣の屋敷を築き、城下町づくりから三池

藩政時代を偲ばせる三池新町

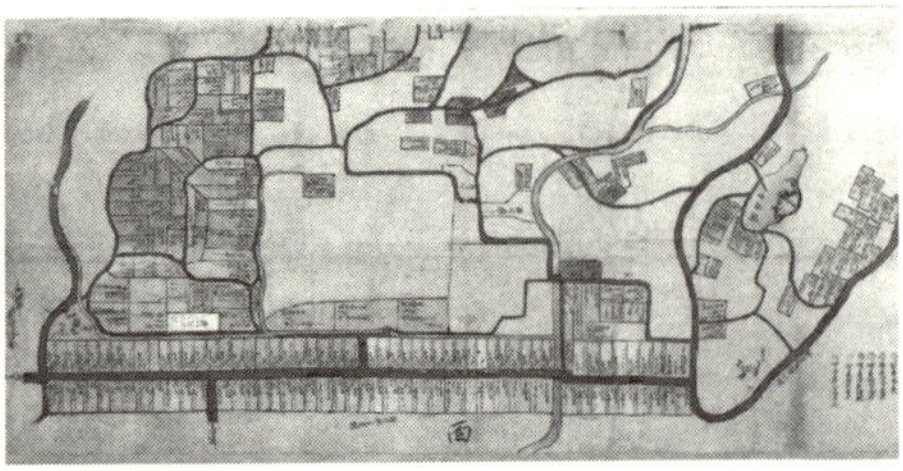

「三池郡新町絵図」（大牟田市立三池カルタ・歴史資料館蔵）
三池本町（柳川領）につづいて新設された三池新町

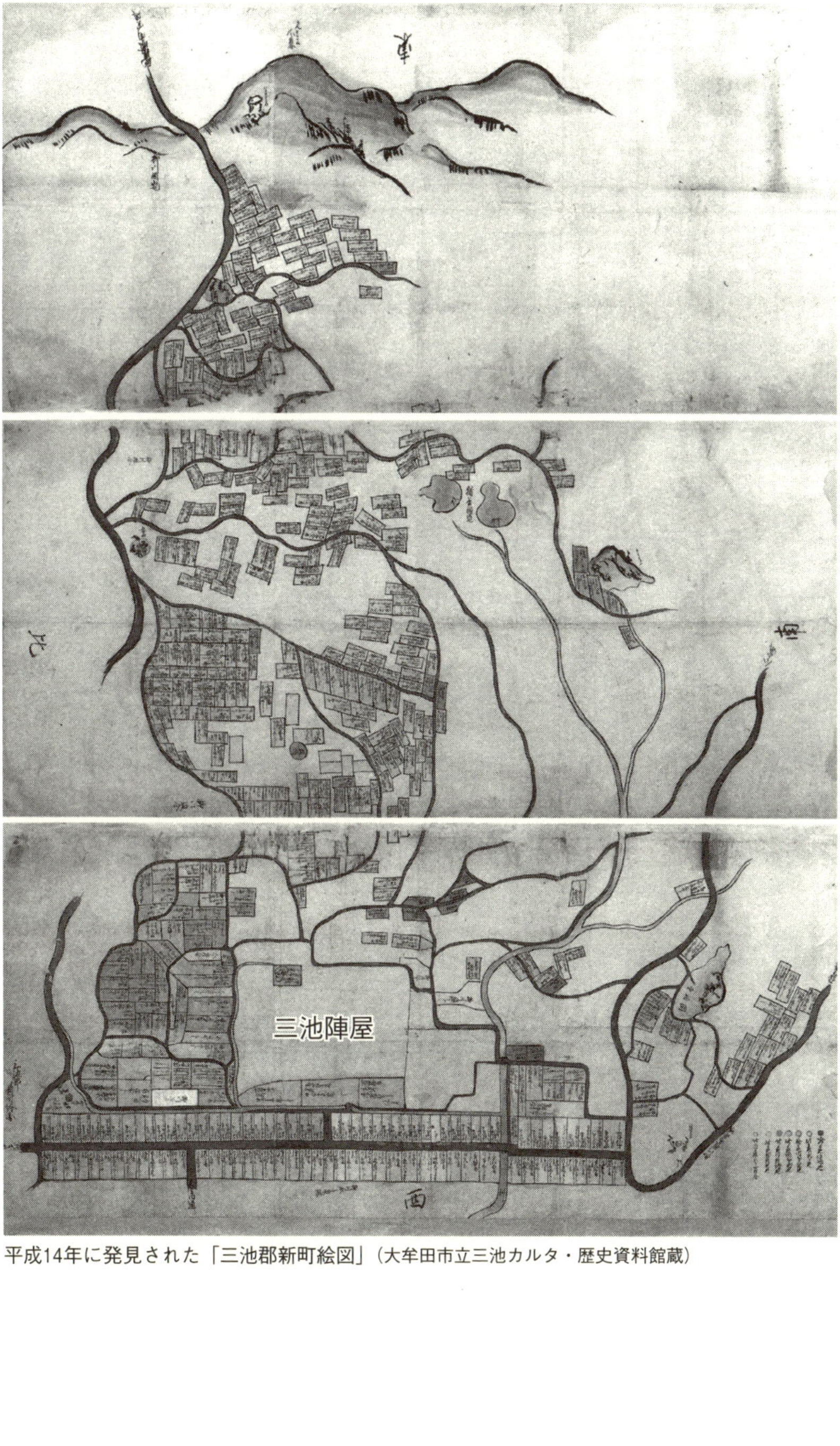

平成14年に発見された「三池郡新町絵図」（大牟田市立三池カルタ・歴史資料館蔵）

藩の組織づくりまで、新しい藩体制づくりに邁進した。

領民は立花家の再封を喜び、もろ手を挙げて歓迎した。

前藩主田中忠政無嗣断絶の後、三池や倉永は島原藩主松倉重政の預かりとなったが、重政は苛政をしき、重税を課して領民を苦しませていたからである。

陣屋は三池街道随一の町、柳川領三池町につづく三池新町に置いた。

陣屋をもとに城下町を築いたというよりは、元々あった三池町の南部に陣屋を築き、三池町につづく新町をつくったのである。両町合わせて二八〇戸、一万石の城下町は一〇〇戸くらいだったので、近隣から人が集まるにぎやかな町だった。

徳川幕藩体制では、藩主の妻子は人質として江戸に住まわせられ、藩主は参勤交代が課せられた。外様の三池藩は在府一年の四月交代だった。

江戸藩邸は上屋敷、中屋敷、下屋敷とあり、上・中屋敷は幕府からの拝領屋敷である。上屋敷は本所深川霊巌《れいがん》寺後ろ側にあったが、いつ頃拝領したのかはわかっていない。文化元年（一八〇四）の『文化武鑑』は若年寄になった種周のときだが、上屋敷が西之御丸下、中屋敷が本所椎木、深川霊巌寺後ろ、下屋敷が本所五之橋下谷二丁目とある。西の丸下は老中や若年寄に与えられる役屋敷である。

この記述以前には藩邸の記録がない。安永四年（一七七五）の「本所深川絵図」では、秋元隼人正の屋敷とされ、天明の地図にもなく、その後に同地に築かれたらしい。秋元は、文化の政変で種周とともに罷免された幕臣の書院番秋元隼人正

西の丸下馬場先門
若年寄の種周、種恭は江戸城西の丸下の役屋敷が上屋敷だった

である。文化三年、藩主が種善になると、上屋敷が深川霊巌寺後ろ、中屋敷が本所椎木、下屋敷は本所五之橋と変わらず、霊巌寺後ろが上屋敷に代わっている。

安政三年（一八五六）の「諸向《しょむき》地面取調書」では、「上屋舗御用に付き被召上候に付き、右屋舗住居」とある。「上屋舗召し上げられ候」は西の丸下の役屋敷のことで、七代藩主種周が幕閣と将軍家斉との間に起こった政変で若年寄を罷免され、西の丸下の役屋敷を下がって、九代藩主種善、十代藩主種温の代まで深川の屋敷を上屋敷としていた。椎木の屋敷は記録に出てこないので深川の屋敷が上屋敷・中屋敷を兼用していたらしく、三池藩邸に独立した中屋敷はなかったようである。

その後、十一代藩主種恭《たねゆき》が文久三年（一八六三）に若年寄となると、再び「西の丸下（皇居前広場）」の大名小路神田橋内内桜田に役屋敷が与えられ、慶応四年（一八六八）一月に老中格に累進し、老中格を辞職するまで役屋敷を上屋敷とした。

この間、深川の藩邸が中屋敷となった。住所表示は「上深川高橋」とある。

ちなみに、大名の江戸藩邸の上・中・下の屋敷は便宜上の名で、それぞれに上屋敷などの表札があったわけではない。藩邸に限らず、武家屋敷には表札がなかったので、だれの屋敷か、上屋敷かなどの区別もわからなかった。そこで訪ねる人のために切絵図（住居地図）が重宝されていた。

深川は運河が縦横に走り、江戸湾から隅田川を上り、直接陸揚げできるところから、多くの藩が下屋敷や蔵屋敷をかまえていたが、三池藩邸は深川唯一の上屋

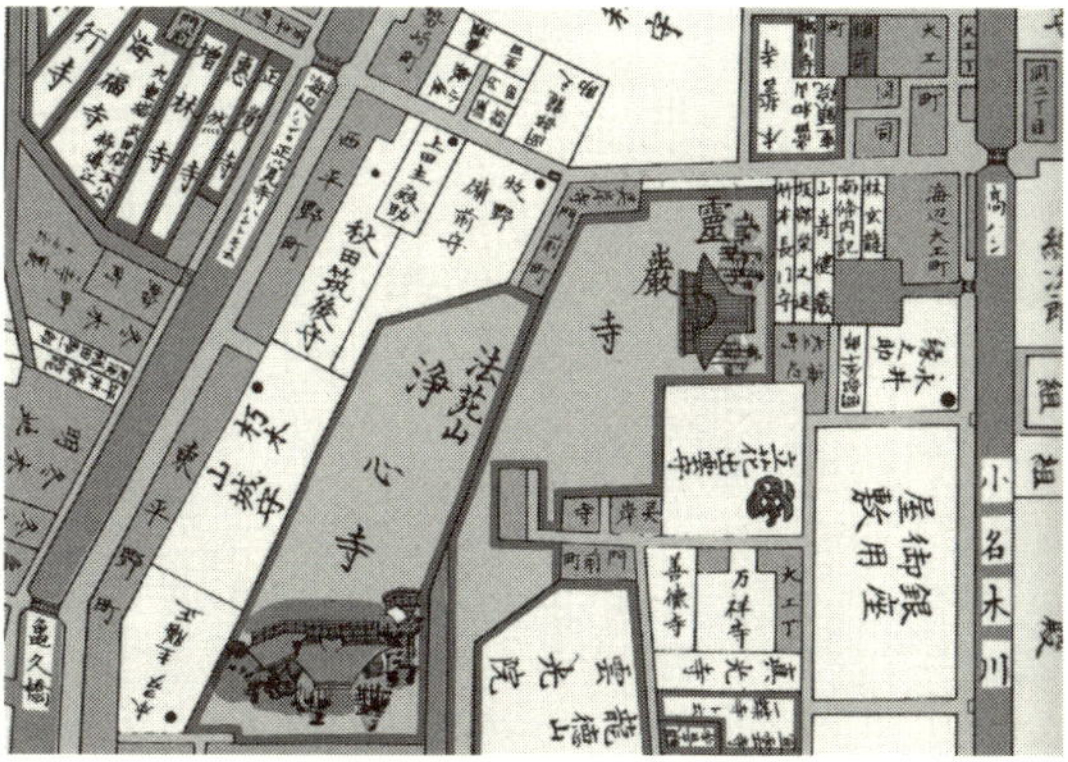

「本所深川絵図」
深川にあった三池藩江戸邸。
立花出雲守と表記されている

敷だった。屋敷は敷地二〇〇〇坪にくわえ、抱《かかえ》屋敷（農地を購入したもの）として一六八〇坪を買い増し、三六八〇坪だった。

深川の屋敷は、江東区白河の地下鉄清澄白河駅から清洲橋通りを東へ一〇〇メートル先で道路を渡った南側になる（東京都江東区白河二丁目一番地）。「下手渡藩上屋敷跡」として現在、江東区登録文化財（史跡）となっている。

家臣団の構成と藩士

三池藩の組織

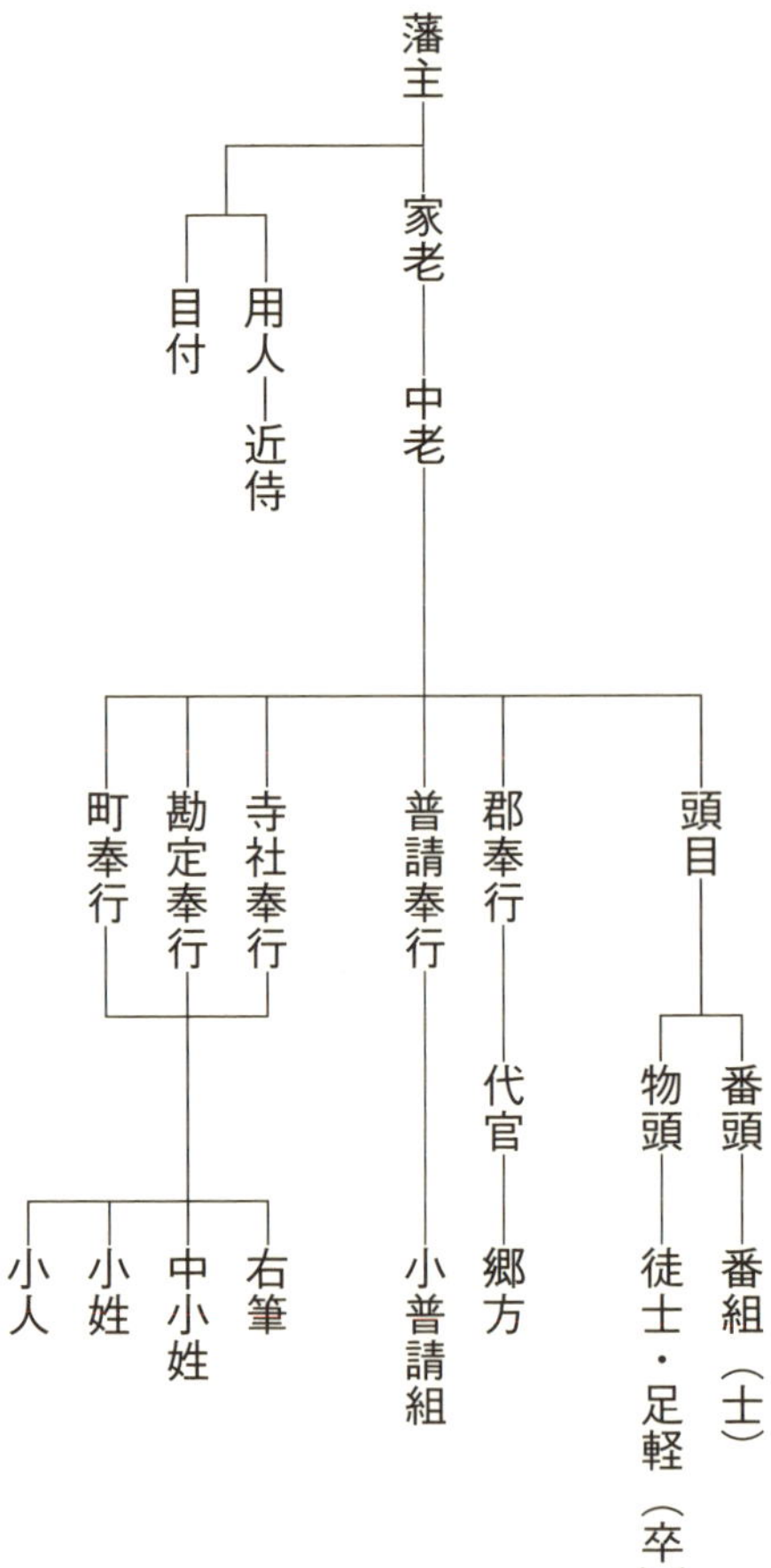

昇進があった職制

家老は立花一門、屋山《ややま》家、宮崎家、福田家が代々務め、藩主が若年寄や老中格を務めたさいは、江戸城西の丸下役屋敷にも専従の家老や藩士をおいた。

職制は代々家に受け継がれるが、昇進もあった。

昇進で家老になった佐野家は、元は塚本半兵衛といい、筑後藩田中吉政に仕え、物頭五百石だった。田中家断絶後、三池藩に十石四人扶持で召し抱えられた。

七代から佐野と名乗り、文化三年（一八〇六）、佐野三太夫が家老に登用され、また、十代佐野新八郎が用人から中老に昇進している。

三池藩の格と職制

〔格★〕　家老―中老―用人―頭目―給人―目付―中小姓―徒士―坊主―小頭小役―足軽―小人

〔職制★〕　家老　中老

軍政：頭目―番頭―番組（士）、物頭―卒（徒士・足軽）

行政：奉行―代官―郷方・小普請組・中小姓・右筆・小姓・小人

藩主直轄：目付・用人・近侍

三池藩の家臣数

二代藩主種次が三池に就封したさい、「天正十五年六月、宝満城御随身の六三

▼格
階級。藩士の格は上図のように一二階級に定められていた（『大牟田市史』）。

▼職制
役方。こちらは昇進もあった。

人にその他の家臣が馳《は》せ集まった」（「平塚家旧聞記」）とある。

寛永十四年（一六三七）の島原の乱には、藩士九五人が出征、戦死者三六人とあるが、陣屋の控えもいたはずで、総数がはっきりしない。

次に藩士の数が分かるのは三代藩主種長の代の「天和二年（一六八二）分限帳」で、これには藩士七五人とある。島原の乱の出征で三六人を失い、寛永十四年の藩士数まで回復していない。次の「立花和泉守種周《たねちか》公家文化年中分限帳」では、全体数が一九二人となり、その後も増え、幕末には二二九人となっている。

新規召し抱えがあったことになるが、家臣の二男、三男などの取り立てか、浪人の召し抱えかなどは不明である。これには五代藩主貫長、七代藩主種周が幕府要職を命じられ、若年寄となった七代藩主種周は、江戸藩邸のほかに江戸城西の丸下の役屋敷があり、役屋敷務めの要員を必要としたこともあったのだろう。

家中法度（藩士は、一八カ条からなる家中法度で規制されていた）

一、文武忠孝を励し、礼儀を正しくすべし。
一、出仕当代の儀は定め置きし所の刻限に相違すべからざること。
一、武具馬具とも分限に応じ、実用あるものを整え置くべきこと。
一、居宅の栄作★好むべからず、壊れないよう修補すべきこと。
一、新規を企て★徒党を結び、権威をもって私の趣意を立て、庶人を苦しむるべ

三池陣屋出土品

▼栄作
ぜいたくな家づくり。

▼新規を企て
謀りごと。

からざること。

一、喧嘩口論は双方同罪たるべし、同加担者はその咎《とが》、本人より重かるべき。

一、家中の面々、私に婚姻を結ぶべからず。他国他領、同族結縁《けちえん》は奉行所の指図を受くべきこと。

一、衣装の儀、絹布《けんぷ》不正、一統綿服を用うべし。

一、本主と隙あるものを相抱えるべからざること。

一、養子は同姓相応の者を選び申し出るべきこと。

一、嫡子は二十五歳におよべば嫁娶《とり》いたすべきこと。

一、殉死の儀、堅く制禁候のこと。

一、居屋敷、持ち場の道橋、断絶なく往来せしむべきこと。

一、乗輿は一門の歴々免許なり、而して使者、医者、諸正家《しょせいか》★は制外のこと。

一、寺社代参、自分の参詣たりといえど、寺社にて飲食不正のこと。

一、当村時行（流行）の儀、用うべからざること。

一、栄中★にて酔狂人あれば盗賊をもって真儀におよぶ候、また外より駆け入りて、不都合を働き、手に余らば討ち捨てるべく、代人★いうにおよばず、親類縁者といえども、加担と同前にて、その罪本人より重かるべし。

▼諸正家
学者等。

▼栄中
城内（営中）。

▼代人
代わりの者。

これも三池

島原城一番乗りと三池藩

寛永十四年（一六三七）十月二十三日、島原藩主松倉勝家の苛政と搾取に反乱した「島原の農民一揆」は、徳川幕府を揺るがす大事件となった。

十一月十四日、三池藩に出兵の命が下った。このとき三池藩は藩主種長が幼少のために、柳川藩重臣で伯父の立花政俊（種俊）が代わって、藩士九五人を率いた。

籠城戦も三カ月余となった翌年二月二十七日の総攻撃のさい、政俊は三池藩士山崎、屋山がもたらした原城のすきを見て攻め込み、藩士三六人を失う激戦をへて一番乗りを果たし、原城に鳥毛唐《とりけから》団旗の藩旗を掲げた。

ところがこれを見た肥後の細川勢が一万五〇〇〇の大軍で押し返し、原城に入ると数百本の藩旗で三池藩旗を押しくるみ、三池藩の一番乗りの軍功を押し隠した。これを知った柳川藩主忠茂は兄政俊の戦功を横取りされ、「三池藩を小藩と見て侮《あなど》ったか」と激怒したが、養父の立花宗茂が「三池藩の一番乗りは天地神明、具眼の士は知るものだ。われらが武門の面目は果たした。争うことなかれ」と忠茂を諭した。

目先の手柄より武門の義を立花家の信条とする宗茂ならではのことだった。

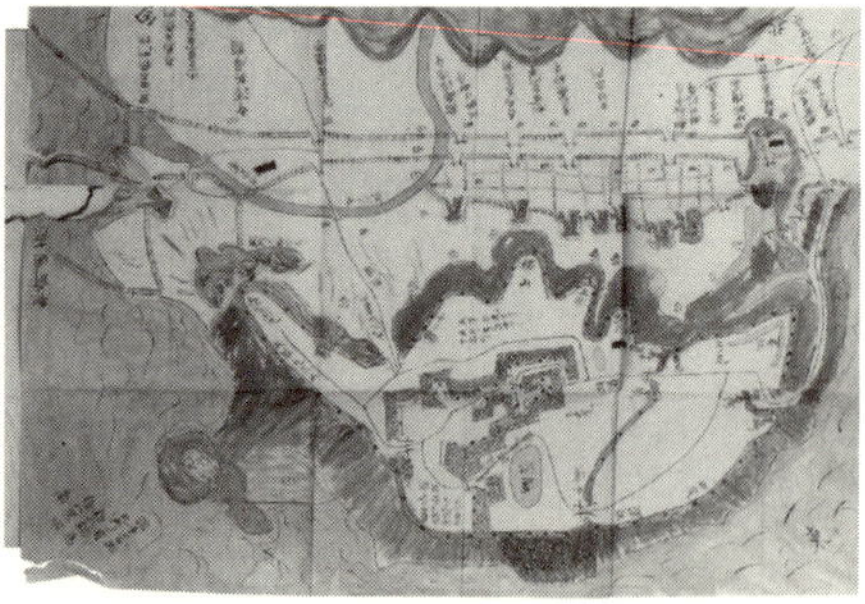

「肥前島原記」（立花史料館蔵）

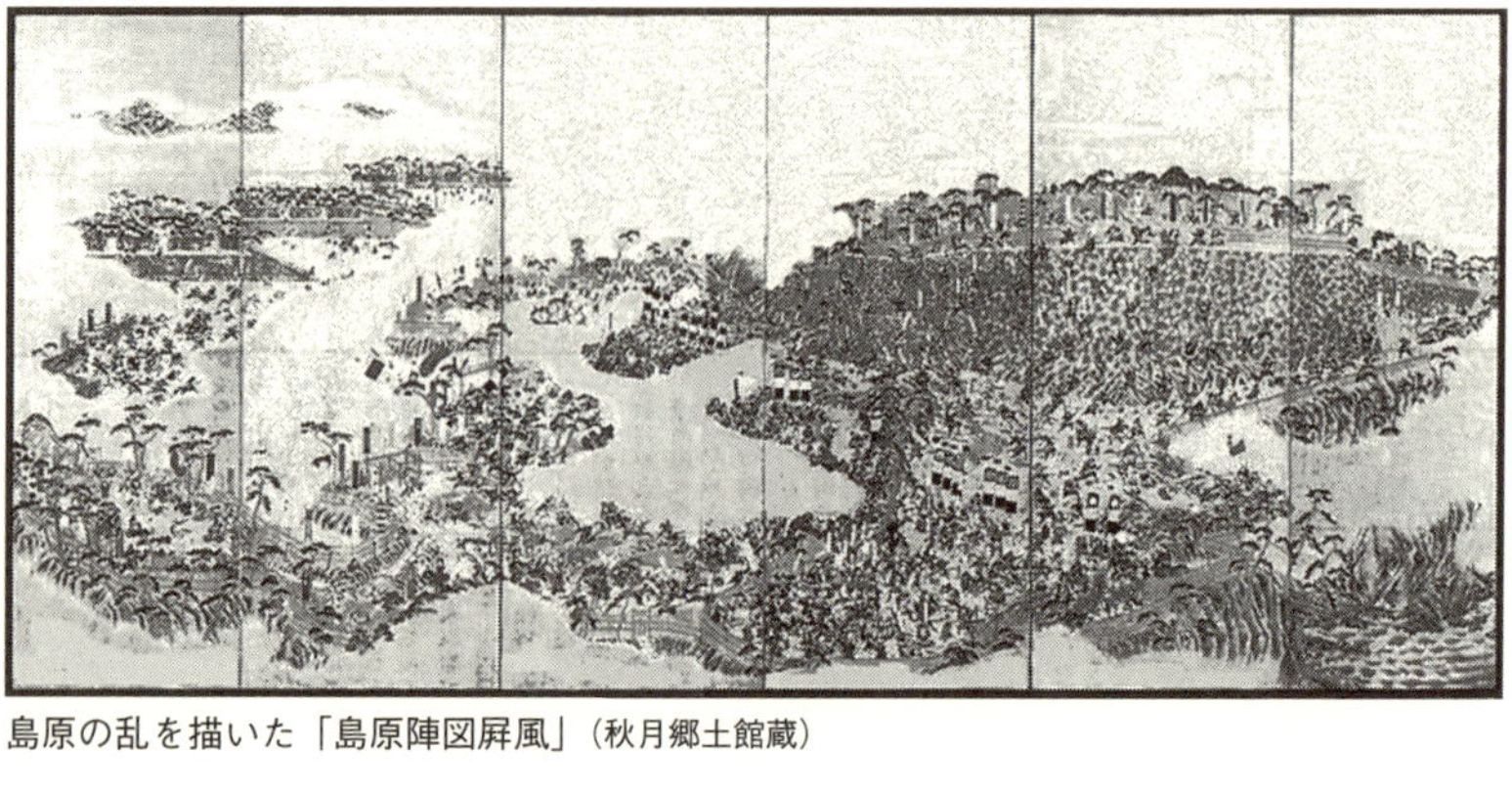

島原の乱を描いた「島原陣図屏風」（秋月郷土館蔵）

②

開拓と干拓で国づくり

与えられた領地は山が多く、平地は海岸線に広がる湿地と沖までつづく干潟だった。領土の拡張と家臣を養う藩収を得る稲作のためには、干拓は避けては通れなかった。種次主従は農民とともに、広大な干潟の干拓事業に全力を尽くした。

三池藩の民政

見渡す限りの領地が平野の柳川藩と異なり、三池藩は丘陵や山地が多く、平野部は有明海の干潟が内陸につづく湿地が多かった。

立花種次が就封した元和年間の高畝帳《たかうね》は一万八百九十三石ほどで、余剰米は八百九十三石しかなかった。年貢米は大坂土佐堀玉町の蔵屋敷に送り、米商人の河内屋らに入札で売却し、諸般の経費を賄う。ただ、米の売買は相場なので、低ければ藩収が少なくなり、余剰米が多ければ売却量も多く、財政に余裕が出る。

そのため、農業振興を藩政の大綱に据えた。農業技術の改良や研究にくわえ、新田開発、干潟が多い有明海の干拓事業に力を注いだ。その努力の結果、寛文十二年（一六七二）には、一万三千二百十石二斗六合を産し、余剰米も三千二百十石二斗六合を得ている。このような努力がみのり、村々の人口も伸びていった。

慶安元年（一六四八）	男一八五〇人	女一三三三人	計三一八三人
寛文十二年（一六七二）	男二四三四人	女一七八七人	計四二二一人

三代官制で農業振興に腐心

農業振興をきめ細かく行うために領内の一六村を三分して、三人の代官に担当させた。承応二年（一六五三）の記録では、各代官は次のとおりである。

代官	平塚喜右衛門（信昌）	預かり五カ村	一三三三人
新町・今山村・櫟野村・教楽来村・下二部村			
代官	辻角右衛門	預かり六カ村	九八三人
加納開村・早米来村・藤田村・船津村・下里村・南大牟田村			
代官	彌永官衛門	預かり五カ村	八七七人
一部村・臼井村・馬籠村・勝立村・稲荷村			

代官の下で庄屋をまとめるのが大庄屋である。庄屋はそれぞれの村をまとめた。

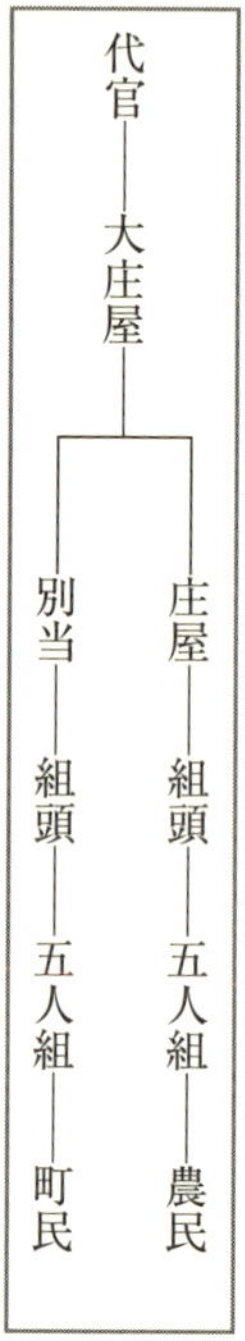

安永八年（一七七九）の庄屋は次のとおりだった。

新町	別当	要助
下里村	庄屋	忠兵衛
南大牟田村	庄屋	宇右衛門
早米来村	庄屋	市郎右衛門
船津村	庄屋	与平次
馬籠村	庄屋	孫七
藤田村	庄屋	伊右衛門
臼井村	庄屋	忠蔵
勝立村	庄屋	喜兵衛
稲荷村	庄屋	宇平次
片平村	庄屋	伊右衛門
加納開村	庄屋	孫三右衛門
一部村	庄屋	惣兵衛
下二部村	庄屋	藤蔵
教楽来村	庄屋	治右衛門
今山村	庄屋	竹下市郎兵衛
櫟野村	庄屋	武平次

百姓法度と年貢

庄屋五人組制度

村や町内を組に分け、住民の世話や村々の問題処理や藩への上申に共同であたり、共同責任を負った。年貢米の徴収、田畑の保護、宗門改め、代官よりの触れの布告、村内の治安など村内の管理にあたった。

百姓法度

「百姓所持の役、惣目立ち候家作《やさく》仕らず、衣類の義は庄屋妻子をはじめ、末々

くどづくりの農家。間取りがくどの形に似ていることからくどづくりと呼ばれ、筑後に多かった

の者まで、絹紬の類は紬へ半襟なども仕らず」と、六一カ条からなる法度で農民のくらし全般において規制した。年貢規定、農業奨励、質素勤勉、忠孝、逃散禁止、田畑保存・山林保護・田畑相続、宗門禁制、慶弔・祭礼・興行、乗り物禁制、博打・酔狂の禁、公事訴訟、強訴の禁、旅人や親類縁者の滞在届、捨て子の禁、養子縁組、人身売買の禁、奉公人など日常の生活に至るまで細かく決められ、そのうち、農事関係が三分の一を占めている。しかし、「元和七年入国以来、毎年旱魃《かんばつ》風損に百姓他国に流浪し」とあっては、百姓法度もあってなきがごとしで、「百姓迷惑の仕事もこれあらば、その事由を少しも遠慮なく申し出よ」と、百姓の引き留めと永住策に腐心し、寛永十九年（一六四二）にいたって「百姓落ち着き、夜白《よるひる》、耕作に粉骨を尽くし」と、農民が定住するようになった。

年貢

　年貢は国の基本であり、年貢米の減収は藩の財政をゆるがしたので、徴収は厳しく行われた。しかし、三池郡は三池藩領・幕府領・柳川藩領が入り乱れていて、徴税率も徴税方法もそれぞれ異なった。幕府の公租は四公六民だが、柳川藩は古田六公四民、新田五公五民と重税だった。三池藩は公租を五公五民としていた。

　三池藩の五公五民は領民にやさしいというよりは、このような事情を反映して中間としたのだろう。公租は定免《じょうめん》★で、田の良しあしによって定率が変わった。

三池の農村もこのような風景だった（『山川町100年史』より）

▼**定免**
十年間の平均収穫から年貢を割り出す。

上田――一反につき高一石五斗――本免五ッ六歩――物成★八斗四升
中田――一反につき高一石四斗――本免五ッ六歩――物成七斗八升四合
下田――一反につき高一石二斗九升――本免五ッ六歩――物成七斗二升二合

高が一反の平均収量、本免が掛け率★、物成が実際納める米の量である。凶作の場合は、収穫時期に稲穂の状態を調べて公租を決める検見《けみ》によった。

年貢の基本は米だが、畑作物の小物成もあった。年貢を納める時期は収穫時期で、大麦・小麦は五、六月。辛子《からし》は六月、大豆は八月で、米は十月から十二月の間に納めた。納入する米は、大坂津出しと在の三蔵（瀬高田町・島・堀切）、大野島・黒崎開★の蔵に納めた。士卒の給米となる米は城内三の丸の蔵に納めた。

▼物成
本途物成。年貢。

▼掛け率
高×本免五・六＝年貢。上田を例にとると、一石五斗×五・六＝八斗四升。

▼開
新しく拓いた土地。

三池藩の雑税

職人、髪結い、タバコ屋、小商い、小売り（酒屋・醬油屋・蠟油屋、釜屋・紺屋・楮《こうぞ》役★・室屋★・綿弓★・鋳物・水揚げ問屋・風呂屋・宿屋など）があり、総問屋、造り酒屋には冥加金《みょうがきん》が課せられた。

▼楮役
楮に課した税。

▼室屋
麴や納豆などをつくる小屋。

▼綿弓
綿をつくる道具。

三池藩の産物

「燃料」石炭・コークス

三池の代表的な特産物といえば、焚き石（石炭）だった。

石炭は、家庭の煮炊きの燃料として重宝されるようになった。そのうち薪《まき》に比べ安価で、火力が強く、火持ちが良いところから瀬戸内の製塩業者に大量に輸出されるようになって、三池藩の代表的な産物として藩庫を潤すようになった。

「加工品」

上質な楮がとれたので、製紙業が盛んだった。

奉書紙、色奉書上、色半切《はんせつ》、色小菊、檀紙（しわ状の和紙）、猪隈《いのくま》（和紙）、絵透紙《とうし》、上張直紙《うわばりじきし》、半紙、元結（髪結のひも）、松皮（檀紙）。

「食品」

そうめん、五色そうめん、干うどん、大根、ナス、こんにゃく、里芋、自然薯、挑皮《とうひ》（橙皮）、木子《きご》（ゆり根）、団子、筍。

産物のなかには評判をとってブランド品となったものもあった。

吉井酒、禅院酒、瀬高種からし、金栗大根、今山大根、松延《まつのぶ》芹、手鎌《てがま》ウリ、東山松茸、三池タバコ葉、早米来タバコ葉、本郷藍染。

「海産物、河川沼産物」

有明海の珍魚は干物に加工して人気があった。

海月《くらげ》、海茸、鮩《にごい》、鯛《たい》、すずき、くろめ、えぶな、きす、ぼら、いしもち、たこ、いか、かに、あさり、あげまき、めかじゃ、姥貝、がうな、ところてん。

有明海では地引網漁が多かった（『福岡県史』より）

海札米制定と漁業保護

三池藩領は豊かな海の幸の有明海に面していたが、広大な干潟が沖までつづき、海産物は干潟の貝漁と沖の漁業に分かれ、それぞれ入会《いりあい》漁場、専用漁場があった。

三池藩で有明海に面していたのは南大牟田村と早米来村で、これに隣の柳川藩領横洲村が隣接し、境界を巡って漁民の争いが絶えなかった。そのため藩は専用漁場を定め、漁民の争いをなくすとともに、漁場を定めることで、無制限な乱獲による資源の枯渇を防いだ。海札米（潟地税）は南大牟田村が一〇〇疋六分三厘、早米来村が三一疋五分を納めた。海札米は年貢の米の代わりを意味している。

干潟がもたらす海の幸と漁民のくらし

有明海は沖に出る澪《みお》（水路）が小さいため、大型船が出入りできなかった。また、漁業技術や沖に乗り出す大型漁船もなく、藩政時代の漁業は沿岸での地引網漁や干潟の魚貝類の採取が主だった。

地引網は「げんしき網」といわれ、黒崎開には網仲間が二組あって、一〇艘の船で網を敷き、干潮を待って洲に引き上げ、とれた魚は市場に出した。

女はかちうみで潟を歩いて、あげまきの稚貝やわらすぼ・はぜくち・たこなどを板鍬《いたぐわ》で穴を掘って捕まえた。かちうみは、現在では潟スキーという一枚板のハネ板にはんぎり（桶）をのせ、片膝をハネ板にのせ、片足で潟をけりながら、潟の

三川海岸。遠浅の海岸は大型船の出入りができなかった

上をスキーのように自在に滑って、珍魚ムツゴロウやからす貝・あさり・姥貝・たいらぎなどをがんずめで掘ってとっている。

満潮のとき海面を覆うほどに浮いて出るよこがね（小蟹）は肥壺《こえつぼ》に入れて腐らせ、特産の肥料をつくったが、領内の村や肥後領からも買いに来た。肥後の長洲《ながす》（熊本県玉名郡長洲町）から塩売りが来て、干しあげまきや甘藷《かんしょ》と交換した。

漁村では耕地がなく、米は稲作村で買わなければならなかった。そのためふだんの食事は粟《あわ》に甘薯を入れ、三分の一くらい米をくわえたもの、昼はちゃのこ（おやつ）で、夜はけーもちが主食だった。

けーもちは甘薯を輪切りにして煮て、麦粉を混ぜてさらに煮たもので、これにしょんしょん（醤油）をつけて食べた。にぎっだごも主食の一つだったが、これはいりこ（裸麦を炒ったもの）と甘薯を練って団子にしたもので、汁椀に二個ほど入っていた。家は茅《かや》ぶきだったが、茅も海辺にはないので屋根藁《わら》を買って葺《ふ》かなければならなかった。そのため資金的にも大きな家は建てられなかったという。

早鐘灌漑用水路と平塚信昌

治水と利水で農業発展

下二部村、片平村は水利が乏しく、旱魃ともなると米収はまったく見込めなか

ムツゴロウ

潟スキーで干潟を滑ってムツゴロウを釣った
（株式会社竹八蔵）

った。灌漑は両村民の悲願で、藩は寛文四年（一六六四）、代官平塚喜右衛門信昌の提言を取り入れ、早鐘《はやがね》堤を築いた。土木技術に優れた信昌は、長崎に石橋の眼鏡橋があることを知ると、延宝二年（一六七四）、早鐘堤の水を灌漑用水として両村に通すために「橋上流水」という発想で、早鐘山の谷に水路用の眼鏡橋を築き、両村の田畑を潤した。この「早鐘眼鏡橋」は、わが国最古の水路用眼鏡橋といわれ、現在は国指定重要文化財になっている。また、信昌は豊作の年には田地の広さに応じて村々に備蓄させ、「借米《しゃくまい》」として、不作や飢饉に備えている。

そのほか信昌は、「太平の世に生まれて、朝夕安楽に居して、君恩を知らず、日月を送るは天道に背くの理なり。身不学、不智といえども御政の万一の助にもならんと」年々の領内の気候の変動と農業の実態を記録して、「御当家御政道百姓盛衰」を遺し、農民だけでなく、藩の代々の農業・経済政策に貢献した。

このような農業に対する手厚い政策は歴代続き、藩政全盛期を築いた七代種周の時代は、宝暦・天明と全国的な飢饉が相次いだが、三池藩は餓死者を出すことはなかった。

港をつくって水運を発展

平塚信昌の治績は農業に留まらなかった。

年貢の蔵への納入は農民の役目で、寛文の頃までは海に面していながら三池領

早鐘眼鏡橋上部の水路

水路を渡す早鐘眼鏡橋

内に港がなかった。そのため大坂蔵屋敷の津出しは、柳川藩の江の浦港まで四里ほどの道を馬で運んでいた。一頭で運べる米はわずか二俵なので三池と江の浦を何百回も往復しなければならず、大変な労力と費用を要した。

信昌は、有明海にそそぐ領内の諏訪川の河口が水深七尺ほどあるのを知って浚《しゅん》渫《せつ》し、百石船が接岸できる港をつくったので農民の津出しが容易になった。

このように、信昌は灌漑用の水路を開き、飢饉に備えて米を備蓄させ、港を拓《ひら》いて農業の発展と領民の便宜に尽くした。

諏訪港は年貢米の津出しだけでなく、水運の発展を促した。

時代は下るが天保五年（一八三四）には諏訪港から各地へ定期便もできた。

三池藩は、諏訪町梶取の坂井米之吉に島原渡海《とかい》御用船掛を申しつけ、肥前竹崎、島原、口之津、諫早《いさはや》、津、糀島《かばしま》、長崎、肥後高瀬、天草などへ船便を設けている。

島原への渡し賃は一艘分一分二朱だった。渡船には一〇～一五人定員の相乗り船もあり、一人一朱で、所要時間は一刻（二時間）だった。

水運は石炭事業と共に発展し、航路も拡大していった。

有明海沿岸だけでなく、石炭の需要が多い瀬戸内地方から大坂まで、石炭運搬船や貨物を乗せたべざい船などの大型船が行き来するようになった。

石炭や年貢米を運んだべざい船

諏訪川河口を浚渫して新たな港をつくった

③

石炭で潤う三池藩

米収を得る稲作の土地が少なく、財源に乏しい三池藩の藩庫を潤したのが石炭だった。
瀬戸内海の製塩業の石炭需要が高まると、採炭事業は大規模化していった。
三池藩は石炭の富を一手にすることができた。

石炭の発見と用途の拡大

耕地が少なく農産物が乏しかった三池藩を潤したのが石炭の採掘である。

三池炭鉱は日本最古の炭鉱で、文明元年（一四六九）に三池の傳《でん》治左衛門が稲《とう》荷《か》山で燃える石を発見して、煮炊きや暖房に使ったのがはじまりといわれる。傳治左衛門が発見したのは炭層が地表に現れた露頭炭《ろとうたん》だった。

この石炭に将来を見出し、本格的に事業化して採炭をはじめるようになったのは、柳川藩家老小野春信である。

享保六年（一七二一）、石炭に目をつけた小野は藩から稲荷山に連なる平野山を買い取って、採炭に乗り出し、小野家は明治初年まで採炭をつづけている。

ちなみに小野家は、あのオノ・ヨーコの実家として知られる。

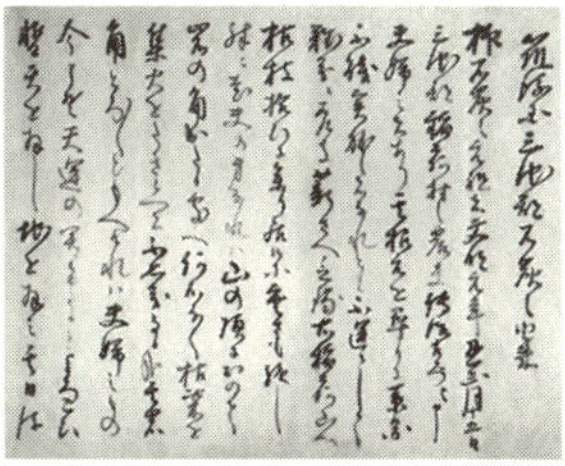

石炭問屋橋本富五郎が記した「筑後国三池郡石炭之由来」

石炭は、はじめは煮炊きなど自家用として使われていたが、醸造・鍛冶《かじ》・窯業《ようぎょう》・瓦《かわら》焼・白炭《はくたん》焼などの工業生産用の燃料として用途が広がり、大量に求められるようになって採炭業が事業化するようになっていった。

三池藩領では、元文年間（一七三六〜一七四一）、稲荷村の農民中村松次郎が田畑を売却して資金をつくり、本格的に採掘をはじめた。松次郎は掘った石炭を柳原の瓦屋、長洲の塩田業者、三角《みすみ》・天草、瀬戸内沿岸の三田尻・広島・尾道から大坂まで販売先を広げ、莫大な利益をあげるようになっている。

明和三年（一七六六）、松次郎が三十四歳の若さで急死すると、三池藩は稲荷山《とうか》の炭鉱を没収し、それまで自由採掘だった石炭採掘に対し、寛政二年（一七九〇）、石山法度《いしやまはっと》を設けて、採掘や抗夫を統制した。

一　堀間部《まぶ》（坑道間隔）念置いたすべきこと
二　目方数密（正確）にいたすべきこと
三　掘石売り方数密（正確）にすべきこと
四　抜け荷（密売）すべからず候
五　旅人、無用の者入部禁止
六　喧嘩、口論の禁止
七　ばくち、勝負事の禁止

しかし、この隠れた利権も、十六年後の文化三年（一八〇六）、三池藩の突然の

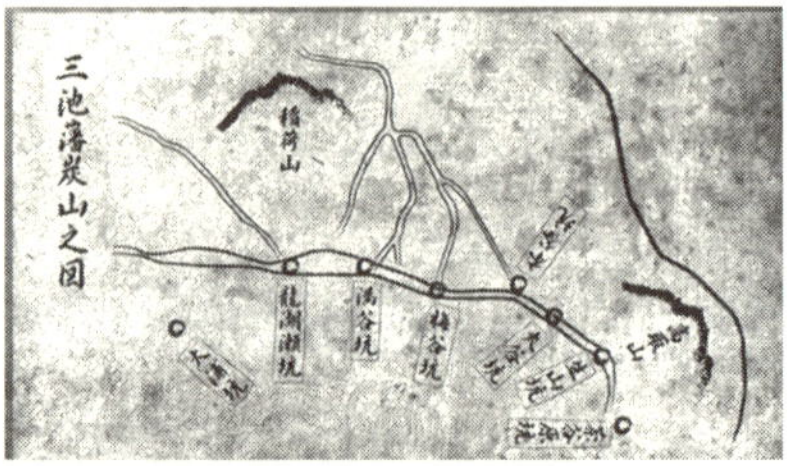

三池藩炭鉱

稲荷山の露頭炭

奥州転封によって終わった。

「文化三年六月、三池藩主が奥州下手渡に移封せられ、それに代わって日田代官の支配となったが、文化十三年八月、天領が柳川藩主立花鑑壽《あきひさ》にお預けになってからは、石炭採掘のことも柳川藩が直接することになり、請元は主として稲荷村塚本忠次郎、これに次いで三池新町の藤本傳吾が請け負った」（『旧柳川藩志』）。

炭鉱長者藤本傳吾

文化十三年（一八一六）、旧三池領が幕領（天領）から柳川藩お預けになると、炭鉱の集積・集中は一層進み、経営が大規模化していった。

御石山《おいしやま》の請元《うけもと》ははじめ、塚本忠次郎、八百屋（古賀）幸次郎ら数人の請元で行っていた。八百屋によれば、稲荷山の請元の藤本傳吾《でんご》は、これを独占しようと策略をもって、ほかの請元を次々に追い落とし、ついには塚本と八百屋も退け、石炭採掘を独占したのだという。こうして傳吾は御石山・焚石山《たきいし》にくわえ一部山の炭鉱の請元になり、稲荷山全体の請元として運上金銀二四貫（四〇〇〇両）を柳川藩に納めるようになって、藩から七石二人扶持の士分に召し抱えられているが、傳吾自体は年に三六〇〇両もの利益を上げていたという。

炭鉱長者となった傳吾は豪壮な屋敷を構え、柳川藩主や小野家をしのぐ大富豪

藤本傳吾邸門（安照寺山門）

となった。しかも、炭鉱に通う籠の中から、五匁札《もんめ》を撒《ま》いたので、道々には庶民が土下座して伏し拝み、巷《ちまた》ではこう囃《はや》したてていた。

傳吾さまには及びもないが、せめてなりたや殿様に

二代目は長男の新助が傳吾の名を継ぎ、炭鉱はますます発展した。「賢父の遺跡を受け継いで、石山の冠領《かんりょう》となる。けだし石山繁盛かな、運送売船数艘、雇人夫馬幾千万を知らず」（『大牟田市史』）。

二代傳吾は弘化二年（一八四五）、五十八歳で、その波乱の人生を閉じた。しかし、二代傳吾の死は藤本家の凋落《ちょうらく》のはじまりだった。

嘉永三年（一八五〇）、三池に復領した三池藩は、はじめは藤本家の冥加金に甘んじていたが、炭鉱の直接経営を企図《きと》して三代傳吾の炭坑を没収し、陣屋をしのぐといわれた邸宅まで破壊した。収入が途絶えた藤本家は見る見るうちに窮して、かつての栄華の見る影もなくなり、六年後の安政三年（一八五六）には掛け買いの代金を支払ってもらえないと新町の商店主から訴えられるまでに没落した。

製塩需要で栄える炭鉱

この頃、石炭を大量に消費したのは瀬戸内の中国・四国の製塩業者である。

瀬戸内の製塩業者は入浜式製塩で塩の大量生産を可能にし、ほかの産地を圧倒

石炭運搬船（左）と瀬戸内の塩田（右）。三池の石炭は島原港へ運び、大型船に積みかえて瀬戸内の塩田に送った

していった。入浜式製塩は入江に防潮堤をつくり、一町から一町五反の大規模な塩田に干満の差で海水を引き込み、毛細管現象を利用して海水の塩分を付着させた砂を集め、砂に海水を注ぐと砂についた塩分が溶けて「かん水」ができる。

このかん水を煮詰めて塩ができるのである。大量のかん水を煮詰めるために当初は薪《まき》で焚いていたが、薪は高価で、塩五斗煮詰めるには二匁かかったが、石炭の場合は一匁三分で済んだ。薪はまた資源的にも少なく、安価で火力が強く、火もちが良い石炭にとって代わられたのである。

大型船が横づけできなかった三池では、各炭鉱の打立場（貯炭場）から馬や大八車で大牟田浜と松原海岸の船積み場まで運び、石炭運搬専用の小型船で島原に運んで大型船に積み替えた。このため島原に大請問屋が生まれた。大請問屋は製塩業者から注文を受けると三池の採炭請元に発注し、採炭請元は船で島原に運び、大請問屋が大型船に積み替え、瀬戸内の製塩業者に送るというシステムになった。

小口の注文には二次・三次問屋も重要で、有明海沿岸の天草・肥後・久留米・佐賀・諫早・長崎、防州、阿波に石炭販売の二次・三次問屋ができた。

藩役所―採炭請元―大請問屋―炭鉱問屋―下問屋―二次・三次問屋―
―石炭小売店―大口ユーザー（製塩業者など）

入浜式塩田で大量生産を可能にした瀬戸内の製塩業

石炭業から金融業へ

大請問屋は大消費地の製塩業者と取り引きするだけでなく、炭鉱問屋から石炭を買い、各地の二次問屋に供給した。そのため運搬船を大量に抱え、また二次問屋に対する資金の融資など金融機能も有したため、販売と金融で事業規模が急速に拡大していった。採炭業や問屋業が大規模化するにつれ、そのリスク軽減のために「預り金制度」ができた。

大請問屋は採炭請元の供給販売を一手にし、島原を中心とする下問屋から預り金を入れ、石炭販売の手数料や石炭の運搬費を得ていたため、潤沢な資金があった。そこで、この資金をもとに問屋金融に乗り出し、絶えず開発費が必要な採炭業者や石炭の供給が欲しい二次・三次問屋への融資も行うようになった。

さらに豊富な資金をもとに、柳川藩などへの大名貸しから藩士への小口金融まで、金融だけでも利益を上げるようになった。大請問屋の諸国屋など、「三池の武士にして諸国屋の融通を受けぬ者はまれであった」というほどになったという。

島原港の大型石炭運搬船

第三章　三池藩の領内支配

わずか一万石だったが、歴代英邁な藩主が輩出して、全国的に知られた。

三池陣屋

1

三池藩歴代藩主

二代種次以来、三池藩は藩主に恵まれた。英邁な藩主が多く、藩経営に勝れた。その名声は幕府にも聞こえ、外様の小大名ながら幕府要職に名を連ねた。これも三池藩の礎を築いた藩祖直次の教えの賜物なのだろう。

立花家三代が築いた礎

初代立花直次

直次《なおつぐ》は藩祖であり、三池立花家初代としてあがめられてきた。

元和三年（一六一七）、江戸下谷の屋敷で死去。享年四十六。

二代立花種次

三池藩初代藩主だが、三池藩では藩祖直次を初代として、種次《たねつぐ》は二代としている。種次は慶長九年（一六〇四）八月に生まれた。母は筑紫広門の娘である。

種次が生まれたとき父の直次は牢人の身で、肥後八代に寓居していた。

ところが元和三年（一六一七）七月十九日、種次が十四歳のとき、父直次が病没した。直次が常陸柿岡五千石を賜って、三年目のことである。

　柿岡領は種次が二代として受け継いだ。元和七年一月十日に種次は三池一万石を賜って、三池に再封した。十八歳だった。種次は父が熱望していた三池の地に帰り咲き、新しい国づくりに邁進した。しかし、十年後の寛永七年（一六三〇）三月二十九日に柳川沖の端、立花館で死去した。享年二十七。

三代立花種長

　種長《たねなが》は寛永二年（一六二五）八月生まれで、藩主に就封したときは六歳だった。寛永十四年の島原の乱では、幼い種長に代わって叔父の立花政俊が三池兵九五人を率いて出陣し、家臣三六人を失う激戦を経て原城へ一番乗りを果たしている。

　種長は成長すると藩体制の確立と財政再建に腐心した。

　農は国財政の基本だった。農業振興には農民の定着と増加を図らなければならない。山間地が多く平地が少ない三池領は、山麓の開拓と干潟の干拓による耕地の拡大が必至だった。そこで農村を三地区に分け、三代官制度を設けて農村管理と農業振興にあたらせた。延宝二年（一六七四）には、水利がなかった下流の村々へ導水するために水路専用の早鐘眼鏡橋をつくり、荒れ地を水田に変えた。

　種長は長命だった。天和二年（一六八二）、五十八歳のとき、嫡男種明に家督を譲って隠居した。宝永八年（一七一一）二月一日、八十七歳で没した。

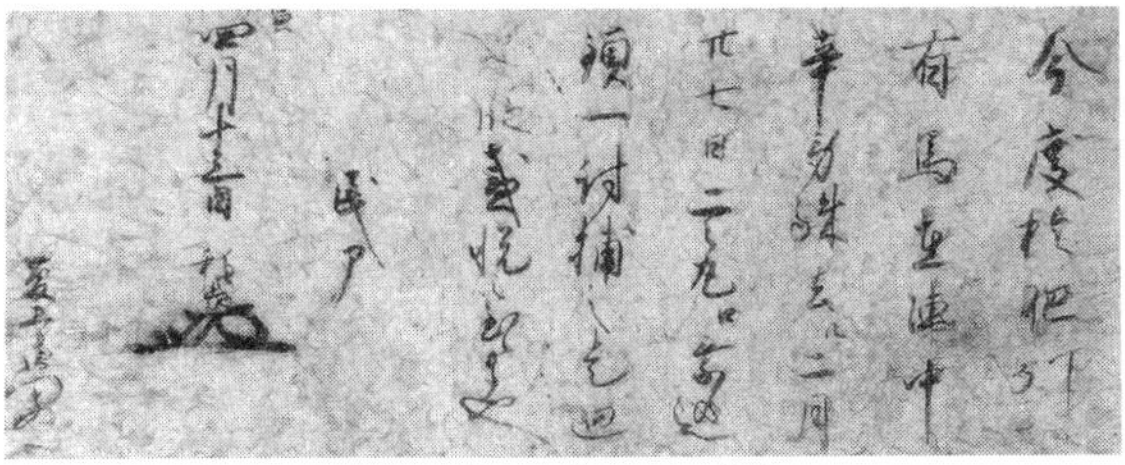

種長による島原の乱出征に対する家臣への感状
（大牟田市立三池カルタ・歴史資料館蔵）

中興の祖、五代藩主貫長

四代立花種明

正保元年（一六四四）、三代藩主種長の嫡男に生まれた。天和二年（一六八二）二月二十七日、三十九歳で父の隠居により四代藩主となった。

種明《たねあきら》は敬神崇祖の念が篤く、領内の寺社に石華表（陵墓の前に立てる石柱や神社の鳥居）や扁額を寄進し、法輪寺に高橋家の祖紹運の碑を建立するなど社寺政策に尽力し、三池藩の繁栄と民の安寧を願った。

元禄十二年（一六九九）一月八日、病没した。享年五十六。

五代立花貫長

貞享四年（一六八七）、四代藩主種明の嫡男に生まれた。元禄十二年（一六九九）一月、父の死去により十三歳で五代藩主となった。

貫長《やすなが》は幼い藩主ながら、その聡明さで、将来が嘱望された。

宝永六年（一七〇九）三月七日、従五位下、出雲守に叙任された。

享保九年（一七二四）九月一日、三十八歳で駿府加番に任じられた。

享保十七年は「江戸四大飢饉」といわれた「享保大飢饉」に襲われたが、貫長

将軍吉宗から貫長への感状
（下手渡、佐藤初衛家蔵）

駿府城。五代貫長は駿府加番となった

は飢饉に手厚く対応して、領内から餓死者を出さなかった。

貫長の事業で特筆されるのは元文三年（一七三八）、石炭採掘をはじめたことである。石炭の販売は三池藩にとって重要な藩収となった。

三池の石炭は製塩のさい、塩を煮詰める燃料として重宝され、販路は、製塩が盛んな中国・四国の瀬戸内海沿岸から大坂まで広がった。

三池藩が石炭を本格的に採掘はじめたのが貫長の時代になる。貫長の代になって、三池藩は藩政の発展をみた。三池藩中興の祖と評されている。延享四年（一七四七）五月十九日、死去した。享年六十一。

六代立花長熙

享保五年（一七二〇）七月十七日、五代藩主貫長の嫡男として生まれた。

延享四年（一七四七）、七月、父の跡を継ぎ、二十八歳で六代藩主となった。

同年十二月十九日、従五位下、和泉守に叙任。

享保から宝暦まで気候異変が相次ぎ、凶作・飢饉対策など藩政は苦難の連続だった。長熙《ながひろ》は父貫長の手厚い飢饉対策を踏襲し、餓死者を出すまいと腐心した。

これには父の代から本格的にはじまった石炭採掘による増収が寄与している。

宝暦十二年（一七六二）九月二十六日、四十三歳で、嫡男種周《たねちか》に家督を譲って隠居した。安永七年（一七七八）閏七月二日病没、享年五十九。

徳川吉宗像（徳川記念財団蔵）

長熙は「御救い小屋」を出して、餓死者を出さなかった

これも三池

縦横な路地で陣屋を防衛

陣屋に至る路地

三池陣屋を取材に行ったときのことである。案内いただいた古賀昭岑先生のお宅を出るとすぐ、幅一メートルばかりの路地に入られた。五、六〇メートルばかり路地を進むと歴木《くぬぎ》の巨木がある高田宮の跡に出た。近道されたのだなと思ったのだが、また路地に入る。路地を進むと川に出て、行き止まりになった。

昔は川に飛び石があり、石を伝って向こう岸の路地に通じていたという。それから戻って、また路地に入り、歩いているうちに大手門橋に出た。橋を渡ると幅二間半ばかりの小さな広場に至る。その先に石段があり、当時は正門があった。

陣屋の敷地は現在、大牟田市立三池小学校で、運動場を抜け横の路地をまた歩く、川沿いの場合はまだしも、左右に家があるとまことに狭い。この狭い路地に沿って、家々の玄関もあるのだから驚かされる。古賀先生の説明によれば、この狭い路地に立て込んだ武家屋敷が陣屋の防御壁となり、敵を誘い込んで討つために、わざとこのような狭い路地をつくったのだという。自転車が来たら、すれ違いもできないほどの狭さであり、歩いているうちに方向さえ危うくなった。いままで見てきた城下町では一番ふしぎな町割であった。

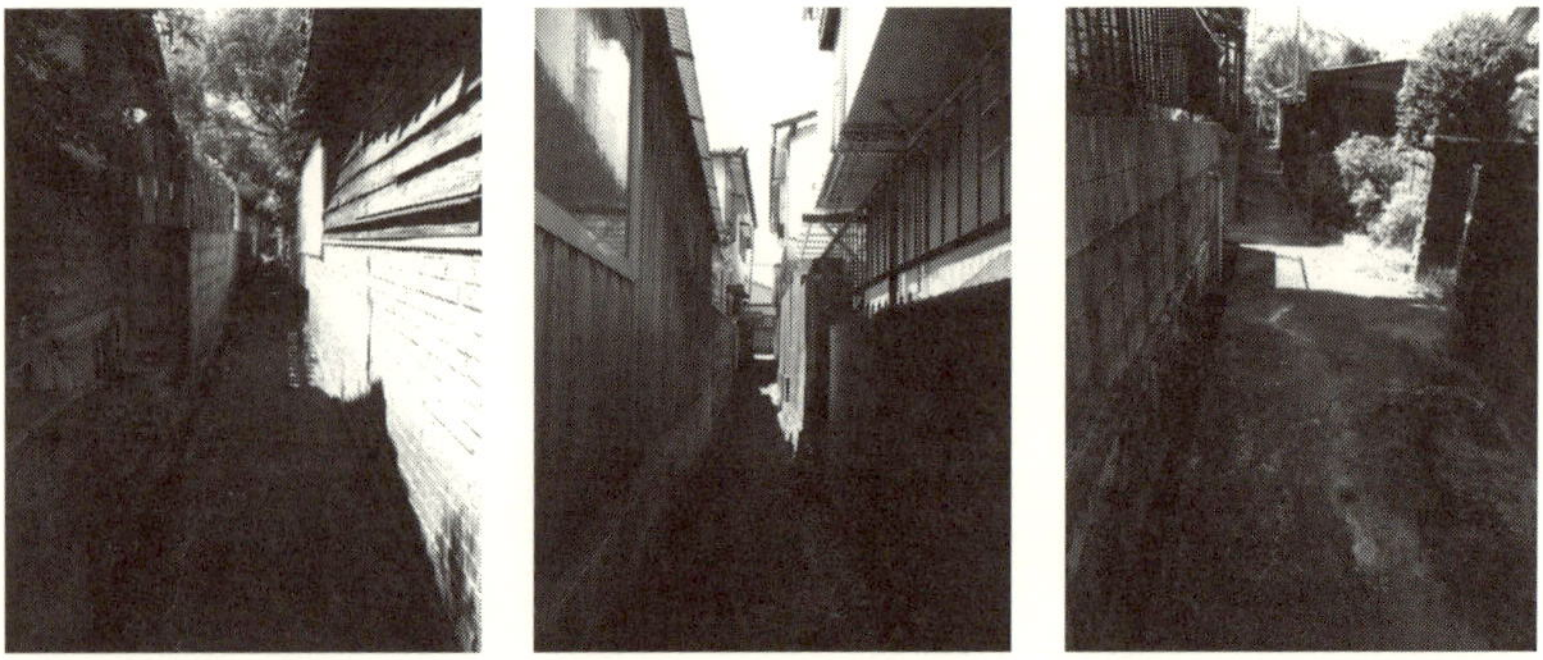
このような狭小な路地は漁師町で見られるが、武家屋敷では珍しい。
陣屋の防御を担ったというが、実にふしぎな町割である

②

若年寄罷免と転封

藩経営に、そして幕府要職として辣腕を振るってきた七代種周にとって
それは突然の終焉だった。将軍家斉の思し召しによる蟄居と転封。
藩内は混乱し、家臣の分断を生み、種周は無念のうちにこの世を去った。

政争の犠牲になった七代種周

立花種周《たねちか》は延享元年（一七四四）八月八日、六代藩主長煕の嫡男として生まれた。宝暦十二年（一七六二）九月二十六日、種周は十九歳で、父から家督を譲られ、七代藩主となった。種周の治政はめざましかった。

三池は表高一万石だったが、代々手厚い農業政策をつづけた結果、この頃は実高一万四千八百四十石と、当初に比べ一・五倍の増収となっていた。

また、産業振興を図り、新たな産業である炭鉱を藩直営とした。炭鉱は「石山法度」を定め、石山目付・石山御用掛を置いて炭鉱経営にあたらせた。

炭鉱は藩資金投入で大規模化し、採炭量が増え、財政に貢献した。

種周は代々の三池氏を称えて大塔の定林寺を再建、宗祖の墳墓を改修し、藩祖

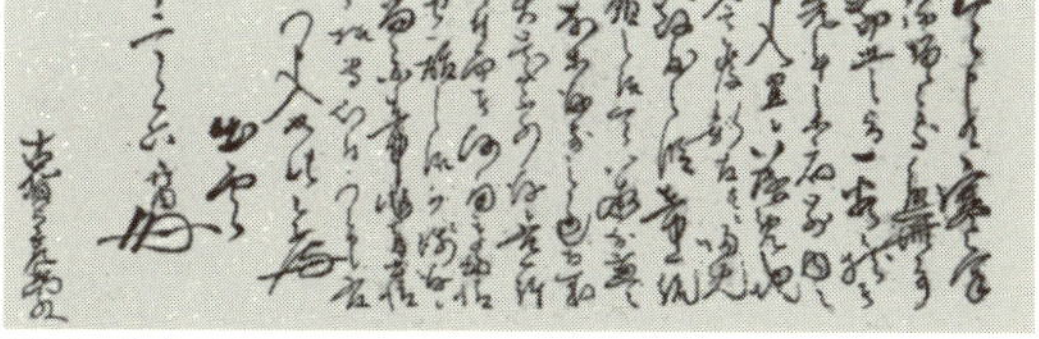

種周の文書〔吉賀（知）文書〕

直次の顕彰碑を建立、領内の由緒ある寺社の修復や寄進を行い、民の幸を祈った。領民においては孝子・節婦の表彰、困窮している老人の介助を行った。

そのような種周は、老中松平定信の推挙で幕府に登用され、寛政元年（一七八九）に大番頭、同四年、奏者番兼寺社奉行に昇進した。

寛政五年七月二十三日、「寛政の改革」を主導した松平定信が罷免され、老中首座は松平信明となった。同年八月、種周は若年寄に栄進した。

この頃、蝦夷地（北海道）ではロシアの進出がみられ、前年にはロシア使節ラクスマンが根室に来航して通商を求めた。

蝦夷地の防備が急務となり、蝦夷を直轄地にと主張する老中格本多忠籌《ただかず》の推挙で、種周は寛政十一年、蝦夷地総監に就任した。種周は近藤重蔵を抜擢して、蝦夷地および国後《くなしり》島・択捉《えとろふ》島・樺太の調査探検にあたらせている。

幕政においては松平定信の罷免後も寛政の改革路線は継続されていたが、厳しい緊縮財政路線は将軍家斉や後《あと》に控える将軍の実父一橋治済《はるさだ》、家斉の妻寔子《ただこ》の父島津重豪《しげひで》、そして緊縮を強いられる大奥に不満があった。

享和三年（一八〇三）十二月二十二日、施政方針を巡る将軍家斉との軋轢《あつれき》から老中首座の松平信明が病気を理由に辞職、老中首座には戸田氏教《うじのり》が就任した。

しかし、家斉の不満は信明だけでなく、「寛政の改革」を推進してきた「寛政の遺老」といわれた幕政幹部全体におよび、改革派の一掃を謀った。

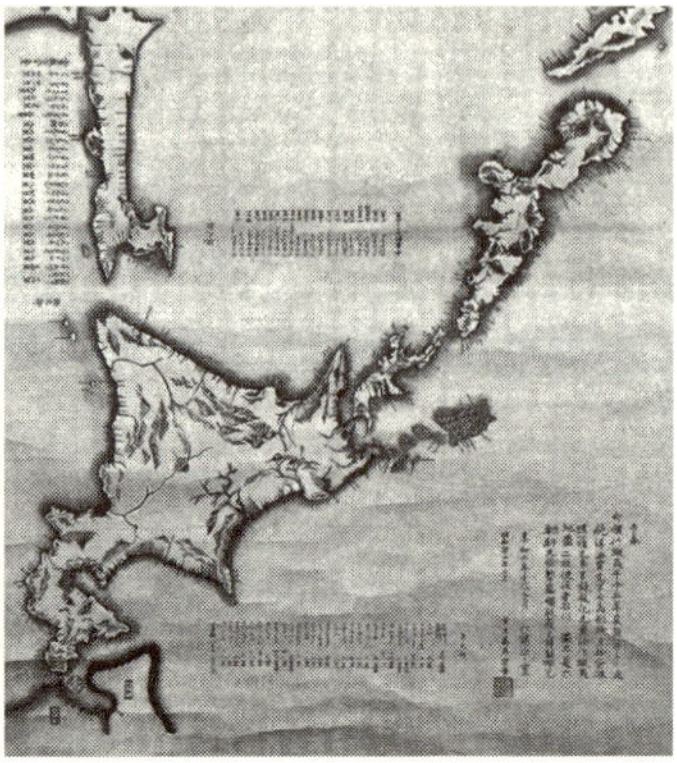

近藤重蔵測量の蝦夷地図
（北海道大学附属図書館蔵）

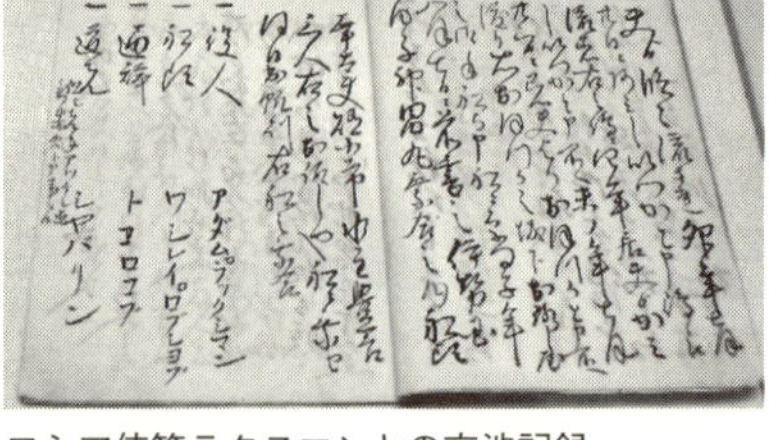

ロシア使節ラクスマンとの交渉記録
（函館市中央図書館蔵）

文化二年（一八〇五）十一月十九日、種周は戸田から御役御免を申し渡され、次いで翌十二月二十七日、将軍家斉から「種周の役目柄、ふさわしくない不埒なことがあり、思し召しにより、隠居のうえ蟄居」を申し渡された。

御沙汰書

立花出雲守名代　能勢甚三郎

その方儀、重き役儀をも相勤め、毎事相慎むべきところ、卑賤の町人嘉右衛門と度々面会し、久田縫殿頭へ伝言申し遣わし、その上、奥向き又は重き御間柄の儀等、表方の者へは申すまじきことを、縫殿頭へ様々、虚偽を申し候段、勤め柄不似合いの儀とも、不埒に思召され候。

依って隠居仰せ付けられ、蟄居仕りまかりあり候。

文化二年乙丑十二月二十七日

種周にとって、まったく思いもよらぬ御沙汰だった。

同時に関係者と思われる西の丸の書院番・秋元保朝、大目付・久田長考《ながのり》が免職・閉門となり、町人諸国屋寿嘉右衛門に遠島が申し渡されていた。

家督は嫡男の種善《たねよし》に受け継がれたものの、幕命はこれだけに終わらなかった。翌三年六月、奥州伊達郡下手渡《しもてど》へ国替えを申し渡されたのである。

幕政においても藩政においても、功績が多い種周だったが、その晩年、若年寄罷免という無念のうちに文化六年十月十五日、死去した。享年六十六。

江戸城大手門

徳川家斉像（徳川記念財団蔵）

転封と家臣団の分裂

突然の奥州下手渡への国替えを受け、藩士は動揺した。

藩祖直次が関ヶ原の戦いの後浪々し、牢人から徳川秀忠に召し抱えられ、常陸国柿岡五千石を賜ったことがあったが、そのときは家臣すべてが柿岡に赴任したわけではない。直次も江戸にいて、数人ばかりの家臣が柿岡に赴いたのである。

それもいまでは遠い遠い昔の話である。

今回の国替えになる下手渡はさらに遠く、仙台領に近い北国だという。下手渡は、三池はもちろん、江戸藩邸の者たちでも、想像がつかない遠国《おんごく》だった。なにしろ三池と下手渡の距離は四百里（一六〇〇キロメートル）ほどあり、温暖な九州からは考えられない寒冷な気候の山地である。

しかも、ことばも文化も生活習慣も、まったく異なる国であった。

藩士本人ならまだしも、家族を連れての長旅は困難が予想された。家臣自身はともかくも、高齢者や幼い子どもを抱える者たちにとって、幕命による転封とはいえ、容易に受けられることではなかったのである。そのため家臣のなかには、下手渡への移住に対して逡巡する者や禄を返して牢人になることを選ぶ者、帰農を考える者が出てきてもふしぎではなかった。

藩内は割れた。藩士一六八人のうち、江戸藩邸の要員七〇人を除くと三池在は九八人になる。このなかで下手渡移住を承知したのは四二人だった。

『三池・大牟田の歴史』には「米の生産量が少なく、すべての家臣を下手渡へ移住させることができずに、五六人を三池に残留させせなければならなかった」ともある。下手渡移住は四二人といっても、家族を入れるとその三～四倍になる。家族の移住は、藩士に遅れて二年後の文化五年（一八〇八）頃になった。

三池藩の参勤交代は成人男子ばかりで三十余日を要した。こんどはその江戸を越えて七日を要する旅となる。老人・婦女子や幼い子ども連れの下手渡への旅は、なお日数がかかって、二カ月を要したことだろう。

三池藩は小さな藩にしては江戸詰が多いが、これは藩主が若年寄という幕府要職を務めたことがあり、幕府の仕事のために要員を必要としていたためである。

一方、三池残留者は日々の暮らしに苦闘することになった。

藩主種善も「米価追々致下落、勝手方難渋につき、御助力被成下候様」と柳川藩主に助力の要請を行っている。

三池の別当（町年寄）藤本礼次郎、今山村庄屋竹下市郎兵衛、稲荷村庄屋藤好茂助、一部村庄屋森三郎助などが残留藩士の窮状をみかねて、柳川藩に嘆願書を差し出し、柳川藩が藩士一人に年間一両を援助したともある（『旧柳川藩志』）。

これも三池

岩屋城戦死者を祀る大位牌

福島県伊達市月舘町下手渡にある三池藩の菩提寺「耕運寺」には岩屋城の戦死者の名を記した大位牌がある。位牌には「筑前国寶滿巌屋籠城戦死者之霊」と書かれ、九州平定を図る島津軍と戦い戦死した高橋紹運以下七六三名の名前が刻まれている。

主従が命を賭して守った武士の義は、どんな困難にも一致団結して、全力をもってあたる「三池魂」として受け継がれ、三池藩は小藩ながら幾多の人材を送り出してきた。

岩屋城戦死者を刻した大位牌

大位牌にはつくられた年号がなく、いつ頃につくられたかはわかっていないが、三池藩初代立花直次が太閤国割で三池を領した時代につくられたのではないかと思われる。

その重要な大位牌が下手渡の耕運寺にあるのは、文化三年（一八〇六）の下手渡への国替えのさい、三池から運ばれたものらしい。ところが位牌は高さ一・五メートル、幅八〇センチメートル、厚さ一五センチメートルの板に刻まれた大位牌で、一人で抱えられないほどの重量がある。これを三池から陸奥国の下手渡まで運ぶには難行苦行であったろうと思われるのだが、三池藩主従にとっては何物にも代えがたいものであったのだろう。

岩屋城址に建立された「嗚呼壮烈岩屋城址碑」

下手渡陣屋は慶応四年（一八六八）の奥羽戦争のさい、耕運寺も陣屋や城下町ごと焼き払われ、寺宝も何もかもが失われたが、この大位牌だけは避難され、今日に残ったのだという。

耕運寺の墓地には下手渡藩三代の墓所があるが、三代藩主の墓は盆地を隔てた天平の陣屋に向けて建てられている。藩主の墓の一段下に家老屋山家の墓があり、さらに一段下に家臣の墓が藩主の墓に向けて立ち並んでいる。三池立花家は何よりも家臣を大事にし、主従のきずながことのほか強かったようだ。

第四章 下手渡藩時代

異国としか思えなかった北の大地に立花氏三代は家臣とともに新しい国を築いた。

下手渡空撮（伊達市提供）

① 奥州下手渡へ転封

思いもよらなかった転封、しかも想像もつかない遠国に家臣はほんろうされた。それでも三池から一六〇〇キロメートルも離れた北国に、四二家が移住した。わずか三代、六十三年の統治だったが、第二の故郷となった。

文化の政変と国替え

文化二年（一八〇五）十一月十九日、若年寄の立花種周は老中から御役御免を申し渡され、追って十二月二十七日に隠居および蟄居の命が下った。また同日、嫡子種善《たねよし》の名代村上三十郎に「格別の思し召しにより、家督をその方に下さる」と申し渡された。立花順之介種善はこのとき十二歳だった。

ところが種周は、寛政七年（一七九五）に徳川家斉にお目見えし、跡継ぎとして和泉守の叙任を得たものの、二年後十九歳で死去した嫡男の種徳《たねのり》を八代藩主とし、種善を九代藩主とした。種周の幕府への小さな抵抗だったのだろうか。

『福岡県史（「維新資料」）』にある「三池立花種徳は文化三年、父種周のため奥州岩代下手渡に移された」というふしぎな記録が種周の思惑を物語っている。

南東北の旧国名と下手渡藩の所在地

「陸奥（福島県）郡図」
伊達郡に下手渡藩はあった

●三池（福岡県大牟田市三池町）
●下手渡（福島県伊達市月舘町下手渡）

種善は藩主となったものの、新藩主としての将軍のお目見えは許されなかった。政変による処置はこれだけではすまなかった。文化三年六月五日、幕府より示達があり、「立花順之介名代堀筑後守に奥州伊達郡の内へ、領地引き替えを仰せ付けられた」のである。

　青天の霹靂とは、まさにこのことをいうのだろう。

　国替えは、九州から遠国の陸奥国伊達郡下手渡（福島県伊達市月舘町下手渡字天平《てんだいら》）一万石だった。立花氏六度目の転封である。発祥の地筑後高橋、筑前宝満山城、三池、常陸柿岡、三池、そして六度目は陸奥伊達郡下手渡となった。

　『徳川実紀』には「文化三年六月三日、立花出雲守嫡子順之助（種善）奥州伊達郡下手渡に遷封す。よりて三池郡十五カ村、村高一万四千八百四十石を幕府に収め、日田代官三河口八蔵兼ねてこれを支配す」とある。

　また、『旧柳川藩志』には、このことについて次のようにある。

「文化三丙寅六月四日、三池藩主立花出雲守（種周）の嫡子順之介（種善）、奥州伊達郡下手渡に遷封《せんぽう》せられ、その跡地は

下手渡藩領。右が下手渡村、左が小島村、上部が月舘町（伊達市提供）

幕領となる。
「三池藩主の領は初め一万石なりしも、遷封のときは開地もくわわり、都合一五カ村、一万四千八百四十石二斗二升四合となり、豊後日田の代官三河口八蔵、三池へ出張して之を支配せり」

官民挙げて、農業振興の努力の結果、実高を四千石も増やしていたのである。その領地をむざむざ手放さなければならなくなった口惜しさはあまりある。

これに対し柳川藩は同年七月十八日、将軍に近侍する中奥番の御用番（月番）松平定朝へ「三池藩主帰藩嘆願書」を高家《こうけ》★大友義方《よしまさ》差し添えで、三浦乗寛《のりひろ》をもって差し出した。しかし、家斉の命を覆すことはできなかった。

種周には正室との間に嫡子がなく、五男二女すべてが側室の子だった。そのうえ、長男をはじめ男子四人が早世し、寛政九年六月、四男の順之介種善が四歳で嫡男となり、父の退隠により十二歳で九代藩主となったのである。

種善は三池入りする前に国替えとなって、初めての国入りが下手渡となった。

一万石に不足した下手渡領

領地は小手郷といわれた仙台領に近い陸奥北部の伊達郡十カ村である。

多くは山々が連なる阿武隈高地の山間地にあり、水田は少なかった。しかも、

▼高家
幕府の儀式や典礼を司る役。

新しい領地は山々が連なる阿武隈高地にあった

下手渡藩御代田村

実高一万石という触れ込みだった下手渡領の実高はわずかに一万石におよばず、九千九百九十八石九斗八升だった。

領地のうち、下手渡・羽田・小島・小神村が地つづきで、御代田・石田・牛坂・飯田・山野川村が地つづきだったが、西飯野村は他領のなかの飛び地である。

それまで幕領や国替えの領地として使われてきた土地で、立花家が移ってくる前は幕領で、幕府代官が治めてきた。そのため年貢は三池では五公五民だったが、下手渡では幕領に倣い四公六民となり、さらに厳しい財政となった。

それでは伊達地域が貧村であったかというと、そうではない。

天明八年（一七八八）、飢饉《ききん》のさなか、諸国巡見使に随行した地理学者の古川古松軒は『東遊雑記』に「天明八年六月三日、福島を出立、小綱木に止宿」とあり、翌四日頃、下手渡村の隣の月舘宿一帯を巡見して、次のように記している。

「この所は大概よき宿なり。作物にも障りなし、稲作およそ三百歩に二石あまり実るという。麦も一石五升ほどとりて、百姓の食物も一〇軒に七、八軒は米を食す。西国・九州においては一〇家に七、八家は麦・粟を食す。されば食物においては、この辺は西国に勝れしなり」とある。

「飢饉のさなかとはいえこの辺は大変恵まれた地域である」と書かれている。

伊達郡の大部分は稲作のできない山地だが、経済的には豊かな地域だった。

下手渡藩のある伊達郡は全国的に高名な養蚕産業の中心地で、江戸時代をとお

『東遊雑記』（弘前大学附属図書館蔵）

古川古松軒像
（東京国立博物館蔵）

して蚕種の全国生産高の三分の二を伊達郡で生産していたからである。

養蚕産業の繁栄で、全国から蚕種や生糸の買いつけの商人や養蚕業者、研究者が訪れ、そのための宿泊施設やもてなすための遊興施設が多くあった。

辺境ながら文人墨客なども訪れて、句会や連歌を催して文芸を楽しみ、大衆文化が花開いた地でもあったのである。

文化三年の下手渡藩領村高

下手渡村	六百一石七斗八升五合
御代田村	千三百十八石三斗一升一合
小島村	千五百十四石五斗三升七合
小神村	九百三十八石九斗二升九合
羽田村	千二百三十二石二斗八升三合
西飯野村	千三百十八石七斗三升九合三勺
飯田村	三百五十八石五斗四升二合

新領地は飛び地だった。山野川・飯田・牛坂・石田、そして西飯野が飛び地になっていた

牛坂村　　　　　百八十六石三斗二升一合
石田村　　　　二千二百三十八石六升九合
山野川村　　　　二百九十一石四斗六升三合七勺
合計　九千九百九十八石九斗八升

奥州で新たな国づくり

下手渡藩があったのは、阿武隈高地の山間を走る三四九号線の福島県伊達市月舘町下手渡である。三池からは、福岡から飛行機で仙台へ行き、福島へ出て、福島から日に三便の月舘経由川俣行きのバス便が唯一の交通手段となる。

三四九号線は、藩政時代は川俣街道、または梁川街道と呼ばれた。江戸からは川俣宿・小島村・下手渡村・下糠田《しもぬかた》村（月舘宿）・御代田村・掛田村・金原田《かなはらだ》村を通り、梁川《やながわ》宿となり、梁川から仙台領に入る。

三池の隣の柳川藩は梁川と書いたこともあり、「やながわ」と聞いて、故郷を思い出し、藩士は心休まる思いだったのではないだろうか。

川俣街道は奥州街道の脇街道だが、養蚕の盛んな土地柄もあり、全国からやってくる蚕種や生糸買い付けの商人が街道を行き交い、荷駄を積んだ馬が列をなすほど人馬の往来でにぎわっていた。

現在の下手渡風景

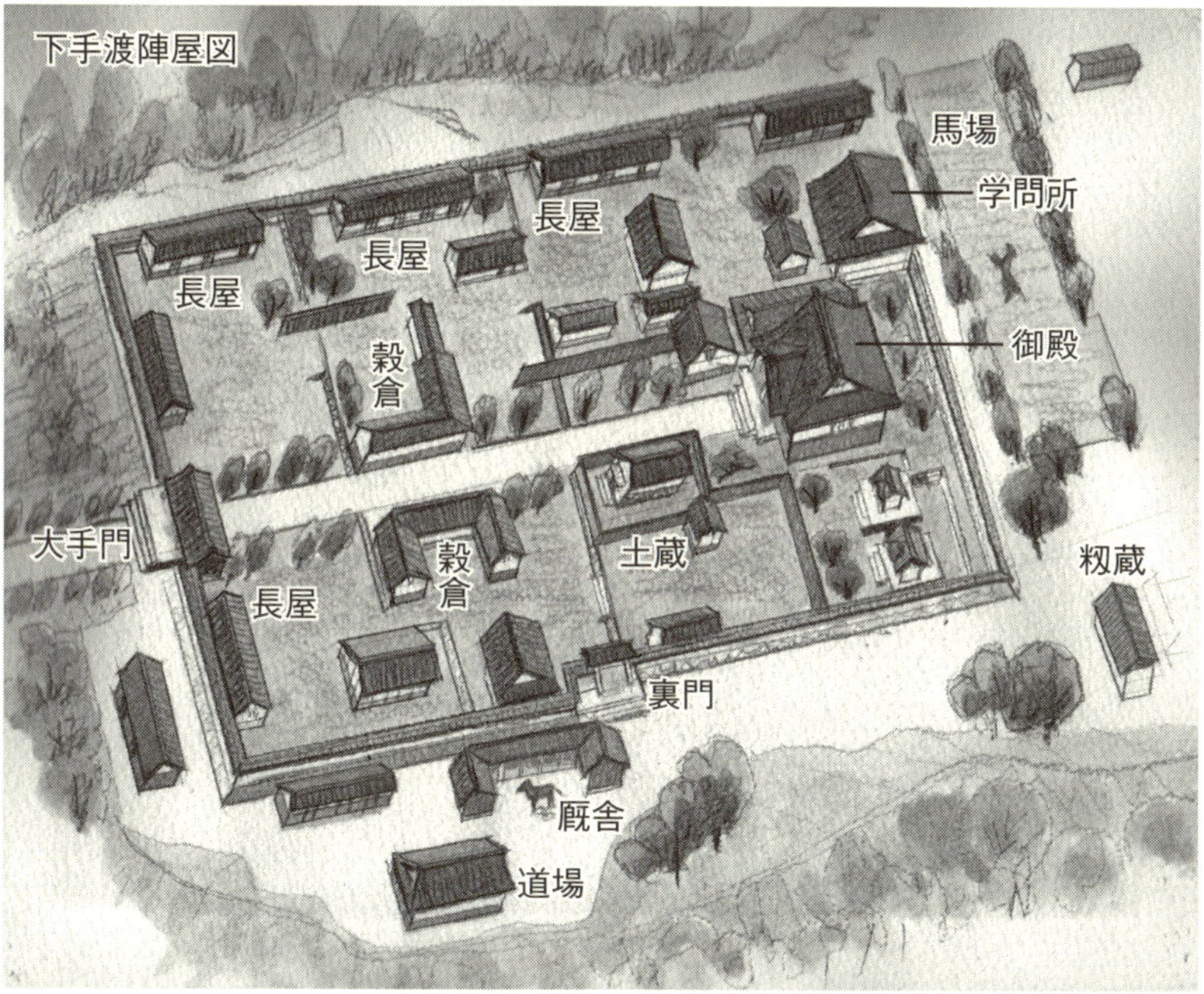

陣屋パース（吉村五郎『下手渡藩史』より作成／陣屋地図、米田藤博『東北の大名陣屋町』より作成）

転封の命が下ると、江戸藩邸から新領地の状況把握に先遣隊が派遣された。新領地は前述のように、伊達郡の西飯野村・羽田村・小神村・小島村・下手渡村・御代田村・石田村・牛坂村・飯田村・山野川村の一〇村である。

一万石の大名では天守のある城郭は設けられない。三池でも陣屋だった。陣屋を下手渡に置いたのは幕命もあったが、領地の中央にあり、交通と水の便がよく、地域随一の繁栄地月舘町が近隣にあったこともあろう。

下手渡村は阿武隈山系の太郎坊山・小柳山・女神山・堀沢山《ほりさわ》に囲まれた広瀬川の上流の狭隘《きょうあい》な盆地で、中央を広瀬川と川俣街道が南北に縦断していた。三池藩の就封当時の下手渡村は戸数六三戸、人口二七四人だった。

陣屋は下手渡盆地の中央、広瀬川（小手川）東岸の天平《てんだいら》に設けた。「下手渡藩陣屋図」によれば、陣屋は西向きの山麓の標高一五〇～一八〇メートルの丘陵にあり、敷地は東西二四〇メートル、南北一〇〇～二四〇メートル、面積三万五〇〇〇平方メートルで、傾斜に沿って段状に館や藩士の住居を配置した。文化三年（一八〇六）十二月、川俣代官所から領地を受け取り、翌四年早々から太郎坊山の山麓の天平を四段に切り拓いて、陣屋の普請に取りかかった。

新しい領主の館づくりとあって、領内各村から手伝いがだされた。

まず藩士が居住する侍長屋からはじめ、武庫《ぶこ》、土蔵、厩舎を急ぎ、次に御殿を造営、矢場、桝形、石垣、門塀と整備し、陣屋は七年三月に完成した。

下手渡陣屋址（伊達市提供）

御物成収放目録（歳入・歳出費目）

歳入	
高一万石　十カ村　米	二千六百五十九石七斗四升四合六夕《せき》★
代金	一八四〇両二匁六部九厘一毛
永　金納	六七四両二歩二朱六分六厘
計	二五二一両二歩二朱三部五厘
歳出	
御物成高より四一半減除之	三二一両一歩二朱五匁一部一毛
御役金	二〇〇両
公務並★お供立御道具、看板類	二五五両一歩二朱四匁三部六厘
御惣客様御局一式並召し物領	一三八両二歩二朱七匁二分二厘四毛
江戸詰御家中《ごかちゅう》並《なみ》下々月々★諸渡し	二四二両三歩二朱一匁二分八厘
奥女中給金並並月々渡し★	八一両散★歩四匁一分四毛
江戸中間夫《ぶ》代金	五〇両
江戸月々定用	一七一両一歩二匁二分八毛
年中月限り臨時	二八二両二歩一匁二分
御在所一カ年入用	一二五両
御参勤御下向御路用道中看板★	一二〇両
若津屋★より一カ年御極金御借入	一〇〇両
柳河公御役所・小児養育料御貸付金之利	一五〇両
御新融金八〇〇両一か年之利足	九六両
計	二二八五両二朱四匁一分八厘四毛
残	二八六両一歩二朱六匁六分六厘五毛
御家中配当江戸四歩・下手渡三歩之積	六六三両一匁五分一厘三毛
三池残り御家中面扶持之積り高	九六三両一匁五分一厘三毛
不足（赤字額）	六七六両二歩二匁三分四厘八毛

▼夕
夕＝勺。一合の十分の一。

▼並
同様の意。

▼給金並並月々渡し
月給。

▼散
散＝三。

▼道中看板
中間のハッピ。

▼若津屋
久留米の豪商。

大手道は川俣街道から橋を渡り、陣屋のふもとの高札場に入る。ここに張番所がある。番所からカラタチ垣根のつづら折りを登ると大手門にいたる。

御殿からは川俣街道ぞいの城下町となる下手渡村が一望にあった。同七年、立花種善は従五位下和泉守に叙任され、名実ともに下手渡藩が成立した。

下手渡藩の財政

藩の歳入は米で、これに穀類（大麦・小麦・大豆）や菜種、金納分を合わせた額が歳入となる。

歳出は、家臣の俸禄、藩庁の経費、領内普請（土木インフラ）、藩主の生活費や交際費、江戸藩邸の経費、参勤費用が主な歳費となる。

年貢の蔵米のうち、江戸藩邸で使用する米を「御用米」、換金して歳費に充てる米を「御登米《ごとまい》」といった。陸奥諸藩産の米は大市場の江戸に送り、蔵元・札差・掛屋などの御用商人に入札させ、換金していた。

また、元幕領であったところから、年貢については幕領の年貢を踏襲しなければならなかった。そのため三池時代の年貢は五公五民から四公六民となった。

また、信夫《しのぶ》・伊達両郡には上杉領時代に決められた特別な税（夫銭★、足前★、七〇〇文替出目★）があった。これらの税は長年の慣行による税種計算法があって、藩

城壁が残る大手道

▼**夫銭**
人夫賃。

▼**足前**
人馬供出の代わりに金納すること。

▼**七〇〇文替出目**
永楽銭が不足な頃、金一両を七〇〇文で引き替えた。永楽銭の供給量が多くなると金一両は一貫文に改めたが、前の通りに不足三〇〇文を納めさせた。

主が代わったからといって変更もできずに、前例を踏襲するだけで年貢担当の役人の苦労は並大抵ではなかった。上杉の税の計算の複雑さについて経世家の佐藤信淵《のぶひろ》も指摘している。

歳入のうち、永は永楽銭の意味で金納のことだが、元永★と掛永《かけえい》★、口永《くちえい》★があった。

年貢が四公六民となったことで、三池時代より米収不足になったことは否めないが、下手渡領では金納が多く、米収の不足額を補うことができた。

下手渡・江戸・三池の家臣たち

藩士が三カ所に分かれただけでなく、処遇が落ちた。

下手渡藩は四公六民と米収が減り、家禄を減額しなければならなかったのである。左記の家禄は表額で、実際はそれぞれの所務が課された。

所務とは差し引かれる税で、二歩から三歩之所務となった。

下手渡藩国家老《くにがろう》の宮崎は二百石だが、二歩六厘之所務で家禄から米十八石二斗を差し引かれ、江戸藩邸の家老福田は三歩六厘之所務で、米二十五石二斗を差し引かれている。もっとも江戸の場合、諸色《しょしき》（生活物価）が高いため、「江戸月々諸渡し夫々《それぞれ》積み込み相成り」とあり、手当が別途配られていたようである。

江戸詰の七〇人は家禄は減額されたが生活環境はそのままで、何も変わらない

▼元永
四一高を永一貫に換算した額から差し引いた額。四一高とは、物成百石につき四十一石のことをいう。

▼掛永
税を掛ける元。

▼口永
本途米に掛ける割合、三を掛けると三ノ口といった。

が、下手渡転任者は非常な決断と苦労を伴うことになった。

三池は二八〇軒の店屋がならび、生活用品から趣向品まで、容易に入手できたが、下手渡は戸数六三戸ほどの寒村で、生活用品をあがなう店屋もなく、ほぼ自給自足の暮らしを行っていて、移住した藩士は生活基盤からつくり上げなければならなかった。分限帳（給与支払い帳）には、藩士以外に大工などの職人もあるのは、下手渡にないとみて、三池から伴ったのだろう。

下手渡藩　42人　二歩之所務

（100石以上は2歩6厘所務）

国家老　宮崎作馬	二百石
宮崎文輔	百石
平塚数馬	百石
立花山二郎	百石
国崎敬蔵	八十石
内山田平左衛門	六十石
福田武兵衛	五十石
中島亀五郎	五十石
野崎牧之進	五十石
増井茂左衛門	十三石
春木忠蔵	十一石
吉村惣兵衛	十石
宮崎才助	十石
山本守助	十石
医師・南三省	六人扶持
平野重助	八石
杉野瀬兵衛	三人扶持
平野好助	二人扶持
西　正吉	二人扶持
森山太平次	二人扶持
西平左衛門	二人扶持
遠藤唯助	二人半扶持
田尻金助	二人扶持
森山清次	二人扶持
黒木伝八郎	二人扶持
高山祖右衛門	二人扶持
黒田久治	二人扶持
原善兵衛	二人扶持
宮崎甚右衛門	二人扶持
田中健次郎	二人扶持
宮崎三郎助	二人扶持
前原八郎	二人扶持
宮崎幾右衛門	一人半扶持
万七	一人半扶持
市郎次	一人半扶持
小西盛太	一人扶持
中間	五人分一二両
（別途）	
大工（一人）	二人扶持

「御殿医籠」。登城は籠にのった（下手渡、南忠雄家蔵）

三池藩の家紋入り「御殿医薬はこ」（下手渡　南忠雄家蔵）

江戸藩邸　70人　三歩之所務

（100石以上３歩６厘所務）

家老　福田齊宮	二百石
屋山城之進	百石
月岡頼母	百石
宮崎衛士	百石
喜多村謙蔵	百石
伊藤十市	八十石
佐野新八郎	八十石
坂井富蔵	六十石
菴原亘理	六十石
平山益見	五十石
福田綱太	五十石
山川惣八郎	五十石
上田金吾	五十石
永井勇蔵	五十石
芳賀達之丞	五十石
森四郎助	十一石
岡田由兵衛	十石
月岡数馬	十石
中島要蔵	十石
今新左衛門	十石
吉村保五郎	十石
岡田由兵衛	十石
中嶋実蔵	十石
小柳藤之丞衛	十石
西山麻之助	十石
山村又蔵	十石
医師・都留鶴居	五石
戸崎又左衛門	十石
藤平宗左衛門	十石
浅野　要	八石
柳井瀬左衛門	八石
吉村保五郎	八石
安来清之進	八石
西安右衛門	八石
荒木又之丞	八石
小柳藤之丞	八石
平田藤吾	八石
小柳荘蔵	八石
中島弘平	八石
平田藤左衛門	八石
黒木与三衛門	八石
森田源吾	八石
安部元蔵	五人扶持
芳賀小伝治	三人扶持
永井季四郎	三人扶持
喜多村寅吉	三人持扶
喜多比寅吉	三人扶持
江口清助	二人扶持
平田清五郎	二人扶持
蔵塚勇助	二人扶持
小川左一郎	二人扶持
西　東助	二人扶持
医師・南尚綱	五人扶持
川口梅助	二人扶持
馬場正蔵	二人扶持
高山左右平	二人扶持
北原左源太	二人扶持
森田清五郎	二人扶持
西安衛門	二人扶持
森忠兵衛	二人扶持
古賀長右衛門	二人扶持
沼口清助	二人扶持
中島可省	二人扶持
宮内横七	二人扶持
田尻嘉兵衛	二人扶持
小畑伊代治	二人扶持
小畑伊代治	二人扶持
宮内軍平	二人扶持
松野喜三太	二人扶持
清水隼太	一人扶持
中島虎行	一人扶持
孫七（小人）	一人半扶持
左七（小人）	金二両
三郎（小人）	金二両
清太（小人）	金二両
善次（御道具持）	金二両
栗助（御草履取）	金二両
卯兵衛（中間）	金一両

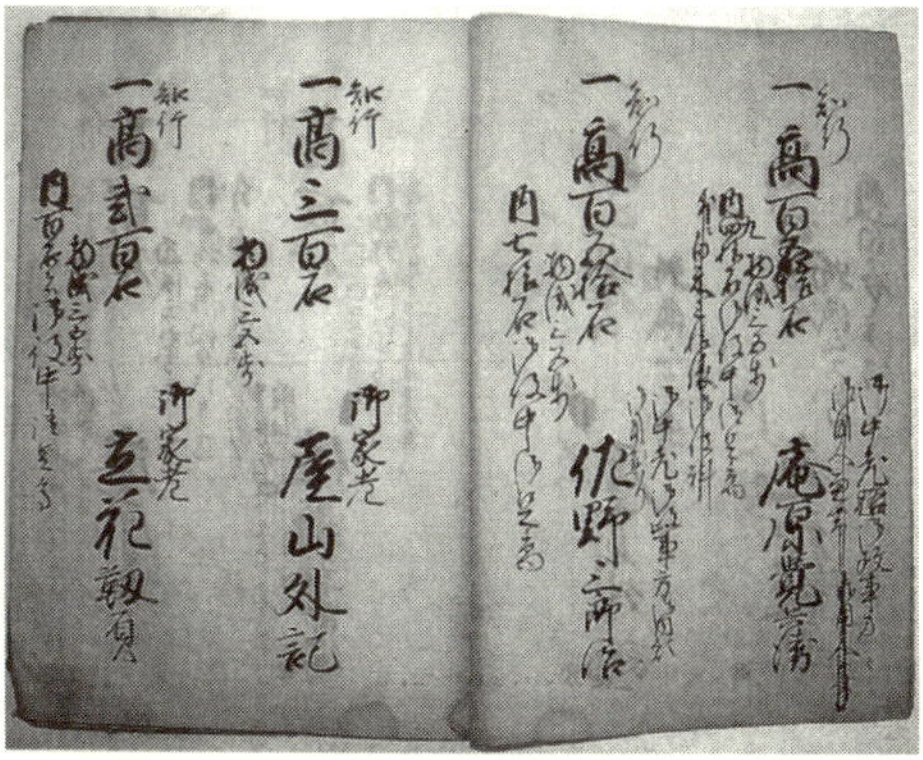

嘉永六年の「三池藩分限帳」
（大牟田市立三池カルタ・歴史資料館蔵）

三池居残り　56人　二歩之所務

（100石以上2歩6厘所務）

家老　屋山伝右衛門	三百石
辻元右衛門	百五十石
中島直記	百石
杉浦左治馬	百石
伊藤駛鋲吉	百石
平塚栗左衛門	八十石
山本九十郎	八十石
渡辺次郎太夫	六十石
堀　外守	六十石
田代鋲之助	六十石
中村勝守	五十石
森田伝左衛門	五十石
古賀嘉一郎	十一石
北原杢義	十石
弥永村右衛門	十石
平井友治	十石
坂井吉左衛門	十石
堤芳三郎	八石
国崎八九	八石
横瀬恵三郎	八石
医師・松浦三益 九石、医師・小野春洞 四人扶持、医師・瀬戸元蔓 五人扶持	
平塚栗右衛門	八石
森田重治	八石
小野川厚左衛門	八石
金子新右衛門	八石
船津初左衛門	八石
平野沢左衛門	八石
東原忠左衛門	八石
宝子山良助	八石
山本出兵衛	八石
荒木又之丞	八石
木村団之丞	八石
山本是治	八石
小田原清次郎	八石
古賀志馬	八石
西山左枝知	三人扶持
小川半之助	三人扶持
下村悦次郎	三人扶持
高石　連	三人扶持
池杉五郎右衛門	二人扶持
平野小十郎	二人扶持
山本善十郎	二人扶持
宝子山一松	二人扶持
浅井瀧右衛門	二人扶持
小山忠兵衛	二人扶持
浅井半右衛門	二人扶持
平塚磯之助	二人扶持
吉田与五平	二人扶持
稲富半治	二人扶持
吉田提治郎	二人扶持
天野勘左衛門	二人扶持
三小田友吉	二人扶持
宝子山一松	二人扶持
中野伴左衛門	二人扶持
森田多守	二人扶持

三池居残り組について、『柳川藩史料集』には「三池居残り組は禄を離れ帰農する者や牢人として暮らすことになったが、生活苦で土地や田畑を手放したり、炭鉱長者の塚本家に借金を求め、塚本家では刀剣が長持三棹に鎧甲冑が蔵に山

江戸時代の火事装束

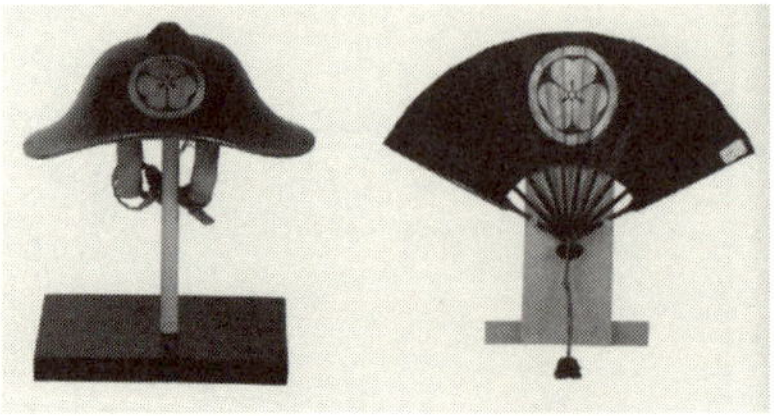

軍扇

（大牟田市立三池カルタ・歴史資料館蔵）

をなしていた」とあり、『大宰府管内誌』には、藩主の菩提寺紹運寺も「立花家、封を東国に移されしより寺も無縁となり、没落した」とある。

このように三池居残りの藩士は禄を失い、牢人として自活していたような史誌もみられるが、前述のように分限帳には三池居残り藩士の家禄が記されており、「御物成収放目録」の「歳出」の項にも、「三池残り御家中面扶持之積り高」が計上されているので、家禄は支給され、牢人ではなかったことが分かる。

郷土史家岡本種一郎氏の『北方領土と三池藩』にも、三池残留組が牢人ではなかったことが記してある。

「文化六年は、江戸・下手渡と三池居残り家中が交代する年である」

「天保十四年、三池居残り組のまとめ役、中島直記が江戸詰に転じた」

これからすると、下手渡転封後も三池には陣屋が残され、藩邸として機能し、家老以下諸役が詰めて諸事を行い、三池の者が定期的に江戸・下手渡詰のために上府（転勤）していたようである。

また、文政六年（一八二三）の諸役には家老以下、三池の諸役も記されている。諸役のなかで目付と中小姓の数が多く、これは目付（藩士の監督・査察）、中小姓（下士・事務職）は藩士が西の丸下・江戸・下手渡・三池に分かれていたので、それぞれに配置されていたために多かったのだろう。

重臣たちの結束

三池藩存亡の危機にあって、藩主に代わり、藩士の動揺を抑え、奥州で新たな建国を担ったのは、代々の重臣たちの結束だった。

藩主種善はまだ幼く、転封の一切を指揮したのは家老の立花兵衛である。兵衛は先遣隊として文化三年（一八〇六）十二月、厳寒の下手渡に赴き、下手渡藩の中心となる陣屋の地を決め、翌四年から陣屋建設を行った。

その間に新領地の十カ村を見回り、三池と異なり、新領地が飛び地という治政の困難さにめげず、文化五年閏六月、領内統治のための「御条目三九カ条」を定め、代官・郷方役に発令している。この御条目の特徴は、居《い》丈高《たけだか》に統治しないように諭し、領民鎮撫に気遣っていることである。

文化六年には家老に屋山大進が登用され、家老は二人になっている。家老は一門の立花家と屋山家、宮崎家、福田家が代々務め、佐野家の登用が見られる。これらの重臣が下手渡・江戸藩邸・三池にあって、よく藩士を統率していったことが、藩士が九州・江戸・奥州に分かれていても、下手渡藩時代六十三年を大過なく無事に乗り切ってきたのであろう。

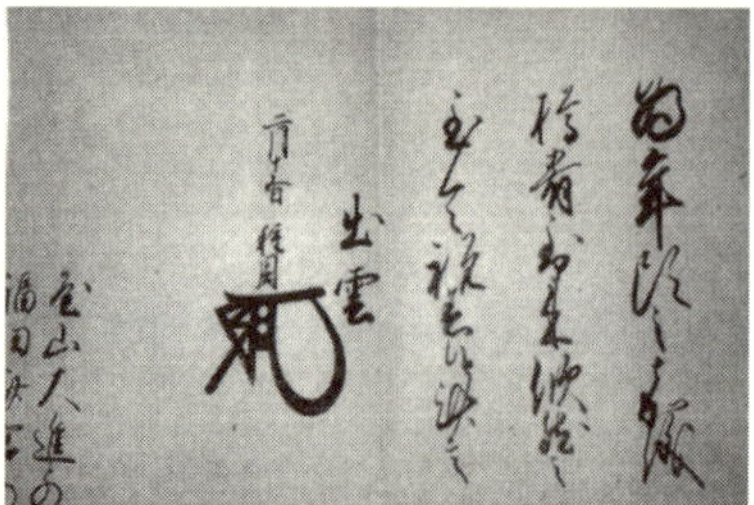

種周から重臣への感状（下手渡、南忠雄家蔵）

これも三池

三池高菜と絶品高菜漬物

高菜漬物は九州特産の漬物といえる。野沢菜漬物、広島菜漬物と並んで日本の三大漬物といわれる。

高菜はアブラナ科の越年草で、とくに三池高菜は肉厚で柔らかく、高菜の王者として知られる。三池高菜は柳川藩主立花氏が維新後、柳川に帰って柳川市三橋町に開いた「立花家農事試験場」で、中国の四川《しせん》青菜と在来の紫高菜を掛け合わせてつくりだしたもので、三池山で栽培していたところから「三池高菜」と呼ばれるようになったものだという。

漬け方は塩漬けだが、発酵すると美しい黄緑色に変わって、独特の香りを放つ。そのまま食べてもおいしいし、握り飯に巻いた高菜巻きも絶品である。ラーメンに入れる辛子高菜漬けも、また格別である。

春先に漬け込んだ高菜漬物は一年を通して九州の食卓にのぼる家庭の味だが、漬物企業によって市場が広がり、いまではそのおいしさが全国に知られ、九州人としてはうれしい限りである。

九州にはほかに種類の違う高菜がある。熊本県の阿蘇地方でとれる小ぶりで細身の「阿蘇高菜」は新漬物がおいしい。また、茎にこぶがついていて独特の風味がある「雲仙コブ高菜」もおすすめしたい逸品である。●野口食品　大牟田市八尻町三－三〇－一／電話０９４４（52）２１３２

▲たかなまき　▼三池高菜

香り豊かな高菜漬け

高菜の漬け込み

◇2

蚕都で栄える新藩領

丘陵や干潟が多く耕地が少ない三池から見ても下手渡は山国で耕地が少なかった。ところがわずかな農地収入にかかわらず、民ははるかに豊かで暮らしを楽しんでいた。農家の経済を豊かにしたのは日本一の生産と品質を誇る養蚕だった。

下手渡藩の民政

藩政において、九州の三池と奥州の下手渡では異なることもあった。三池藩が襲封する前の下手渡をはじめとした伊達郡の領地は幕領であったことからして、幕領に準じなければならないことがあった。

下手渡に入封時は藩主が幼く、家老の立花兵衛が治政の指揮をとった。文化五年（一八〇八）閏六月、兵衛は領内当地のための「御条目四三ヵ条を」を定め、代官・郷方役の増井茂八《しげはち》、吉村惣兵衛、宮崎左膳に発令した。

下手渡では、代官の下で民政を行う大庄屋を「検断」といい、郷単位の訴訟・裁判・伝馬取り継ぎを差配した。検断の下に名主がいて、その下の組頭、百姓代と年貢や村々の行政を行った。名主・組頭・百姓代の三役を「村方三役」といっ

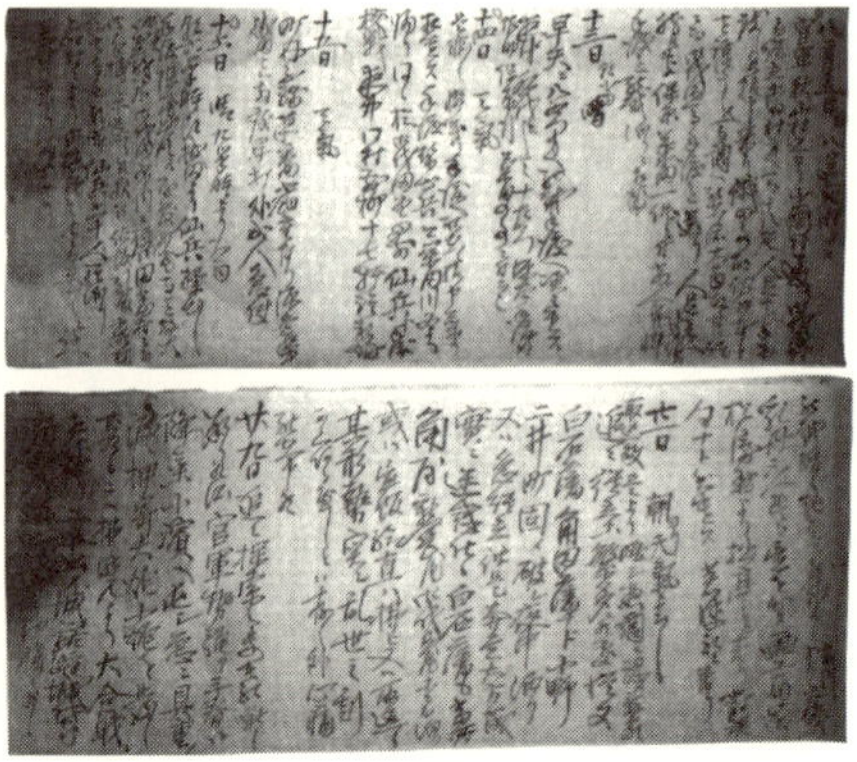

「検断日記」（菅野孝一家蔵）

た。村方三役は全国的に世襲が多いなか、領内の村々は入札（投票）で選出していた。

検断の任期は五年で、やはり入札で選んだ。

検断（大庄屋・町年寄★）――名主（庄屋）――組頭――百姓代

三池藩が転封した陸奥（福島県）の産業は、信夫・伊達郡は養蚕、安達・安積郡が養蚕と稲作、岩瀬・白河郡は田畑作が主な産業だった。

養蚕地区では、蚕種・生糸・織物の段階で分業化していて、養蚕と稲作兼業農家では、米は人を雇って年貢米をつくるか、買い米で年貢を納めていたという。年貢の米は、藩に有利なように一両二十八石★で固定されていた。しかし、米の実売価格は一両一・五石～〇・八石だったので、米で納めるより、米を売って換金し、永納（金納）した方が安上がりだった（『月舘町史』）。

下手渡のある伊達郡の小手郷《おで》は阿武隈高地の山間にあり、稲作耕地面積が少なかった。そのため年貢の基本となる米の産出も少なかった。

しかし、伊達郡と山を越えた信夫郡は昔から養蚕産業が盛んで、全国の蚕種生産高の半分以上を信達地方で占め、米作を補って余りある収入があった豊かな土地柄だった。田に不向きな山畑は桑畑には最適で、地質も桑の養育に向いていた。『伊達郡名家蚕業書』には、「布川の佐藤祐右衛門は、一郷の豪族にして養蚕に

▼町年寄
町では大庄屋を町年寄といった。

養蚕業で財をなした日陰の長者

▼
半石半永制を採用していた。永は永楽銭。永納の米の換算は一貫文＝七石、一両＝二十八石、一石＝一四二文八分六厘と固定され、米は非常に安く換算された。

おいては伊達以南の有名家なり。その家は山間幽絶にありて羊腸たる山逕行《けいこう》、甚だ艱《くるし》むを厭い、中途に帰る者少なからず」という山奥に住みながら、有名な養蚕家として知られ、養蚕・蚕種業は交通不便な山間地でも成り立っていた。

　京都や加賀などの名だたる織物産地から繭・糸商人が不便な道を厭わず買いつけにきたからである。一方、桑畑には年貢がかからず、養蚕の釜役（税）が取糸釜一台にあっただけだった。養蚕は桑苗・蚕卵・製糸、そしてくず糸や大繭を使った節糸まで無駄なく販売され、農家の現金収入になった。農家にとって苦労して棚田を耕し年貢米をつくるより、養蚕は、税は安く高収入が得られる仕事だったのである。こうして米ができない畑作地は、もちろん、稲作地帯でも、商業経済が発展していく過程で、米が経済に占める比重は下落し、農民は米より換金作物に力を入れ、山形の紅花の産地なども米づくりをやめ、水田を紅花畑に転換、年貢の米や食料の米さえ産地から買い入れるようになっていった。

日本一の養蚕の里

　伊達地方の養蚕は奈良・平安時代にはじまったといわれ、川俣・月舘（下糠田）には、養蚕を広めた小手姫伝説が伝わっている。

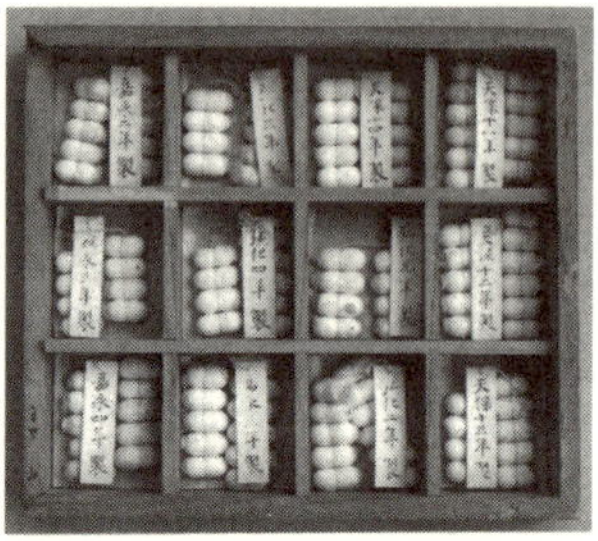

繭

下手渡藩の主な産物

下手渡村	繭・生糸・蚕種・桑苗・タバコ葉
御代田村	繭・蚕種・桑苗・タバコ葉
小島村	繭・甘薯
小神村	繭・生糸・平絹
羽田村	繭・綿羊・うさぎ
西飯野村	生糸・平絹・楮
石田村	撒炭《さんたん》（粉炭）・用材・繭・真綿
山野川村	繭・生糸・楮
飯田村	繭・生糸・蚕種・楮
牛坂村	繭・生糸・蚕種・楮

阿武隈高地の街道筋は養蚕の里として知られ、「男はみな農桑《のうそう》を業《なりわい》とす、女は養蚕・製糸綿を業とし、かつ、農事を助く」「娘を三人持てば蔵が建つ」といわれたほどで、農家は「お蚕さま」「蚕殿さま」といって、養蚕にいそしみ、平地の稲作農家よりはるかに豊かだった。

養蚕と製糸の技術は乙巳《いっし》の変（六四五年）の後、朝鮮半島で唐《とう》・新羅《しらぎ》によって滅ぼされた百済《くだら》から渡来した難民がもたらした。

天智天皇五年（六六六）、難民を「徙民《しみん》実辺策★」をもって、上毛野国《かみつけぬのくに》と下毛野国《しもつけぬのくに》に土地を与え、衣食を給し住まわせた。「この冬、都の乱近江に向きて移る。百済の男女二千余人を以て、東国に置く。すべての身分と庶民を選ばず、本年より三年間、官食を賜え安置す」、この難民がもたらしたものが養蚕だった。

奥羽では出羽国に和銅四年（七一二）、陸奥国に神護景雲三年（七六九）頃、養蚕が伝わった。延喜五年（九二七）には全国で養蚕生産国が五三国ほどになったとあるが、このなかに陸奥・出羽の名はなく、まだ細々としていたらしい。

そのようななかで陸奥国の養蚕産地で名が高くなったのは「安達《あだち》絹」だった。以来、安達郡（福島県）は陸奥国を代表する養蚕・製糸の名産地として都に知れ渡ったが、中世の戦乱でその名が絶える。中国からの輸入品「白糸《しらいと》」に駆逐されたのである。その後、徳川幕府の成立と鎖国令で中国からの輸入が抑えられ、国内の養蚕・製糸業が復活する。

▼徙民実辺策
難民を辺地に移し開拓させる策。

桑畑。下手渡藩の財政を支えた養蚕に欠かせなかった

寛文二年（一六六二）六月、鬼怒川の氾濫と北関東の大洪水で、結城《ゆうき》や桐生《きりゅう》の大産地が壊滅し、くわえて平地での養蚕は水田耕作の障害になるとして禁止され、安達郡の養蚕産業が衰退した。

これ以降、養蚕・製糸産業は阿武隈山系に移って、信達地方の養蚕・製糸生産地が脚光を浴び、日本一の生産地として不動の地位を占めるようになった。

平野部では養蚕産業を禁止した幕府も、幕領が多く山地が多い信達両郡で、養蚕を奨励した。同地域が蚕のえさとなる桑の養育に適していたこともある。

信達地域は養蚕の開発研究者も多かった。

伏黒《ふしぐろ》（福島県伊達市）の藤屋佐藤惣左衛門は、一枚に蚕種の卵六〜八万粒がある蚕卵紙を毎年一二〇〇枚も生産する養蚕家で、伊達郡の蚕種を全国に広めた功労者でもあった。陸奥国内はもちろん、北は津軽（青森県）の野辺地《のへじ》、上毛（群馬県）・信濃（長野県）、美濃（岐阜県）・近江（滋賀県）・京都・但馬（兵庫県）から南は薩摩（鹿児島県）まで、引配人《ひきはい》（販売人）に蚕の飼い方を伝授させながら売り歩き、伊達の蚕種の優秀さを広めていったのである。

佐藤家には、元禄十三年（一七〇〇）から書かれた「蚕養記」という養蚕日誌八〇冊が残っている。これは蚕の養育の困難さを物語っている。

蚕養育に革新的な発明をしたのが、梁川の中村善右衛門だった。中村は温度管理が難しい蚕のために、養蚕用の寒暖計「蚕当計」を発明し、使い方マニュアル

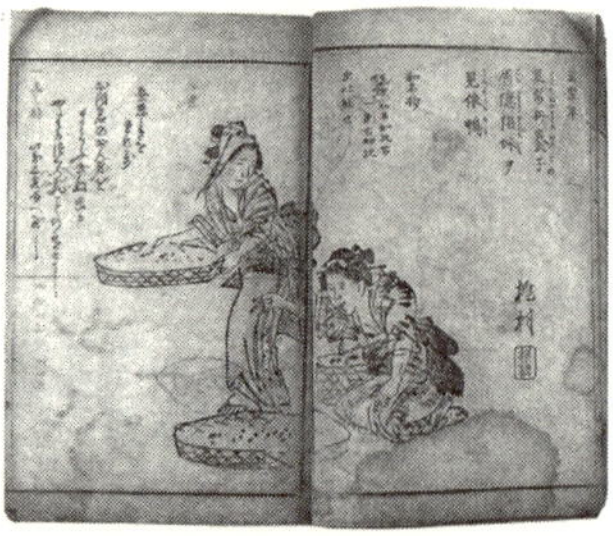
「養蚕手引草全」

伏黒の豪農

の『蚕当計秘訣』を著して、温度管理を容易にした。また、蚕の卵が羽化するのは八十八夜（五月初め）頃で、蚕のえさとなる桑の葉の生産も重要だった。

ところが寒冷地の伊達地方では、天候によっては八十八夜に桑の芽がまだ出ていないこともあった。えさの桑の葉がなければ、蚕が全滅する危機があった。そこで早世桑の研究がすすめられ、伏黒村の市兵衛が発見した「市兵衛桑」、柳田村・新之丞の「柳田桑」、新田村・安右衛門の「丸葉《まるは》桑」、塚野目村・与平の「赤木桑」、小島村・鶴太郎の「鶴太桑」、伊達崎村・六之丞の「六之丞桑」、泉沢村・小幡屋市右衛門の「小幡桑」などがつくられ、蚕養育が安定的になった。

なかでも優れた蚕種はブランド化し、伊藤彦次郎の「又むかし」、遠藤善五郎の「蚕都」はブランド蚕種として全国に知られ、その他に「大林丸」「キンコ」「大日野」「大如来」がブランド蚕種として人気があった。

蚕種がついた台紙は一〇枚一両だったが、開国した幕末には外国から日本の生糸を求める引き合いが多く一枚一両に高騰し、米二俵の価格に匹敵した。

阿武隈川沿いの伏黒・梁川・粟野・伊達崎・保原・中瀬などでつくられた蚕種は、安永二年（一七七三）、幕府から「蚕種の本場」のブランドが与えられ、冥加《みょうが》金（税金）二四〇両を納めるほど盛況だった。

良質な蚕種が大量に生産されるようになると、他国の養蚕業者や新興の養蚕業者が優れた蚕種を求めて、全国から買いつけに来るようになった。養蚕・製糸に

蚕種（梁川町史編纂室蔵）

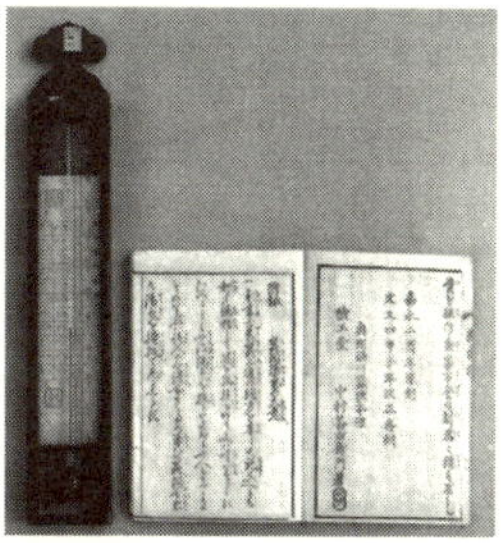
蚕当計

関する全国の情報が居ながらにして得られる伊達郡の産地は、現代でいう市場ニーズをマーケティングでつかみ、マーチャンダイジング（商品化）できるようになった。そこで伊達の養蚕業者は、阿武隈川沿い地域は桑と蚕種、山間地の月舘・掛田（福島県伊達市）地域は生糸、川俣・飯野（福島市）地域は絹織物、保原《ほばら》・小国《おぐに》（伊達市）地域は真綿と特化していった。生産者たちの努力にくわえ、養蚕の研究者たちの力によって、伊達の蚕種は日本一の評価を得たのである。

これらの産地には仲買人が農家を廻って買いつけ、糸買継商人が梁川天神市や保原の神明市、桑折《こおり》の諏訪市などの定期市を廻って買い集め、京都西陣に送った。

保原や桑折の市は六斎市（月六回の市）といい、毎年六、七月に行われていた。市のなかでも最大で、全国の糸相場を左右したのが六月十四日の岡・長倉村の天王社（伊達市）の祭礼に開かれる「天王市」だった。信達の村々や周辺から数千人の村人たちが自慢の蚕種や生糸、真綿を持ち寄り、江戸や遠くは京都から糸真商人たちが買いつけに訪れ、売り上げは荷にして一〇〇駄（三六〇〇貫目）、一万五〇〇〇両の売り上げになった。この日の取引価格が全国の糸相場になっていたといわれる由縁である。買いつけられた糸真（生糸と真綿）は馬一頭に四荷が載せられ、七頭仕立て、約一〇〇〇両分が次々と江戸や京都に送られていった。

「機織の絵馬」。機織りは女性の仕事で、現金を得る女性が家庭では強かった

養蚕業から金融業へ

月舘宿に豪商が生まれたのには地の利がある。月舘は交通の要所で、塩の道と鮭の道といわれた浜通りや相馬からの塩や鮭など海産物の集散地にあった。

塩は生活に欠かせない必需品で、相馬から阿武隈山中を運ばれてきたが、米も同じルートで運ばれてきた。流通ルートができると、塩や米だけでなく沿線の伊達郡一帯でつくられる蚕種や生糸も同じルートで月舘に運ばれ、豪商が多く全国に販売ルートを持つ月舘から関東圏や江戸、遠くは京都や大坂など関西まで商圏が広がっていった。月舘を集散地とした養蚕ルートができたのである。

月舘宿の豪商は、月舘近隣や相馬地方から大量に繭を買いつけ、これを生糸や絹織物にして販売するようになった。高原忠右衛門（御代田村）や半沢吉四郎（月舘宿）、菅野《かんの》新左衛門家（月舘宿）、加藤長兵衛（布川村）などの豪商が専門の織子たちを使って絹織物をつくり、江戸や京都へ送り出した。江戸や京都西陣からは生地や着物に加工された呉服が養蚕ルートで月舘に集まり、月舘の豪商たちは裕福な養蚕家などに呉服を商った。養蚕ルートは往復の商売ができたのである。

月舘の豪商は月一〇〇〇両単位で商売をしていたという。高原忠右衛門など元治元年（一八六四）の記録では二カ月で呉服や太物（綿・麻）、古着などの仕入れ

東西の物産集散の要所月舘の町

往時の繁栄をしのばせる月舘の蔵屋敷

に三〇〇両を費やしている。この販売エリアが養蚕ルートの伊達郡の阿武隈山地エリアだったというので、この地域の経済的な潜在力がうかがえる。

月舘の豪商は商いが大きくなり、大金を扱うようになると、余剰資金を元手に金融に乗り出した。それも大名貸しである。大名貸しは地元の下手渡藩ではなく、相馬藩・二本松藩・三春藩・白石片倉家（仙台藩家老）・白河藩・平藩・福島藩などで、相馬藩の借り入れが最も多かった。

金を借り出した大名は現金で返せず、返済を年貢米で行うことが多く、貸主の豪商に何百俵単位で米を納めていたので、必然、豪商はその米も何百俵単位で取り引きを行った。米は藩収入の基本なので、諸藩の統制が厳しかったが、月舘では「自由販売」とも思えるような大量の米や穀物の取り引きがなされていた。

相馬藩も返却を米でしていた。飯館村など相馬山中の村々の米を返済にあて、伊達郡の米は相馬の米が流通していたといわれている。

幕領が多い伊達郡では、代官所への貸金も多かったが、これは代官所の支配下にある村々の上納金の前払いの感覚で、上納金により返済が確実になされたので、貸主としては、うまみのある商売だったという（『月舘町史』）。

貸金業者には下手渡城下の名もある。名主の忠兵衛・作右衛門・十右衛門・重右衛門・忠右衛門・庄次郎・七右衛門などの名が出てくる。

幕末期、戸数八四戸七〇〇人ばかりの小さな城下にしては貸し手が多いので、

繭の取り引き

繭の荷送り

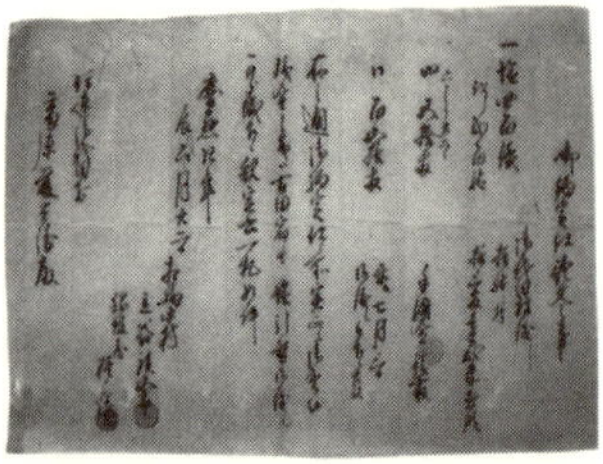

「塩役証文」。塩の道、鮭の道、米の道といわれた交通の要所月舘は地域一の繁栄を誇った

豊かな村だったのだろう。しかも、下手渡藩だけでなく、三池が本領となった明治以降も、三池藩は下手渡で資金を調達することが多かったようだ。

月舘（下糠田村）の半沢吉四郎は大名貸しもやっていた地域一番の豪商として知られ、半沢家には三池藩の借用証書が残っている。

借用金証書之事

一、　金七十両也

右者会計局要用につき、致借用正に受取候処明也。但、元金二十五両江月一歩宛の利差加当午十二月に至、元利とも無滞御返済可致事。為後証一札如件。

明治三年庚午年正月　　三池藩　下手渡詰

森山　弘

古賀　学

野崎　斉

増井多宮

中島　裕

下糠田村　半沢吉四郎殿

月舘宿の町を歩くと、この地域独特の美麗な蔵が多いことに気づく。

月舘地区には豪商が多く、活発な経済活動が行われたこともあり、月舘は近隣を圧倒するほど繁栄していた。そのため商売のチャンスも多かった。在郷町にし

「諸藩の借金帳」（月舘、菅野孝一家蔵）。養蚕で財をなした伊達郡の豪農や豪商は大名貸しを行った。返済は米で行われ、米の取り引きでも財をなした

「菅野新左衛門」
菅野家は代々、検断で、「検断日記」を残している

ては貸し家が多かったが、これは月舘の中心部では養蚕で資産を得た豪商たちが貸し家を建てて、新しく商売で身を立てようとする者に手ごろな店賃《たなちん》で賃貸していたことによる。残っている「店借請申証文」の借り主の出身地は、飯坂・鶴田・小綱木・掛田・川俣などとあって、月舘町内（下糠田宿）もあるが、近在の者が少ない。月舘は交通量の多い川俣街道でも、大きな宿場というだけでなく、人の往来が多く商業活動が活発で、大小の貸し家があり、起業資金の融資が容易に受けられるため、月舘は商いを志す者にとって魅力的な町だったようだ。

行事を楽しむ農民の知恵

幕末に幕府が開国すると、養蚕産業は世界を市場とするようになった。欧米の商人たちが買いつけに訪れるようになったのである。

攘夷運動が激しくなった文久二年（一八六二）は「上野国・武蔵国では繭や大豆・米穀のできがよく生糸の価格も高いので『在方一時に富貴になり候』とある。貿易が盛んになると『開港以来金銭が潤沢ゆえ、百姓追々奢侈超過』となり、『地方でも貧民・奉公人まで日々米を多分に交え食っている』というほどに経済が順調で、開港後の貿易収支は慶応元（一八六五）年の輸出が一八四九万ドル、輸入一五一四万ドルで、三三五万ドルの黒字だった」（『日本の歴史』）。

白壁の蔵がつづく飯野町

明治三十八年（一九〇五）の大凶作のときのことであるが、保原や福島西在の米産地の農民は米がとれずに、大量の移民を出したことがあったが、伊達郡の養蚕地帯は羽二重《はぶたえ》の値がよかったので、政府が緊急輸入した南京米《なんきんまい》を買え、凶作知らずで割と楽に過ごしたと『下手渡藩』の著者高橋莞治《かんじ》氏が述べている。

このような豊かな伊達郡である。農民たちも暮らしを楽しんだ。

全国から訪れる生糸商人や文人たちの話を聞いて旅に出たり、近在の飯坂温泉や岳《だけ》温泉の湯治や観光・芝居見物などレジャーを楽しんだりする農町民も増えてきた。

元禄時代頃までに幕府により、交通および金融インフラが整備されると、旅は安全になり、空前の旅行ブームが起きた。今日でいうパックツアー（団体旅行）ができ、観光ガイドブックやショッピング情報を満載した情報誌も刊行され、バックパッカーのように自由気ままに旅をする者も多くいた。

全国的に女性の旅も多くなり、歌川広重の浮世絵にも江の島詣《もうで》や伊勢参りの女人《にょにん》講がある。紀州熊野の町役人の記録には、丹波、関東からの女旅があり、文化九年（一八一二）九月から六年余をかけて九州佐土原から奥羽まで修行の旅をした泉光院野田成亮の『日本九峰修行日記』には、女性ばかりの旅人に何度も出会ったことが記されている。女性五人の四国巡礼や長野善光寺参りの女性ばかりの旅人、天草から京都、大坂を廻ったという女性三人連れの旅の話もある。

「女性の旅」。元禄年間に幕府の交通基盤整備がなると旅が安全、便利になり、旅行ブームにのって女性の旅が多くなった

俳優高倉健のご先祖小田宅子《いえこ》は天保十二年（一八四一）、女友だち四人と筑前中間（中間市）から江戸・日光まで五カ月にわたる八〇〇里の旅を「東路《あずまじ》日記」★に残しているが、江戸時代の旅のイメージを覆す、自由気ままな旅に驚かされる。農民は旅行だけでなく、ふだんのくらしも農民行事にかこつけて楽しんだ。

下記の年中行事は『下手渡藩史』に記されたもので、領内での行事だと思うが、農村の行事が多いのは、冬が長い東北ならではのことだろう。また、年貢に追われる農作業以外に、養蚕で収入があったこの地域の豊かさを表しているともいえよう。

幕府や藩による農民の暮らしのいましめも、伝統的な行事や人生の節目の行事、農事祝いや社寺の行事については規制ができない。

庶民の暮らしの規制には、着物から、食事・交際にいたるまで事細かに定められ、農民の暮らしは息が詰まるような気がするが、これは武家の困窮からなるやっかみのようなもので、裏を返せば農民は規制されたことはふだんにやっていたのである。藩の定めも、日頃、農民や商人から内職をもらっている武家が強く規制ができるわ

▼東路日記
作家田辺聖子が現代訳し「姥ざかり花の旅笠」として出版された。

下手渡での主な年中行事

	武家行事	農民行事
一月	年始祝儀	正月祝・七草・農始め 門松納め・恵比寿講
二月	初講釈	初午・十六日の蚕祝 田子つくり・彼岸墓参
三月	上巳祝	節句・酉の日・山登り・花見
四月		釈迦の誕生祝・初巳
五月	端午の節句	端午の節句
六月	氷餅分与・詳祝	かきもち・千日参り
七月	七夕	七夕・御盆
八月	八朔祝	彼岸墓参・豆名月
九月	重陽節句	春日神社祭・重陽節句・月見 菊人形
十月	玄猪祝	蟲供養・恵比寿講・山の神講 茶会・玄猪祝
十一月	古筆参礼	子祭・空也祭・七五三・酉祭 太子講・油しめ
十二月	大晦日	すす払い・事納め・餅祝

けがない。それでも建て前は藩のお触れを立てながら、農民は行事にかこつけては集落や親せきが集まり、飲食を共にして生活を楽しんでいたのである。

武家の貧窮と内職

『下手渡藩史』には、当時の食について記事がある。

「わが領内は養蚕業盛んにして、米穀の産額少なきにかかわらず、食物は他地方と異ならず。夏秋の候は米・麦にて、春冬はこれに大根を交え、または大根を主として米を食う。副食物は蔬菜類にして、山国なれば生魚を得ることは容易ならざれば塩漬けや干物なり。獣肉を食すことはほとんどなし。

食器はネコ足の膳に紋付の椀を用いしが、後には高足の木具、膳椀は陶器を用いるものもありたり」、これは武家の食事のようで、実に質素な食事である。

ところが月舘宿の検断菅野家に残った文書では、山国ながら「たたき・海老・数の子・田づくり・かれい・かな頭《がしら》・するめ」などの海の幸が食膳にのっている。

陸奥では干魚や塩魚などを五十集物《いさばもの》と呼び、秋味(鮭)、若芽、ヒジキ、昆布が仙台から、松前の鰊、鯖、いなだ、平目などの海産物が岩代経由で信達地方に運ばれた。また、江戸からの下りものと呼ばれる物産のなかには黒砂糖をはじめとした趣好品がもち込まれ、居ながらにして、北は蝦夷から、南は琉球・薩摩の物産が信達地方の食卓やくらしをにぎわしていたのである。実に切ない話だが、困窮した武家の食卓に、これらの食物がのぼらなかっただけである。

農民が豊かだったのには、米に偏った税制があった。

年貢は田が帳簿の面積と合っていたのに対し、畑は帳簿の面積より実施面積が多かった。畑によっては八割もの余剰があって、余剰の作物を在方の商人に売り、加工商品にして現金を得たが、そのうち農民が直に市売りをするようになった。

伊達地方は特産の繭・生糸・綿・小豆・粟・野菜などがあり、販売で現金が手に入るようになると米を作らず、年貢は金納で済ませるようになった。

豊かになれば、食事だけでなく衣服や趣味や旅行も楽しみたくなるのは人情である。下手渡藩ではないが、この頃、農民が残した記録「一心重宝記」には、農民のくらしが記録されている。

「肌着は白木木綿、股引き、脚絆は浅黄、袷は濃い花色、薄浅黄などとして、これは近所の身持ち（普段着）なり、上人の前に出るか、または物詣、芝居見物、旅に出るには華美を尽くして苦しからず」とある。農作業や普段着は地味に心がけるべきだが、晴れの日はそれにかまわずとしている。

まして伊達郡では女性たちが毎日、自分たちが織っている絹地である。

衣類は、普段着は木綿や麻だが、絹や紬《つむぎ》はあたりまえで、色も藤色、もみ（朱色）、千草（緑）、紫、空色に、縞、更紗《さらさ》染《ぞめ》、型付、絞りなどあでやかな柄の着物

農村の婚礼料理

農村の祭礼料理

（『つきだて地元学』自然食料理研究家、本田洋子氏調理より）

をふだんに着ていたのである。月舘の豪商たちの商売に衣類を商うことが多かったことも、このような世相を反映しているといえる。

農民が少しずつ豊かになるにつれ、武家の貧窮が目立ってきた。武家の貧窮が全国的に明らかになってきたのは、皮肉なことに幕府による街道整備と河村瑞賢《ずいけん》の航路開拓による大量輸送や手形・為替などの金融制度、飛脚制度などの社会基盤が整い、全国的な流通網が構築されて藩境を越える商業が盛んになって、大商人が現れるようになった元禄以降のことである。

下手渡藩のように、一万石の収入で二〇〇人余の家臣を抱える藩は家禄も薄く、藩士の暮らしぶりは容易ではない。文政二年（一八一九）の分限帳によれば、財政難から江戸詰三歩所務、下手渡と三池は二歩所務と、家禄が減額された。

それでも藩財政を賄えず家臣のリストラがあり、五十石以上で六人、十石から十三石の中級武士は半減している。

家禄の減少にあえぐ武家は生活費を稼ぐために内職に励んだ。江戸時代の家内手工業製品は、武家の内職によることが大きかったといわれるほどで、ありとあらゆるものをつくった。幕臣でも、青山の鉄砲百人組など組屋敷全体で請け負って、「青山傘」のブランドで知られる商品もあったくらいである。

しかし、山間の下手渡藩ではそれもない。

あったのは、生糸の繰り糸の内職や田畑仕事の手伝いである。養蚕農家では現

繭かき

金を稼ぐ妻や娘の声が大きくなり、家内の実権を握っていた。

養蚕や繭からの繰り糸づくりは手が荒れていてはできにくいので、伊達地方の農家では、料理や洗濯などの水仕事や田畑の仕事は男の仕事だった。

水田は少ないが山地での桑づくりが主要で、養蚕で現金収入がある農家は、山仕事や炭焼き、田畑の仕事を内職として藩士にやらせていたのである。

武士のなかには小普請組という無役の者が多く、あり余るほど時間はある。

三池では炭坑の坑夫が武家の内職だったが、下手渡では山仕事が武家の内職になった。「伊達郡では水仕事や田畑・山仕事は男の仕事だったが、貧乏侍など一日五合扶持やそこらでは、どうすることもできないので、百姓からこれらの仕事をもらって生計の資の一部にあてたという話も事実談である。表面では侍の片われとして威張っていても、実際は百姓に頭があがらなかったのである」

『下手渡藩』は、往時の武家の暮らしの実態をこう語っている。

武家は身分制度では最上位だが、経済的には最下位だったのである。

炭焼き小屋
（「つきだて地元学ふるさと発見」より）
武士は農民から炭焼きや田畑の仕事をもらって生計のたしにした。江戸時代は農民がしいたげられていたと思われるが、貧しかったのは武家である

③

六十三年間の領内支配

下手渡藩三代の治政六十三年間を揺るがしたのは天地異変だった。気候異変で飢饉がつづいた。
歴代の藩主は民のくらしを守るため三池まで米を求め、餓死者を出さなかった。
領民は藩主を崇め、嘉永の半知国替えには、ときの老中に籠訴までだした。

藩政を確立した初代藩主種善

下手渡藩初代藩主（三池立花氏九代）種善《たねよし》は、父種周の隠居により十二歳で襲封した。文化三年（一八〇六）、三池藩は国替えとなり、同年十二月、厳寒の奥州伊達郡小手郷下手渡に移って、下手渡藩となった。

陣屋建設は翌文化四年からはじめ、三年後の文化七年に完成している。村内各所に分散していた家臣が陣屋内の長屋に移って、下手渡での藩政が動き出した。

陣屋の完成を待って、種善が国入りした。

陣屋のふもとの大手門前には藩士に交じって、領内十カ村の検断と呼ばれる大名主や町年寄、名主など、村役の面々が

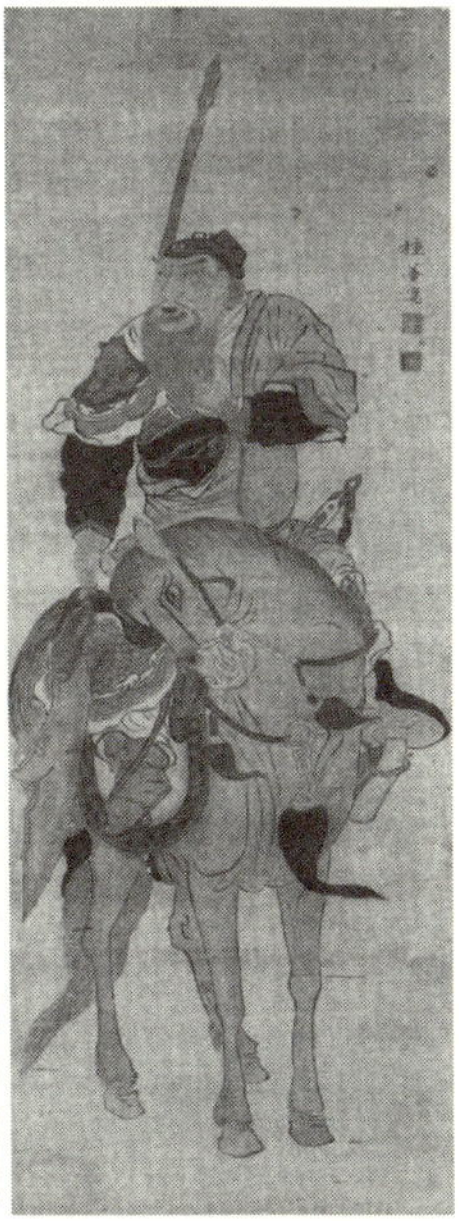

立花種善筆の一幅（大牟田市立三池カルタ・歴史資料館蔵）

お祝いの品を手にしてにぎにぎしく新藩主を出迎えた。

御殿からは、広瀬川に沿う川俣街道や両脇の豊かな実りと散在する村落が一望に見晴らせたが、華やかな江戸しか知らない少年藩主種善にとって、三方を山に囲まれ、家屋もまばらな寒村は、ことのほか寂しい風景に見えたことであろう。

陣屋への初入りは、叙任を得、藩主となった種善の治政のはじまりでもあった。

種善の治政については詳細な記録はないが、「柳河藩立花織江家文書」に種善の書状が残されている。藩財政の苦境と救済を柳川藩に願い出たものである。

「領分陸奥国伊達郡下手渡は酉年以来不作打ちつづき、勝手向きは勿論、領内一統難渋の処、米穀貯手薄相なり」「参勤九月までご猶予下されたく」とある。

文化元年から大雨や干ばつが相次ぎ、陸奥一帯は不作がつづいていたのである。

しかし、種善の文化・文政時代は世にいう「爛熟文化・経済」の時代で、養蚕業が盛んだった伊達郡にある下手渡藩財政には追い風となった。

新しい陣屋建設で藩庫を費やして悪化した財政も、絢爛豪華な消費文化のおかげで全国的に高価な着物が求められ、養蚕産業が盛んな領内は蚕種や生糸が飛ぶように売れたので、領内の業者から運上金も冥加金も徴収できるようになって好転した。財政好転を受けて種善は善政をしいたので、良き領主として領民に受けいれられていき、種善は下手渡藩の礎をしっかりと築くことができた。天保三年（一八三二）十二月二十五日、病に倒れ、三十九歳で卒した。

文化文政の消費文化で着物が売れ、養蚕の盛んな下手渡藩はうるおった

名君と慕われた二代藩主種温

二代藩主（三池立花氏十代）種温《たねはる》は文化八年（一八一一）十二月六日、江戸藩邸で、父種善の嫡男に生まれた。天保三年（一八三二）の暮れ、父の死去により、翌四年三月十八日、下手渡藩二代藩主となった。

天保期は、五十年前の天明期に次ぐ気候異変で、全国的に大飢饉が発生した。種温が藩主となった年は、年初から大雨が続き、洪水や冷害で、米が育たず、米作が主だった大藩の仙台藩や秋田藩ほど被害が大きかった。

天保四年、米どころ秋田藩は夏の田んぼの草取りに綿入れを着たほどの冷害に襲われ大飢饉となった。被害者の多くは老人や子ども、そして零細農民や町民で、同年の秋田藩の餓死者や病死者は一〇万人におよんだといわれる。

気候異変はこの年だけでなく、天保九年までつづいた。天保四年の作柄は平年の三割から七割、翌五年は冷夏だったが、稲の生育に大きな障害はなく、何とか収穫に至った。六年は天候不順が続いたうえ、地震も重なった。奥羽諸藩は天明飢饉の再来を予感して対策の手を打った。ところが天保七年は大凶作となった。

四月中旬から冷雨が降り続き、夏を迎えても日照がなかった。

「気候其の後も打続、冷気雨勝にて、去る巳年（四年）よりは一段劣り、何れ

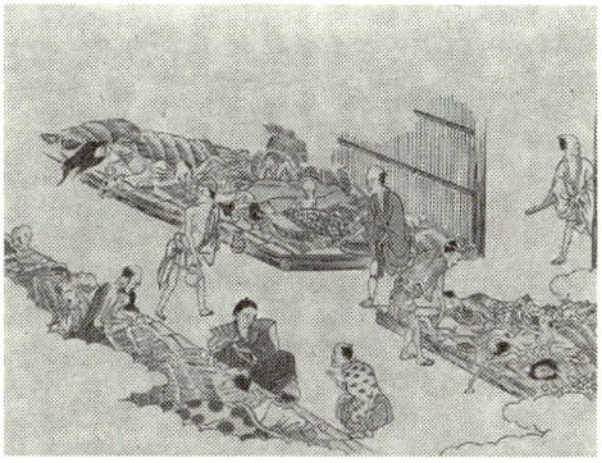

天保飢饉のさい、種温は領内から餓死者をださなかった

天明以来の大不作に御座候。信夫五カ村之儀格別山間と申にも無御座候得共、一統大不作に御座候（『二本松市史』）」

作柄が持ち直したのは翌八年頃からだったが、それでも十年までは、収穫が安定しなかった。ただ、全国的には天明の大飢饉の教訓で飢饉対策が進み、天保飢饉は長引いたわりには餓死者の数は少なかった。

しかし、天保飢饉は七年の長きにおよび、米を求めて全国的に一揆が発生し、天保八年二月には大坂市民の飢餓を救うために「大塩平八郎の乱」が起きた。

ところで江戸時代を通して、飢饉による武家やその家族の被害者は皆無だったといわれる。飢饉は抗し切れない天災というよりは、武家の存続を優先し、庶民を見捨てる冷酷な人災だったともいえる。大塩の乱はこの悪政を突いたのである。

未曽有の天保大飢饉にあって下手渡は餓死者を出さなかった。このとき陸奥磐城諸藩で餓死者を出さなかったのは相馬藩と下手渡藩ぐらいだったといわれる。

天保四年、種温が国入りしたとき、領内は不作、藩の手持ち米は、わずかに五俵だったという。種温は年貢の減免を行い、被害が軽かった三池など西国に米の手配をするなど対策を行い、藩内から餓死者を出さなかった。

また、種温は寒さに強い東北向けの救荒食物ジャガイモが長崎にあると知って、森四郎助を長崎に派遣して取り寄せ、領民に普及させている。こうした手厚い対策で、天保七年の大飢饉も乗り切ることができたのである。

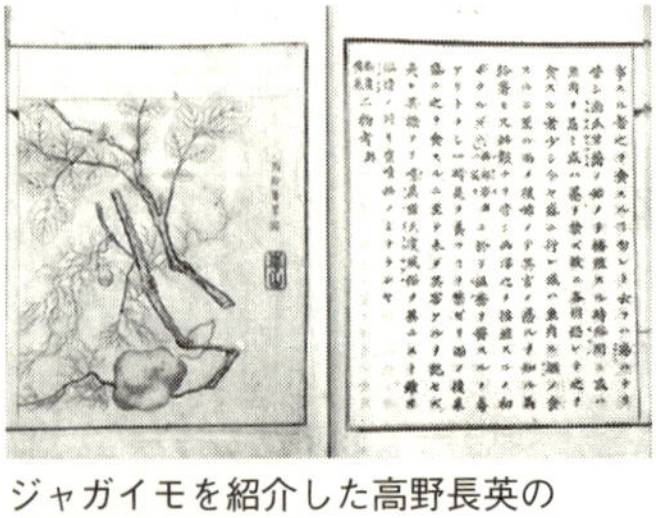

ジャガイモを紹介した高野長英の「勧農救荒二物考」（奥州市立高野長英記念館蔵）

西洋でも主食にしたジャガイモは、領民にも喜ばれた

この恩義を領民は忘れなかった。嘉永二年（一八四九）、三代藩主種恭《たねゆき》のとき、領地の一部が国替えとなったさい、領民が藩主引き留めのために老中阿部伊勢守正弘に駕籠訴をなした訴状に、種温への感謝が書かれていた。

乍恐以書付奉嘆願候（恐れながら一書を以て嘆願奉り候）

わたくしども領主去る戌十二月、御領分村替え仰せつけられ承知奉り候えども、領分百姓恐れながら離別に相候儀深く悲嘆仕り候。

一体領主当四十六年以前、文化三年寅年、右十か村御拝領、下手渡村に御陣屋御建てに相成候。領主難村窮民の儀につき、違作の年柄は夫々御救助下され、御慈悲の程、領分一同ありがたく、安堵相続きまかりあり候処、当十九年以前、天保四巳年の儀は当国前代未聞の飢饉にて、一同餓死に及ぶべきところ、領主より種々ご心配のうえ、御手許はもちろん、惣家中まで格別省略にて、右余情を以て、領分村々家数、人別に応じ、諸国より米穀御買い入れ、御救い、その余、拝借金等申しつけおかれ候につき、孤独の者に至るまで、餓死人等はもちろん、他領へ袖乞い等にまかり出候者、一切なく御座候。

領主の恩恵ありがたく感涙に沈み、いかにても御恩報したく日夜心がけ候えども、追年作毛不熟違作のみ打ち続き、天保七年申年の儀は前書巳年同様の大凶作にて、隣国等には袖乞い、あるいは餓死の者もありの由に承り候えども、当領分

老中阿部正弘像

のみは、領主において厚くご手当、または前書の仕法を以て、百姓一同御救いおかれ候。それまでも辺境の地不任心候間、一同打ち寄り、領主高恩のほど、いかにても連々報いたく心がけ候えども、前書の通り、去る戌十二月中、領分村換え仰せ蒙趣き承知奉り候、領分村々百姓一同重恩の領主に万一奉断候ては、これまでの高恩★もいかにても報いず、愚昧の私どもに候えども、大勢の悲嘆忍び見ず、私どもも同様の心意につき、恐れ多きを顧みず、惣代に相当たり候に付き、無是非遠路まかりで、御愁訴申し立て奉り上げ候。

なにとぞ格別のご憐憫を以て、当領主鐘之助（種恭《たねゆき》）領分に永の御附きおかれ下さり候はば、無難百姓永続仕莫大の御慈悲と有難く仕合せ奉り存じ候。

立花鐘之助領分

奥州伊達郡　山野川村、飯田村、牛坂村、石田村、御代田村

下手渡村、小島村、小神村、羽田村、西飯野村

各村総代（名）

このように、藩経営に勝れた手腕を発揮した種温は幕政にも登用され、天保八年大坂加番が仰せ付けられている。

種温は嘉永二年二月十二日、三十九歳で急死した。子は娘三人で、男子がなく、叔父（種善の弟）立花式部種道《たねみち》の長子種恭を継嗣に迎えた。

▼高恩＝御恩
難受けた恩を尊敬していうことば。

三代の藩主の墓と向き合って建つ家臣の墓は「耕運寺」（福島県伊達市月舘町下手渡字上代五五）で見られる

老中格となった三代藩主種恭

三代藩主（三池立花氏十一代）種恭の時代は幕末といわれ、激動の時代だった。種恭は天保七年（一八三六）二月二十八日、立花種周の五男種道の長子として生まれた。種恭十二歳のとき、二代藩主種温が死去し、継嗣がなかったために種恭が種温の三女お瀧《たき》と結婚し、婿養子となって、種温の家督を継いだ。嘉永二年（一八四九）四月十五日、下手渡藩三代藩主となった。

しかし、藩主がまだ十四歳と若年であったため、藩政は父種道を後見として、家老立花靭負《ゆきえ》、屋山外記《げき》が協議して行った。

嘉永三年末、立花家悲願の三池へ半知復封が認められた。下手渡藩領のうち、三千七十八石を幕府に返上して、三池の一町四村（新町・今山村・稲荷村・下里村・一部村）五千七十一石を得たのである。

これには、三池の炭鉱主塚本源吾の幕閣への復封運動が功を奏したのだともいい、前藩主種温の時代に将軍徳川家定から話があがっていたともいわれている。

ただ本領は下手渡で、三池は下手渡藩の分領地あつかいだった。

くわえて、三池郡七〇村のうちの五村である。新たな藩地での治政は三池郡の大半を領し、幕領の後、三池領を預かってきた柳川藩の治政・行政に準じること

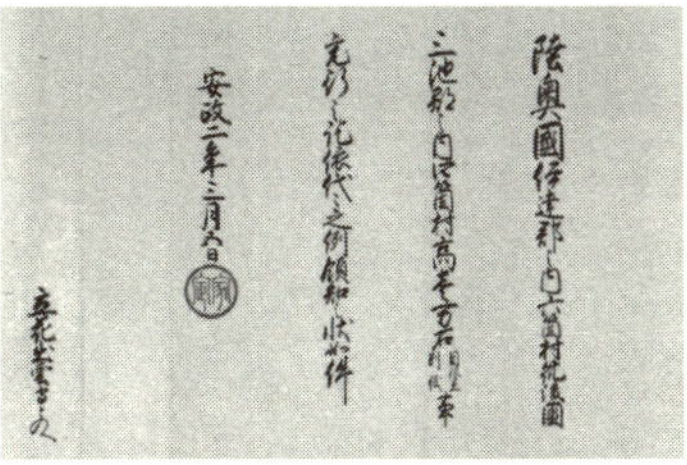

家定から種恭に下された「領地宛行状」
（大牟田市立三池カルタ・歴史資料館蔵）

立花種恭

になったことはやむを得なかった。しかも、領地が遠隔地に分断されたため藩政が複雑になり、下手渡では支配地が減ったために、伊達郡に多い諸藩の飛び地と同じように見られ、藩威が落ちたことは否めない。

嘉永五年一月二十日、種恭は初めて三池入りした。三池の「草場治吉家文書」に、十七歳の凛々《りり》しい藩主を迎える藩民の喜びが記されている。

増井茂左衛門様正月十四日の御成にて、市中の者御出迎えも仕まらず残念に奉り存じ候。尤も三池居残り連中はみな御出迎えに相なり申し候。また、御家老立花靫負《ゆきえ》様、森左司馬様、同月二十日の御下り、御飛脚参り、それより市中大混雑仕り、一町四カ村の庄屋、羽犬塚《はいぬづか》（筑後市）までお弁当など仕出しに相なり、一泊御出迎えに参り、市中は及ばず、一町四村一統御出迎えにまかり出たく旨、お願い申し上げ候。十九日夜より思い思いに支度仕り、先駆けの者二十日の朝五つ頃、瀬高御使者屋敷（みやま市）に駆けつけ、ようやくお役人様の御着に間に合い候。お出迎えの者はますます増し、大地も轟く仰山なる事、四、五町も人波が続き、まことに道筋の者肝をつぶして見物す。ほどなく二十日八つ半頃、旅宿安照寺へ御着あり。それよりは市中は申し及ばず、在方の者、銘々御神酒など上げて、めでたく祝い納め申し候。

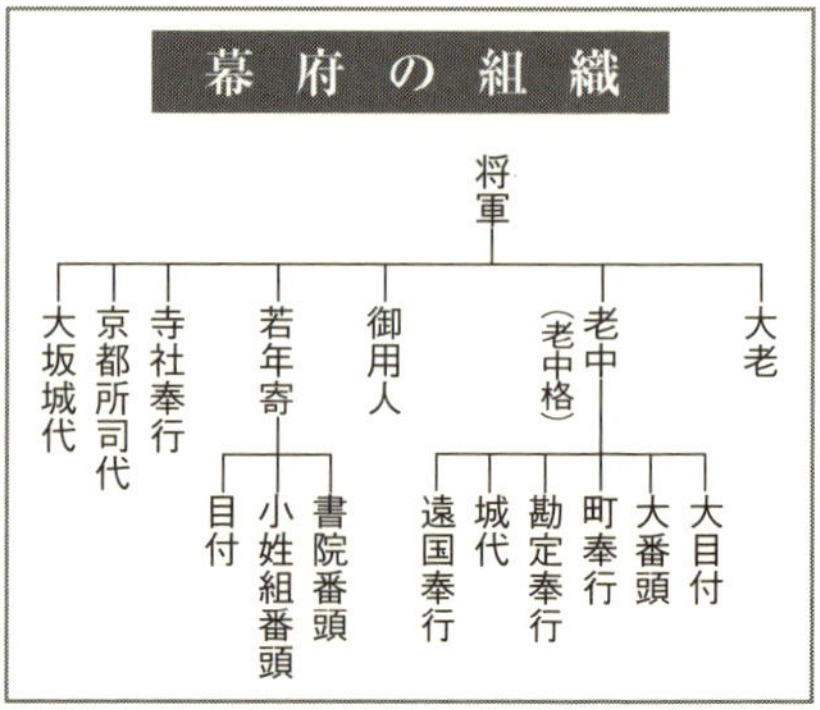

種恭は老中格に昇進した

七月十一日には、重臣ほか二〇人が陣屋の長屋落成にあたって国入りしている。「家老立花式部、家老屋山外記、用人菴原《あんばら》覚兵衛、増井民弥様御長屋入り」十九日、種恭は長屋代官御館にて、陣屋普請のおり金品や瓦、木材など建築資材を献上した者たち、建設にあたって公役夫を差し出した一町四村ほかの村々の数百人を表彰し、褒美を与えている。

安政二年（一八五五）十月二日夜四ツ（十時）、江戸を大地震が襲い、種恭は本所の柳川藩下屋敷に居た父種道と母を失った。深川の上屋敷も倒壊し、わずかに倒壊をまぬがれた馬小屋に家族ともども住まう羽目になったという。

文久二年（一八六二）、幕府は、幕政改革で大名の妻子の国元への帰国を許可したが、種恭は妻子を深川の藩邸に住まわせていた。

文久三年六月、種恭は大番頭に任じられた。種恭は将軍家茂《いえもち》の信頼が大きく、その側近として、家茂の京都入りにも供奉《ぐぶ》した。九月には若年寄に昇進した。

安政大地震で種恭は両親を亡くした

炭鉱を藩直営へ切り替え

三池に国替えしたとはいえ、三池領はわずかに五千石でしかなかったし、三池への引っ越しにも、陣屋の建設にも資金を要し、藩財政はひっ迫していた。

くわえて安政地震の被害も甚大だったが、この財政危機を救ったのが三池の石炭販売の利益だった。それどころか、文久三年（一八六三）、三池藩は藩営炭鉱から安政地震被災の江戸復興のためにと石炭一〇万斤《きん》を幕府に献上している。

種恭は立花家が三池に半知復封した頃、柳川藩の平野炭鉱、三池の稲荷山炭鉱が繁盛しているのを見て、炭鉱に藩収を見出した。そこで炭鉱の直接経営を目指して安政初年、焚石山役所を設置、惣奉行・奉行・目付・当役・下役・手代を置いて、稲荷山・焚石山・生山《しょうやま》を管理させた。

三池藩の仕組法は幕領や柳川藩のように運上を得るだけの間接統制ではなく、採炭から運送、販売までを統治する「一括統制」にしようとしたことである。

安政四年（一八五七）、開発資金づくりに藩札八種を発行した。木版刷りで、「筑後弐池焚石山役所」と発行元があり、稲荷石山役所の朱印があった。

惣奉行は家老の屋山外記が務め、その後は菴原覚兵衛が務めた。

採炭の請元は藤本だったが、直接経営のために菴原の時代に打ち切られ、複数の請元制となった。保証金は大請問屋が徴収していたが、炭鉱の藩営化にともない三池藩が徴収した。元治元年（一八六四）など、保証金が四六九〇両にのぼっている。

万延元年（一八六〇）七月、浜会所を設立、十月には下里村谷尻に浜会所を新設している。三池藩の仕組法は採炭が山役所、港までの運送と販売が浜役所になっていた。炭価は大手ユーザーの塩の市場価格にリンクしていたが、浜役所はこ

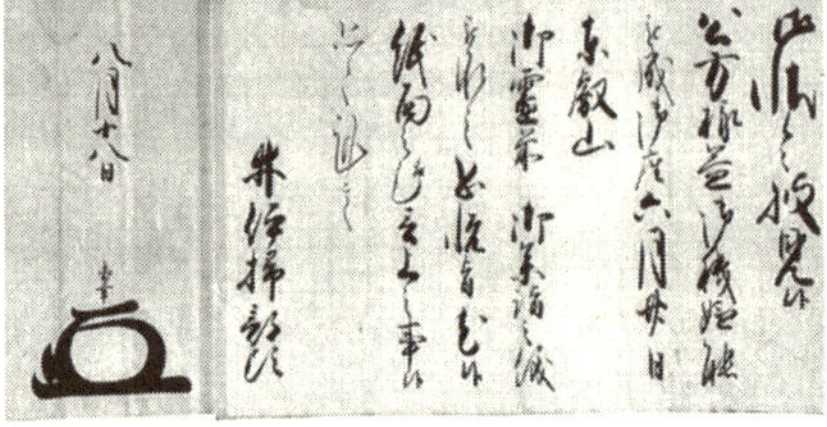
石炭献上に対する大老井伊直弼から種恭への感状（佐藤初衛家蔵）

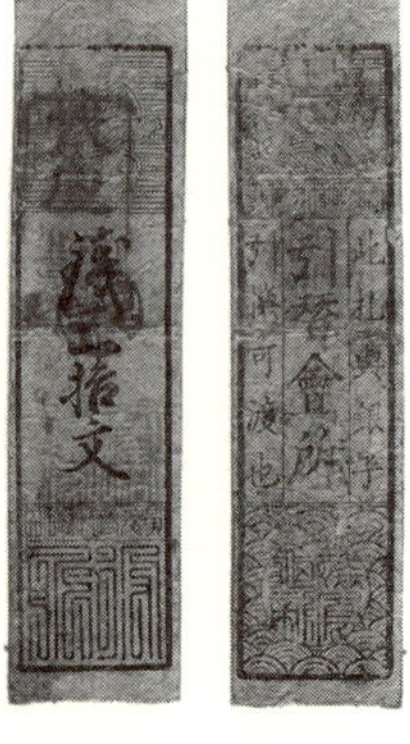
「三池藩札」（大牟田市蔵）

れを避け、石炭の出荷制限など高単価を維持しようと奮闘した。ところが稲荷山系には三池炭鉱だけがあったわけではない。各抗は別でも、切羽《きりは》（坑道）が多くなると、お互いに掘り進むうち切羽が行きあったりして争いがおこった。また、鉱夫不足からお互い鉱夫の引き抜きをしたことから、賃金の上昇問題がおこった。

主な販売先は塩田に限られていたので、炭価の競合を強いられ、各炭鉱は体力の消耗戦に陥り、炭鉱間の諍《いさか》いが絶えないまま、幕政時代の終焉を迎えた。

明治三年（一八七〇）二月二十日、三池藩は鉱山司を設け、民間に鉱山開発を許可した。同六月、種恭は三池藩の石炭山を藩士に下げ渡した。

明治四年七月十四日、廃藩置県が発布され、藩主は東京移住を命じられ、三池山役所は当主を失った。同年十一月十四日、明治政府は三池藩士に炭山請負稼業を許可した。ところが明治五年、生山・平野山の境界争いが再燃した。

政府は小野家と旧三池藩山役所に鉱山心得を布告。明治六年五月十八日、鉱山局大属《だいさかん》小林秀和が三池炭鉱を巡視し、稲荷山の炭鉱を没収し官営とした。かわりに小野隆基へ没収代金一万五〇〇〇円、三池藩士に二万六〇〇〇円を下付した。

政府は国営化したものの、石炭の販売を三井物産に委託した。明治二十一年、三池炭鉱は民間に払い下げられることになり、三菱と三井グループが入札に応じ、三井グループが四五五万五〇〇〇円で落札し、経営することになった。その後、三池炭鉱は発展を遂げ、東洋一の炭鉱といわれるようになった。

明治初期の瀬戸内の塩田

東洋一といわれた三池炭鉱（明治期）

これも下手渡

飯野のつるし雛祭り

雪解けの下手渡藩の春一番を告げるのは「飯野のつるし雛祭り」だった。

「つるし雛」は江戸時代にはじまったといわれ、女の子が生まれると、一生の幸せを願って、母方の母、祖母、親せきの女性が手づくりして贈った。糸巻（裁縫）・さるっ子（厄除）・鶴（長寿）・花（可愛さ）・ぞうり（丈夫な足）・唐辛子（厄除）・桃（厄払い）・巾着（貯金）・でんでん太鼓（幸福）・三角（香袋）・這い子人形（成長）・ほおずき（女性の守り神）・俵ねずみ（金運）をつくり、雛壇の周囲につるして飾るようになったのが、つるし雛祭りのはじまりだといわれている。

つるし雛
（飯野つるし雛まつり実行委員会提供）

その華麗な雛壇は養蚕業で栄えた飯野の繁栄をいまに伝えているといえる。

実は、下手渡藩立花家の兄弟藩である柳川藩にも「さげもん」という、つるし雛がある。「飯野のつるし雛祭り」を見た下手渡藩士は遠い故郷でも祝っていた「さげもん」を思い出し、懐かしんだのではなかろうか。

飯野のつるし雛祭りは毎年二月二十日頃から三月十日まで町内に展示される。

柳川のさげもんは二月十日頃から四月三日頃まで行われ、水郷柳川では女の子がお雛様に扮した水上パレードや雛巡り川下り、最終日は「流し雛」が行われ、期間中は夜間もライトアップされ、水郷の町の春の宵を彩る。

さげもん川下り（柳川市提供）

第五章　三池・下手渡の文化と人物

小さな藩だが歴代藩主は人材教育に力をいれ、多くの英才を生み出した。

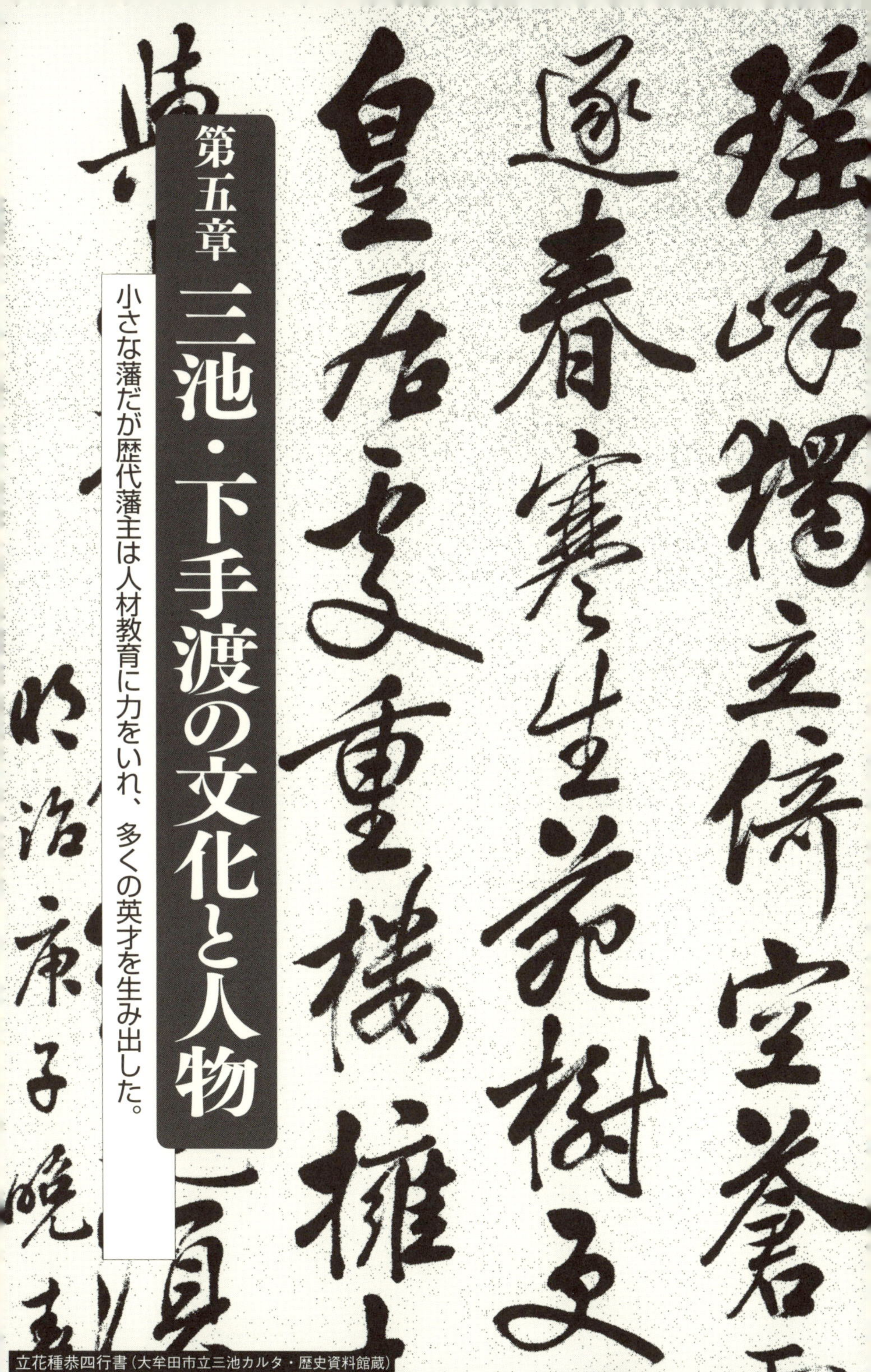

立花種恭四行書（大牟田市立三池カルタ・歴史資料館蔵）

1 幻といわれた二人の匠

三池が生んだ不出世の二人の匠は、きせずして「幻の匠」と呼ばれた。
三池典太は比類なき刀匠として、三池貞次はまねのできないカルタづくりの名人として
天下にその名を知られたが、作品が少なく「幻の匠」となったのだ。

幻の刀匠三池典太光世

三池典太《てんた》光世は平安時代の刀匠で三池に住んでいたとされ、元真《げんしん》ともいった。光世の後には子の利延、義行、孫の利成、弟子の国永に受け継がれ、数々の名刀を生み出してきた。初代光世作を古三池、鎌倉時代以降の作を末《すえ》三池とよんでいるが、現存数が少なく幻の名刀といわれている。

それほど少ない刀でありながら、「三日月宗近」「鬼丸国綱」「数珠丸恒次」「童子切安綱」と並んで、「三池典太」は「天下《てんが》五剣」とうたわれる名刀なのである。典太の名を名匠として広めたのが、足利尊氏で、尊氏の所蔵した「二つ銘則宗」「鬼丸国綱」とともに典太の「大典太」が足利三宝剣とうたわれていた。

大典太は足利義昭から秀吉に献上され、その後、秀吉が前田利家に与えた。現

在、典太の刀は「大典太」「小典太」といわれる二振りが東京目黒の公益財団法人前田育徳会に保存されている。

徳川家康の愛刀だったと伝えられる「太刀無銘光世／ソハヤノツルキ・ウツスナリ」が久能山東照宮に保存されている。ただ「ソハヤノツルギ・ウツスナリ」の銘は後年に打たれたものだろうとされている（久能山東照宮博物館談）。

また、熊本藩八代藩主細川斉茲《なりしげ》の差料《さしりょう》も典太作といわれ、「光世」銘の短刀が熊本市本妙寺に現存している（本妙寺談）。

典太の刀は「幻の名刀」として、多くの伝説に彩られてきたが、一説には柳生十兵衛の愛刀も典太だったと伝えられている。

カルタをつくった三池貞次

カルタはポルトガル語のカードを意味する「ＣＡＲＴＡ」に由来する。

天正八年（一五八〇）、ポルトガル船が長崎のイエズス教会領に停泊するようになった頃、船員によって持ち込まれ、たちまち日本中に広まったといわれる。

秀吉の朝鮮出兵で名護屋に滞陣した諸国兵にカルタ遊びが流行って、禁止令が出たという。そのため国内でもつくられるようになったが、その産地が三池だったのである。寛永十五年（一六三八）発刊の『毛吹草《けふきぐさ》★』の諸国名物に「三池、立

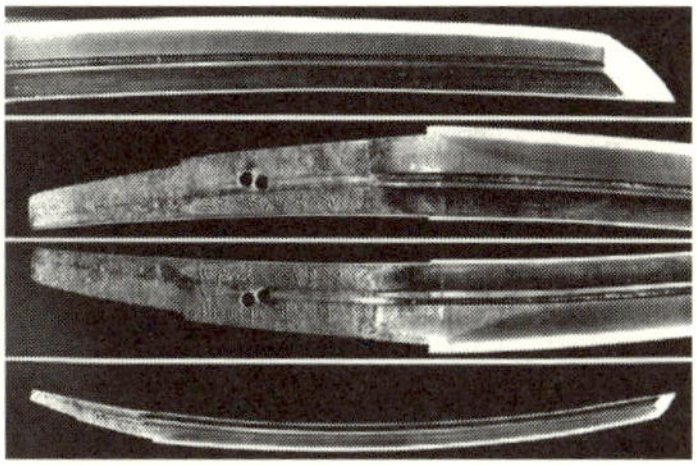

ソハヤノツルギ
太刀無銘伝三池光世作
（出典　日本刀大百科事典）

久能山東照宮

▼毛吹草
俳諧論書。諸国名産を収録。

花和泉守（三代藩主種長）殿、此の所名物、賀留多」とあって、カルタは三池の名産として知られていたが実物がなく、幻のカルタといわれていた。

明治末の子ども雑誌『うなゐの友』に、「わが国最古のうんすんかるた」として三池貞次作のカルタが掲載されたが、貞次が三池出身であるかは確認できなかった。

その後、昭和三十六年（一九六一）、山口吉郎兵衛著の『うんすんかるた』に、「三池住貞次」とあるカルタが掲載され、貞次が三池でカルタをつくったことが判明した。

これは「葵紋付カルタ」で、将軍にも献上されたカルタであろうといわれている。貞次のカルタについて「大牟田市立三池カルタ・歴史資料館」では、筑後で紙の生産がはじまったのは八女市溝口で文禄四年（一五九五）頃といわれるので、この頃からつくられるようになったのだろうと推測している。

日本のカルタの発祥の地として開館した「大牟田市立三池カルタ・歴史資料館」には、ポルトガル伝来のカルタと共に、復元した三池貞次のカルタが展示されている。

三池住貞次と書かれた「天正カルタ」
（滴翠美術館蔵）

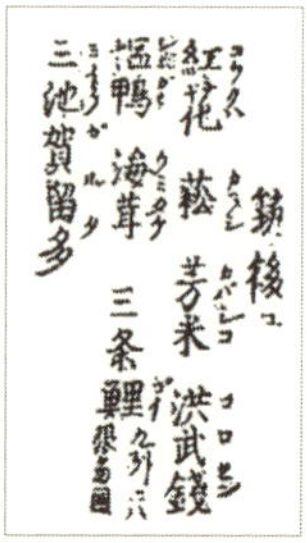

賀留多「毛吹草」

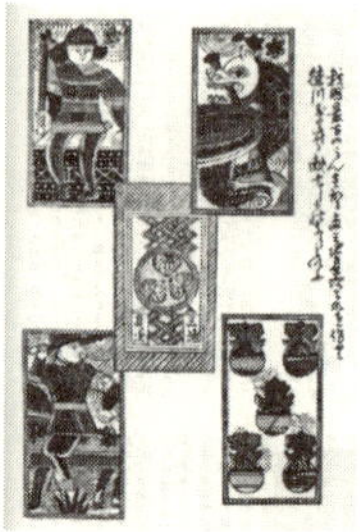

三池住貞次のカルタ
（『うなゐの友』掲載）

②

小さな藩の英才たち

大藩が多い筑前筑後の中で、小さな藩ながら代々英邁な藩主が多かった三池藩は少数精鋭をかかげて、藩士の人材づくりに力を入れ、学問所を充実させた。英才教育の成果は多くの逸才を育み、地域の発展に寄与した。

地域に貢献した下手渡学問所

下手渡藩の下手渡在藩士は一〇〇人に満たなかったが、歴代藩主は勉学を重んじ、下手渡学問所を開設して人材育成に力を注いだ。

戊辰戦争で陣屋や住居を焼かれ、その再建を見ないうちに廃藩となり、藩士は暮らしの糧を求めて福島県内に散ることになった。しかし、初志を忘れなかった。

下手渡に置いた学問所からは維新後、地元伊達郡をはじめ、福島県の発展に尽くした人材を生み出している。行政では伊達郡下手渡村（伊達市）村長野崎貫三、下手渡村村長大河内勝衛、小手村（伊達郡川俣町）村長の森脩、小手村村長原則久、小手村村長大河内二郎、小手川村（伊達市）村長中島高尚、大山村（安達郡大玉村）村長宮内文炳《ふみえ》などがあり、教育界では県教育の指導監督を行う福島県視学

（県教育行政官）や安積高等女学校校長になった吉村五郎、小島（川俣町）小学校校長平野直、小手小学校校長井上田喜、長崎県視学黒田儀一郎ほか、宮内鍋太郎、福田復一郎なども維新後、福島県教育界に尽くした。

農工商も学んだ藩校修道館

藩校修道館は下手渡藩三代藩主種恭《たねゆき》により安政四年（一八五七）九月、創立され、幕末から明治にかけて人材を生み出した。勤王の志士塚本源吾、明治の陸軍大将・福岡市長を歴任した立花小一郎、学習院教授立花銑《せん》三郎などである。

三池領を復領した種恭は、三池の再興と藩政改革には、「人材づくり」がなにより重要だとして学問所を設け、「修道館」と命名した。

藩校は藩士に限らず、身分を問わず広く農町民にも開放して、幅広い次代の人材づくりを目指す画期的な藩校だった。

「修道館」の内容を記した『旧三池藩学制概略』には次のようにある。

学校名　修道館

文化三年、幕府の命を以て、藩地三池を下手渡に換える。当時、三池にある学問所を下手渡に移設す。

三池藩陣屋

嘉永三年、同命を以て、下手渡半知に換えて、三池半知を復するを得、依って三池在来藩士の子弟を教育せんためさらに修道館を開設す。

これに尽力せしは、藩士吉村春明らにして、学業の進歩は肥後藩士月田蒙斎の門人、一木格次の誘導奨励に係わる。


修道館の館長は、下手渡から移った家老立花碩《おおい》（靭負）で、教授は肥後の儒者月田蒙斎の門人一木格次を招聘した。職員は次のようになる。

学監二名——家老立花碩のほか、用人以上から選んだ。

教授一名——一木格次。

助教一名——藩士、藩校卒業生から推挙。

監督官一名、塾頭一名、句読師四名。

館長の立花碩は修道館の裏手に屋敷があり、子息の長男小一郎（陸軍大将・福岡市長）、二男亀二郎、三男銑三郎（学習院教授）も藩校で学んだ。

炭鉱王と呼ばれ、尊王攘夷の志士として活躍した農民出の塚本源吾も修道館で学んでいる。また、幕末の教授には藩校出身の藤本卓爾《たくじ》がいた。

卓爾は炭鉱王藤本傳吾の長男で、田町橋の東側の屋敷で私塾も開いていた。

廃藩置県により藩校が閉校した後、卓爾は同志数十名とともに北海道にわたり、屯田兵《とんでんへい》となって開拓に挑み、根室に和田村を開いている。

福岡市長・立花小一郎像

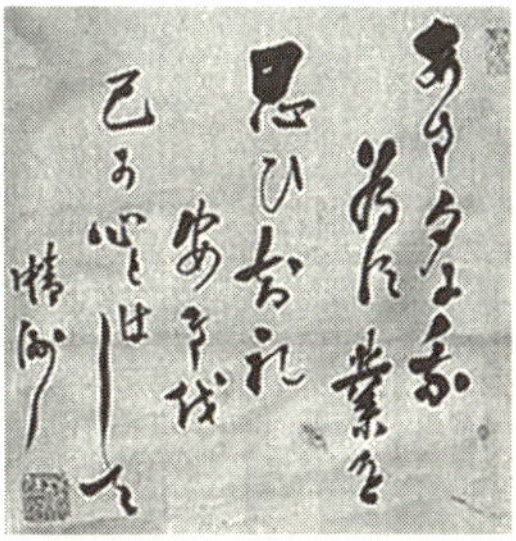
立花小一郎和歌

学習院教授・立花銑三郎像

ジャガイモで領民を救った森四郎助

天保三年（一八三二）から十年頃までは、天候不順で不作がつづき、奥羽は飢饉に襲われた。下手渡藩二代藩主立花種温は三池まで手を回して領内から餓死者を出さなかったが、その後も打ちつづく飢饉対策に苦闘した。

救荒作物としてはサツマイモが有名だが、サツマイモは東北に多い春先の山背《やませ》（冷風）に弱かった。その中で寒冷地に強いジャガイモなるものが長崎にあることを耳にした種温は、三池から下手渡に任務替えとなった森四郎助に、長崎に行きジャガイモを入手するよう命じた。長崎でジャガイモの種を入手した四郎助は、下手渡に戻ると老農に試植させ、ジャガイモを育て、種イモを増やして領内一円に広めた。欧米では主食だったジャガイモは春先に植え、米の端境期の六月に収穫できたので東北の救荒食物に最適で、「お助けイモ」と喜ばれ、広まった。

森泰と筑紫新聞

「筑紫新聞」は「西日本新聞」の前身である。

この筑紫新聞の発行および主筆が三池藩士森泰《やすし》だった。森は天保二年（一八三

森は長崎で入手した種芋をもとに、領内にジャガイモを広めた

一）七月十四日、下手渡藩士森量平の嫡男に生まれた。文久二年（一八六二）には同藩士吉村春明・安部俊哲とともに三池に行き、塚原源吾らに尊攘運動をもたらした。

慶応三年（一八六七）二月、森は三池に派遣され、藩営炭鉱に従事した。

維新後の明治三年（一八七〇）一月、三池藩会計権大属となり、翌四年七月の廃藩置県後は三潴県に出仕した。その後は福岡県出仕となったがすぐに退職した。

明治十年三月二十四日、言論の高まりから新聞発行の重要性を覚った森は、森の考えに賛同した編集人植木園二、藤井孫次郎らとともに、福岡市下名島町の弘聞社から「筑紫新聞」を発行した。発行部数は一〇〇〇部だった。

新聞といっても美濃紙半折二つ折りの和紙九～一〇枚を綴じたもので、週二回の発行だった。「筑紫新聞」は現在のように各戸に配達されるわけではなく、販売された。福岡橋口町の書肆鴻文堂、博多中島町の藤井孫次郎宅、久留米市両替町の亀游堂、三池新町の永康堂の四カ所で発売された。創刊二日後の新聞には「創刊初日から新聞を買い求めてくださる方が予想以上に多かった」とある。

しかし、半年後の九月に売れ行き不振と資金難で経営難に陥り、廃刊した。

その後、共同経営者でもあった藤井孫次郎が経営を引き継いで翌年、「めざまし新聞」として再刊した。さらに明治十二年、「筑紫新報」と名を変え、明治十三年、「福岡日日新聞」となり、現在の「西日本新聞」に発展した。

「筑紫新聞」。言論の高まりをうけ、森は新聞を発行

これも三池

奇祭三池の水（臼）かぶり

三池には大寒の一月十五日の未明、彌《や》剱《つるぎ》神社の氏子たちが白装束で氏子中（三池第一・材木町・神田脇）の町内三〇〇戸余の家々の前に置かれた臼やバケツいっぱいの水を、大人から子どもまで頭からかぶって回るという奇祭がある。

三池は三池街道の宿場町として栄えてきたが、その長い歴史の間には多くの火災にあってきた。なかでも元禄十二年（一六九九）には「三池火事」といわれる大火災にあっている。

慶応四年（一八六八）、三池上町・寺町で八〇戸が延焼した大火災の後、被災した町民が火事を出さないことを誓って、彌剱神社で水をかぶり、火災除けの祈願をしたところから、「水（臼）かぶり」がはじまったとある。しかし、戦後復興で車の往来が多くなり、昭和三十三年（一九五八）に、いったん中止になったが、昭和五十八年、伝統行事復活を願う町内の有志や氏子の総意で、彌剱神社の境内で、神事として「水（臼）かぶり」が復活された。

幼い子どもたちが次々に行うバケツからの水かぶりにも、その元気な行動に驚かされるが、「水（臼）かぶり」のハイライトは力自慢の若者たちが行う水かぶりである。

三五キログラムから七八キログラムまで、なみなみと水で満たされた三段の木臼を次々に頭上に持ち上げ、頭から水をかぶって、最後には空臼《からうす》を後ろに放り投げ、競い合う「水（臼）かぶり」はその勢いと豪快さで、満座の参詣者を沸かして喝采を浴びている。

三池の「水（臼）かぶり」。力自慢の男たちが臼に満杯の水をかぶる

子どもの「水かぶり」。寒中、バケツいっぱいの水をかぶる子どもたち

第六章 幕藩体制の終焉

倒幕運動をはじめたのは真木和泉や塚原源吾など筑後の草莽勤王の志士たちだった。

錦絵　奥州名所一覧之図部分（作者不詳）

1

南北で迎えた幕末の激動

下手渡から三池への再度の国替えは、家臣と領民に新たな波紋を呼んだ。領地が南北に分かれただけでなく、複雑になった藩政に下手渡藩は苦悩した。時代も内外多難な幕末の胎動を迎え、不気味さを増していた。

三池への半知復封

嘉永三年（一八五〇）十二月、下手渡藩に三池の半知復封が申し渡された。領地は半知だったが、復封のことはすぐに、三池にもたらされたとみえ、「極月（十二月）、主君御村替え仰せつけられる。替え地の儀は追って御沙汰あり候由」と、新町の「草場治吉家文書」に残されている。

下手渡藩の領地四村（山野川村・石田村・牛坂村・飯田村）三千四十五石八斗六升九合七勺を幕府に返上し、三池郡内に一町四村（新町・今山村・一部村・稲荷村・下里村）五千七十一石八斗一合を得て復領した。下手渡転封から六十三年後のことだった。とてつもなく離れた領地だったが、合わせると一万一千八百六十一石余で、一万石に足らなかった下手渡藩領よりは実収量が多かった。

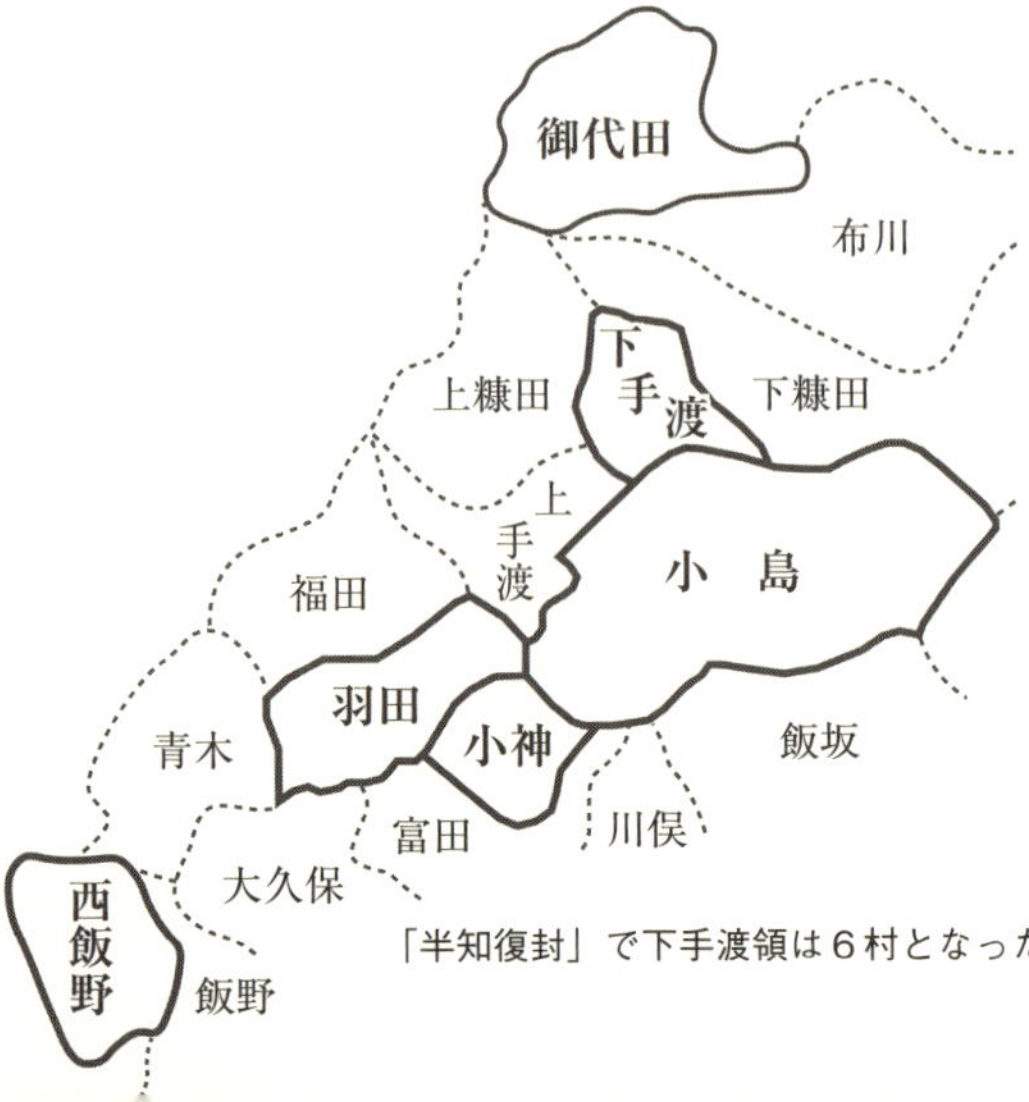

「半知復封」で下手渡領は６村となった

復封の頃の藩士の数はわからないが、十九年後の明治二年（一八六九）の分限帳では、下士も含め二二九人とある。この分限帳は下手渡・江戸藩邸・三池の総数で、分限帳のなかでは一番詳細に書かれている。

しかし、三池藩は祖先の地に戻ったとはいえ、下手渡と三池、領地は南北二つに分かれることになった。しかも、三池は下手渡の分領扱いだった。

「嘉永五年閏二月二十八日、当春より御長屋御普請、引き続き御殿建て」と「草場治吉家文書」にあり、立花家が新たに三池に戻り、陣屋の普請がはじまると、新町や今山村の領民から土地や建築資材（瓦二万八七〇〇枚・壁縄二〇〇束・畳一二〇枚・壁竹七〇束、杉七〇本・垂木七〇束・御門金具など）のほか、金子《きんす》や田畑まで献上品が引きも切らなかった。『下手渡藩』には「驚いたことは領民中、三池陣屋造営に金品の申し出の夥《おびただ》しいことだった。長屋を提供したいという者もあれば、陣屋の敷地用に田畑を寄付したいという者もあった」とあり、三池藩が下手渡へ国替えのさいは、下手渡領民からの寄付はそこまでのことはなかったらしい。

五月、炭鉱主の藤本家から一〇〇〇両、周防の船問屋から五〇〇両の献金申し入れがあったが、藩は献金を受けなかった。「藤本傳吾、御献金仕り度願候えども、御普請に相ならず申し候」。しかも「藤本傳吾、玄関づくり並びに御門構え、取り払い候様仰せ渡され候につき、即刻解き払いに相なる。然る処、御門の儀は安照寺へ差し上げ候様」という非情な命が藤本家へ下された。

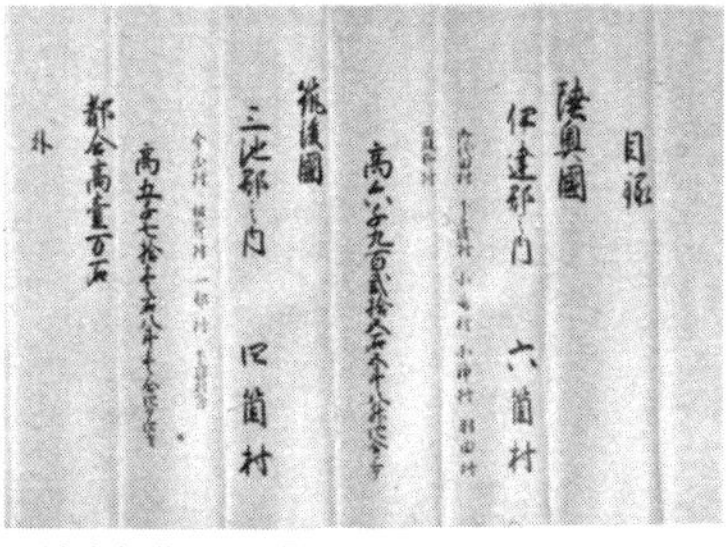

三池半知復封の「知行目録（部分）」
（大牟田市立三池カルタ・歴史資料館蔵）

下手渡藩は傳吾の栄進を快く思わず、傳吾の炭鉱を没収し、御殿と見間違われたという大邸宅を解体させている。

一方、三池立花領に復した三池の一町四村からは陣屋普請の手伝いとして「公役夫《くやくふ》★」が差し出され、蛭子町の庄兵衛の空き家を借り上げ、公役夫の宿舎とした。

協力したのは一町四村だけではない。下手渡転封後、幕府預かりとなった一二村からも「加勢夫」が差し出された。幕領といえば下手渡に見られたように、領民は徳川直轄領を誇りにして他領の領民より気位が高かった。だが三池では下手渡転封以降、日田代官預かり、柳川藩預かりなどで辛酸《しんさん》をなめていた。そのため領民は、三池藩に戻ったことがことのほかうれしかったのだろう。

新しい藩主への期待は大きく、村々は柳川藩預かりとなった文政十三年（一八三〇）よりつづいた年貢の「六公四民」を、三池藩時代の「五公五民」へ

三池御陣屋復元図

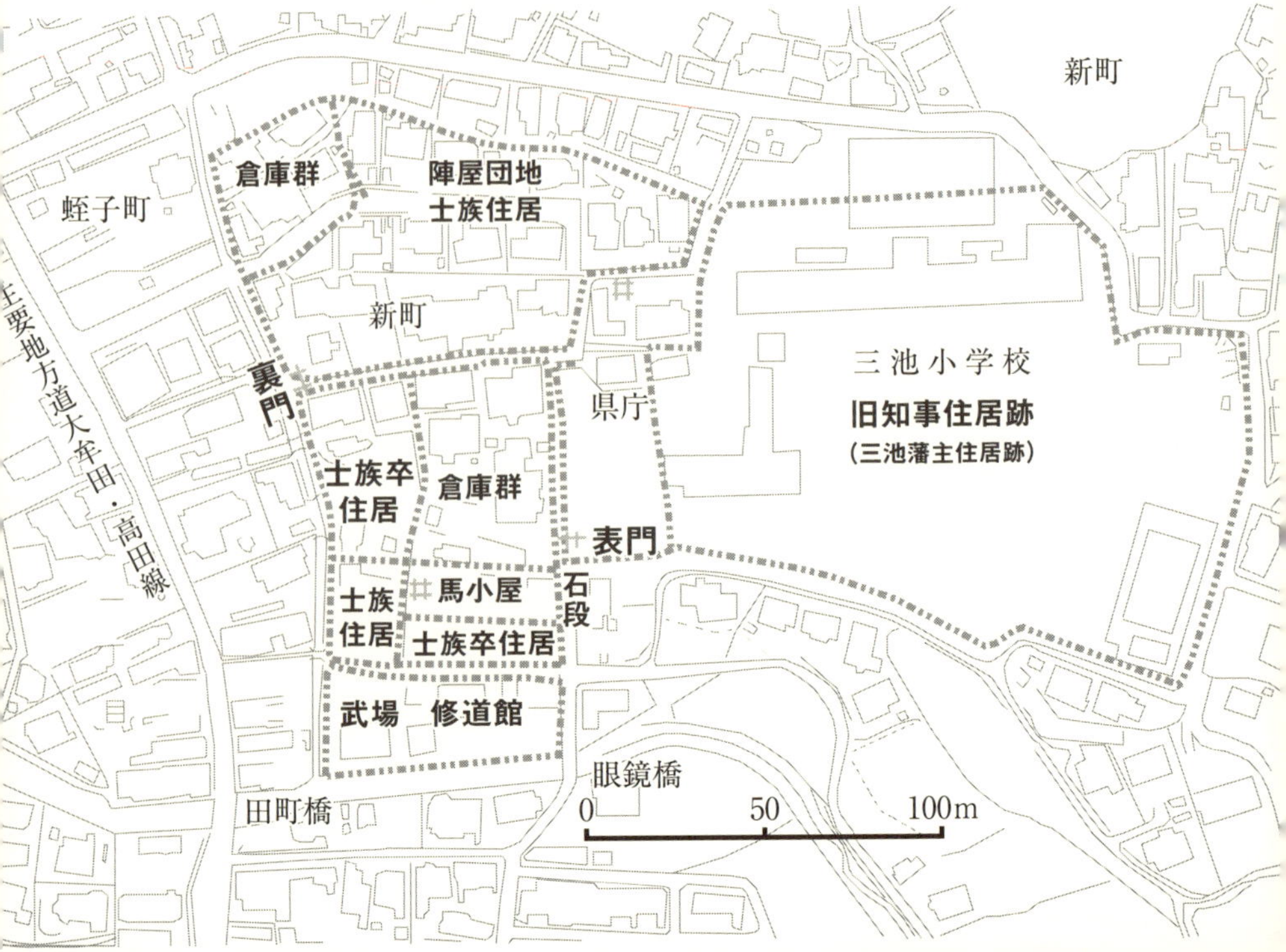

改正するように求めて請願した。藩収の安定のために年貢の六公四民をそのままつづけようとした藩の企図を打ち砕いた。

そこで藩は、藤本傳吾の炭鉱を没収して藩の直接経営に変え、藩収を補おうとしたのである。

新しい陣屋での再出発

三池陣屋の配置図は明治六年（一八七三）に描かれたもので、建築当時のものではない。三池陣屋に関する図面や絵図はほかに残っていないため、慶長十九年（一六一四）当初の陣屋に準じたものか、新しい構想による縄張り（設計）なのかはわかっていない。また、陣屋の敷地は現在の三池小学校になり、陣屋の遺構は、わずかに玄関の屋根の一部や表門が移築されて残っているのみである。

陣屋の南側に東西に流れる川は、有明海にそそぐ堂面《どうめん》川で、川幅二間半、深さ七尺とある。川沿いには杉馬場が設けられている。馬場の東側に大手門橋があり、現在も残っている。橋を渡ると表門への道があり、その途中の左の冠木《かぶき》門の先に、藩校修道館と武道場がある。

大手門への道路を隔てた北側に、士卒住居と、「自普請」という藩士個人が建てた屋敷がある。藩政時代、藩士の屋敷は拝領屋敷なのでめずらしい。

▼公役夫
人夫のこと。「えきふ」とも。

三池陣屋

三池陣屋

元三池御陣屋地図

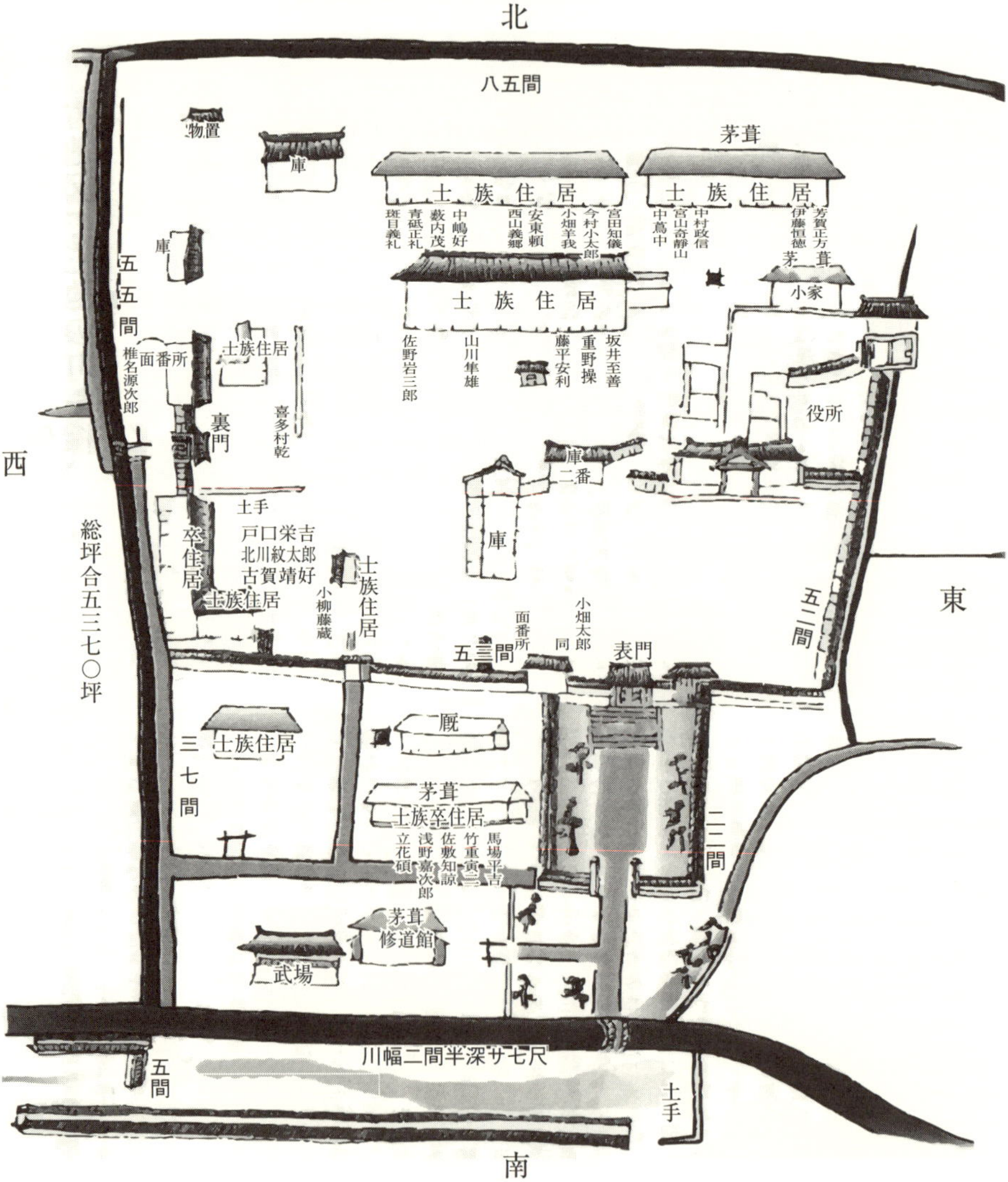

明治６年頃作の「元三池御陣屋地図」〈大牟田市立三池カルタ・歴史資料館蔵〉を基に作成）

藩主の住居になる御殿は、大手門から松並木の道を抜けると四方を塀に囲まれた広場があり、その正面の表門を進むと御殿に導かれる。御殿の左は蔵が連なる。御殿の裏には瓦葺きの屋敷と、その後ろに茅葺きの屋敷が二棟並んでいた。西側は広場となっていて、西の塀沿いに厩と卒の長屋がL字型にあり、その北側が裏門になっている。東側は丘陵で高塀を築いている。陣屋の敷地は五三七〇坪、建屋六七〇坪とある。

陣屋普請の棟梁は、万七を総領に喜助・村右衛門・助作・嘉一郎の五人であたり、大工二〇人、手伝いを含め毎日四〇人で普請にあたった。二月から御長屋（高級武士の住居）の工事をはじめ、三月八日に棟上げをした。

完成したのは四月の終わりで、すぐに藩士が引き移っている。城内の士卒屋敷には二家族が住んだ。三池残留組は五六家ほどあったのだが、下手渡転封後六十三年を経ているので、住居は別にあったと思われる。城内の長屋には江戸から戻った者たち三四家族が住んだ。しかし、三池は下手渡藩の飛び地扱いなので、藩主は戻っていない。御殿と役所は五月上旬から普請をはじめ、八月四日に棟上げを行い、棟上げ式には近在から「幾千人」の見物人が押し寄せたとある。

六十三年ぶりの里帰りを、領民挙げて祝ったのである。

昭和初期の三池小（中央に陣屋が見える）
（『みいけのさと』より）

難しくなった下手渡藩政

復封した下手渡藩は、喜びにひたってばかりはいられなかった。三池領を復したものの、下手渡、江戸藩邸、西の丸下の役屋敷、三池とわかれ、小藩のわりには藩政がより複雑に、また、経費も増大して財政が苦しくなった。

下手渡藩も領地が伊達郡内の周辺諸藩の飛び地より小さくなり、郡内での藩威が下がったことは否めない。元々、信達地方は二本松藩十万石を除くと、福島藩三万石、守山藩二万石、下手渡藩一万石、梁川藩（松前藩）九千石などのように小藩や幕領、旗本の知行地、諸藩の飛び地領が多かった。

信夫郡九一村を見ても、幕領四一村、藩領五〇村があり、伊達郡一一二村のうち、幕領五三村、三河刈谷藩一一村、松前藩九村、棚倉藩一五村、盛岡藩八村、下手渡藩六村、黒石藩一村と諸藩の飛び地があった。

しかもどの藩も、郡内で領地がすべて地つづきというわけではなく、飛び地があるという実に変則的な領地支配となっていた。分散された領地を見回るためには他領を通過しなければならず、そのため領地支配は容易にいかず、支配が徹底しないままに藩主が転封となることもあって、領民にすれば藩主が同じ領地でつづく領民と異なり、領主への従属感も薄かったのである。

元々、幕領の領民は徳川直轄地とあって気位が高く、転封でやってきては、また去っていく小藩など心から敬う気持ちが薄いうえ、養蚕産業や金融業で経済的に豊かとあって、自由自治の気風が濃厚だった。

そのうえ、幕領や飛び領、独立小藩が多かったことは、様々な藩風や文化があり、領民も独立的な気風といえども、それらの影響を受け、陸奥磐城は様々な文化の寄せ集め状態といえた。

現在でも福島県は全県的な一体感に乏しく、まとまりが弱いといわれるが、このような歴史からまとまりにくい風土が形成されてきたともいえるのである。

伊達郡でも御代田・上糠田・下糠田（月舘）・布川・上手渡・下手渡は、小手郷といわれる文化社会を構成してきた（『月舘町史』）。

ところが小手郷は享保十五年（一七三〇）、幕領から二本松領になり、寛保二年（一七四二）、下糠田村と布川村が白河藩領となり、文化三年（一八〇六）、川俣町・飯野町・霊山町にわたる下手渡藩が成立した経緯がある。

それがこの度のお国替えで、また分かれたのである。いきなりはずされた四村の戸惑いが思いやられる。下手渡藩領十カ村の検断、村役が危難を恐れず、揃って老中首座阿部正弘に駕籠訴をなして国替えの取り消しを懇願したのも、うなずける話である。

慶応二年の信達騒動

慶応二年（一八六六）六月十四日、伊達郡の岡村・長倉村の天王さまの祭礼で、恒例の糸真市が開かれなかった。養蚕家や近在の農家から蚕種や製糸が持ち込まれず、市が流れ、人々はいぶかしく異様な不安を覚えた。

翌十五日未明、箱崎村の愛宕山上から鐘を乱打する音が一帯に鳴り響いた。この鐘音を合図に旗指物・幟を掲げ、太鼓を打ち鳴らし、槍・掛矢《かけや》・山刀《やまがたな》・鎌・鉞《まさかり》・鳶口《とびぐち》・金梃子《かなてこ》・竹槍・鉄砲などで武装した五〇〇〇人におよぶ農民が阿武隈川の舟橋を押し渡り、対岸の岡村の名主馬次宅を襲った。馬次は質屋で、代官の手先となって糸役、種役という新税を押しつける元凶の一人だと農民から恨まれていた。これが百八十八カ村、人員一〇万人という空前の大一揆のはじまりだった。

十六日　中瀬村　名主儀左衛門
十八日　掛田村　金沢屋庄兵衛、安田屋喜作、陣馬屋平右衛門
十九日　御代田村　関根啓次郎・同隠居、熊坂伊兵衛
　　　　月舘宿　半沢吉郎兵衛
　　　　下手渡村　目明し月形利作
　　　　小島村　名主権左衛門、宗伝次

打ちこわしは統制がとれ、火つけや物盗りなどの行為はなかった

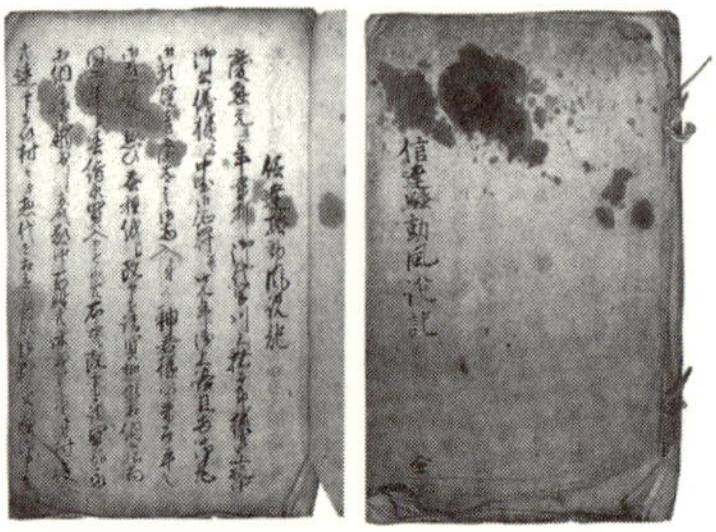
「信達騒動風説記」
（庄司家文書／福島県歴史資料館寄託）

上糠田村　長畑仲右衛門
小神村　赤羽法印、重作
羽田村　桟持善右衛門、寺屋敷要蔵、八幡喜代松など一〇軒
小国村　駒場向新十郎、駒場作兵衛ほかに二軒
二十日　布川村　村石長兵衛

など、二十日までに信達全域六十一カ村、一四八軒が打ちこわしにあった。

襲われたのは、年番《ねんばん》・村役・名主・質屋が多かったが、桑折町の勘七・峯吉・金助・徳蔵、瀬上村の今出屋宇伝太・寅吉、福島城下の浅草屋宇一郎、富沢村の多十郎・藤蔵、下手渡城下の利作などの目明しも標的にされた。

「奥州信夫郡伊達郡両郡大騒動根元写」には、目明しは「ばくち打ち」とされ、日頃から庶民を脅かす親分たちが狙われたとしている。

ただこの打ちこわしは統制がとれ、目的以外の物はこわさなかった。

「やあやあ者ども、火の用心を第一にせよ、米穀は打ちらすな。質物へは決して手をかけまじ、質は諸人の物なるぞ。金銭、品物は身につけるな。この働きは私欲にあらず、これは万民のためなるぞ。この家の道具はみな打ちこわせ、ネコの椀でも残すな」（「奥州信夫郡伊達郡之御百姓衆一揆之次第」）。

一揆指導者は、参加した農民に一揆の目的を徹底させていたようである。

下手渡藩も人数を繰り出し、屋山家老の下知で木戸口を固め、陣屋への侵入を

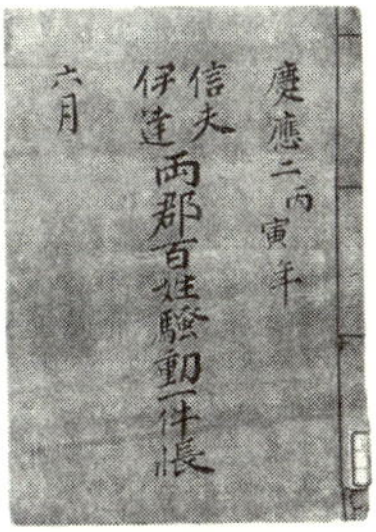
慶應二丙寅年
信夫
伊達両郡百姓騒動一件帳
六月

「信夫・伊達両郡百姓騒動一件帳」
（福島県立図書館蔵）

「農民一揆」（北村清士『農民一揆』より）
日頃から庶民を脅かす親分たちを狙った

阻止した。六十余人ばかりの藩士では一揆勢から領内の村を守ることなどできなかった。これは下手渡藩同様、一揆に直面した福島藩でも同じである。

江戸時代を通して諸藩が恐れたのは一揆である。諸藩の人口構成は武士対農民が一対九で、人数も武力も農民が本気になったら、武士は農民にかなわない。

信達一円に発展したこの一揆に、福島・下手渡両藩はもちろん、桑折・川俣の幕府陣屋、保原・梁川・瀬ノ上・湯野・八島田・大森・秋山の飛び地の陣屋では木戸を閉ざし、陣屋への一揆勢の侵入を防ぐのが精いっぱいだった。

これだけの大一揆にしては、首謀者やその組織などが中々わからなかった。一揆には必ず廻される「廻状」が見つからなかったのである。

信達六十八カ村、一万七〇〇〇人が参加した「寛延大一揆」のさいは、首謀者斉藤彦内が回した「天狗廻状」といわれた一揆の廻状が各村々に回り、事前の集会や一揆の合図まで記録が残っていたが、今回の一揆では、証拠になるような廻状や集会の記録などが一切見当たらなかった。文化十年（一八一三）、天保七年（一八三六）の一揆では廻状が漏れ、不発に終わったうえ、首謀者が捕らえられた苦い経験から、廻状も企ても一切漏れないように周到に準備されたようであった。

ブランドを守った一揆

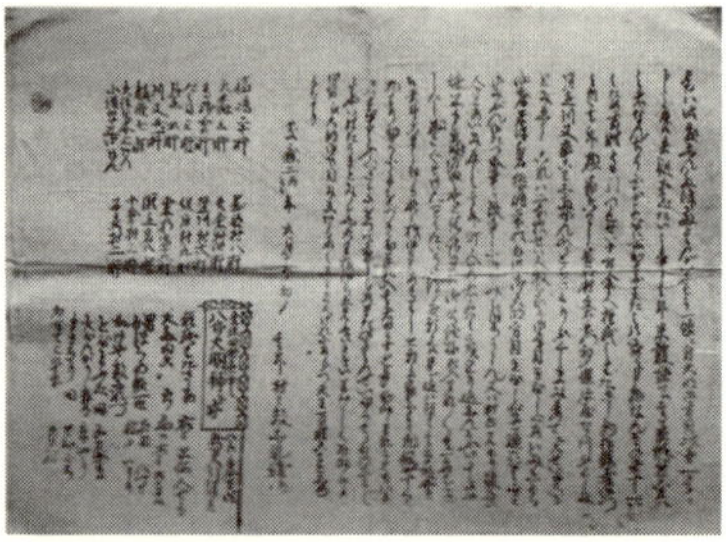

信達一揆の瓦版
（福島県立博物館蔵）

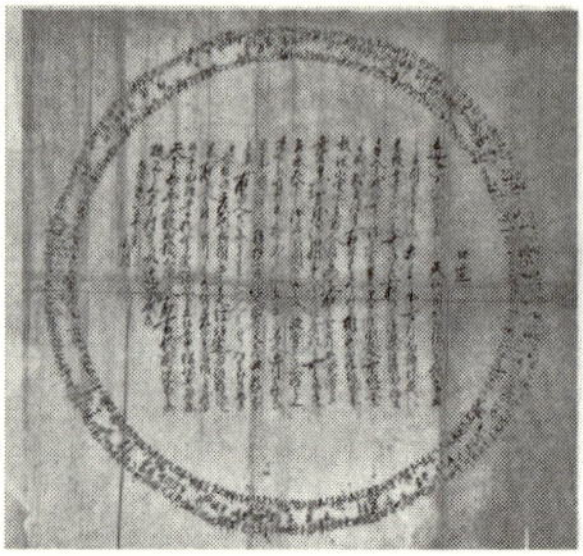

信達一揆の「わらだ廻状」
（福島県立博物館蔵）
円形に書いた参加者名は誰が首謀者かわからないようにするためだった

そもそもこの一揆は、幕府が信達地方に与えていた「奥州蚕種本場銘」の特権ブランドを取り上げようとしたことに起因した。

安永二年（一七七三）、信達地方の蚕種紙は、その優秀さが認められ、それまで本場とされていた上州、武州を押さえて、幕府お墨付きの「奥州蚕種本場銘」ブランドを勝ち得たもので、保原周辺の三十九カ村の蚕種業者は冥加金一八〇両を納めて、鑑札を受けていた。天明二年（一七八二）に「奥州蚕種本場銘」の記入は廃止されたが、「奥州蚕種本場銘」の呼称は残って、文政・天保期には四十二カ村で冥加金永二三貫、安政四年（一八五七）にも、四十三カ村で二九貫を納めて、ブランドを維持していた。ところが、信達の優秀な蚕種を買って生産していた信達以外の蚕種業者が蚕種銘の特権に異を唱えはじめ、幕府も低物価政策と蚕種流通の再編成を図って、元治元年（一八六四）、「奥州蚕種銘」の廃止と冥加金上納を廃止した。

慶応二年（一八六六）四月、町検断を通して新税実施の触れを回した。絹糸と蚕種はすべて検印を受け、取り引きさせるようにし、翌五月、検印料と上納期限をさだめた。これで信達の「奥州蚕種本場銘」のブランドはなくなり、検印と税を納めれば、だれでも自由に蚕種の本場を名乗れるようになった。

改印役所は中瀬村の儀左衛門を改印役に任命した。実はこの提案は儀左衛門がしていて、儀左衛門は改印の利権を一手にすることになった。

「蚕の取り引き」（『蚕種銘鑑』より）
全国から蚕種や絹糸を買い求めにきた

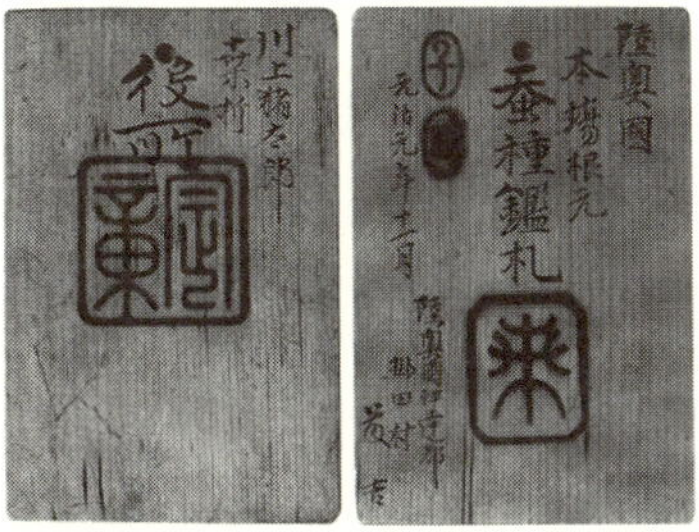

「蚕種鑑札」は「奥州蚕種本場銘」の特権ブランドを示す鑑札
（福島県歴史資料館寄託）

しかし、このような不当な改革が信達地方の養蚕農家に受け入れられるはずがなかった。「奥州蚕種本場銘」は信達地方の養蚕者たちの血と汗の結晶なのである。

幕府に対する怒りが爆発して、未曽有の一揆に発展した。

この非常事態を収めたのは福島藩主板倉勝己だった。板倉は幕閣に騒動の原因となった「糸役・種役（絹糸・蚕種の検印）」の廃止を要請した。

六月十九日、板倉は須川河原に集まった一揆勢に「検印廃止」を誓い、一揆勢を解散させた。同時期、各地で大一揆が発生していた。

六月十三日、武州では武蔵一五郡、上野二郡の二〇〇余りの村が参加、総数十数万といわれた空前の大一揆「武州世直し一揆」が発生、幕府を動揺させた。

長州征伐のため将軍自ら出陣した大坂でも米不足から大一揆が発生した。

この前五月一日、西宮で主婦がおこした米穀商への抗議活動が飛び火し、大坂に移って十三日から打ちこわしがはじまり、三日の間「大坂十里四方一揆起かざるところなし」というほどの暴動がおこり、長州征伐のため大坂に待機していた諸藩の兵も手を出しかねるほどの一揆になった。

この頃「ええじゃないか」と踊り狂う不気味な一団が各地に現れて世相を不安に陥れ、幕府崩壊の予兆を思わせた。

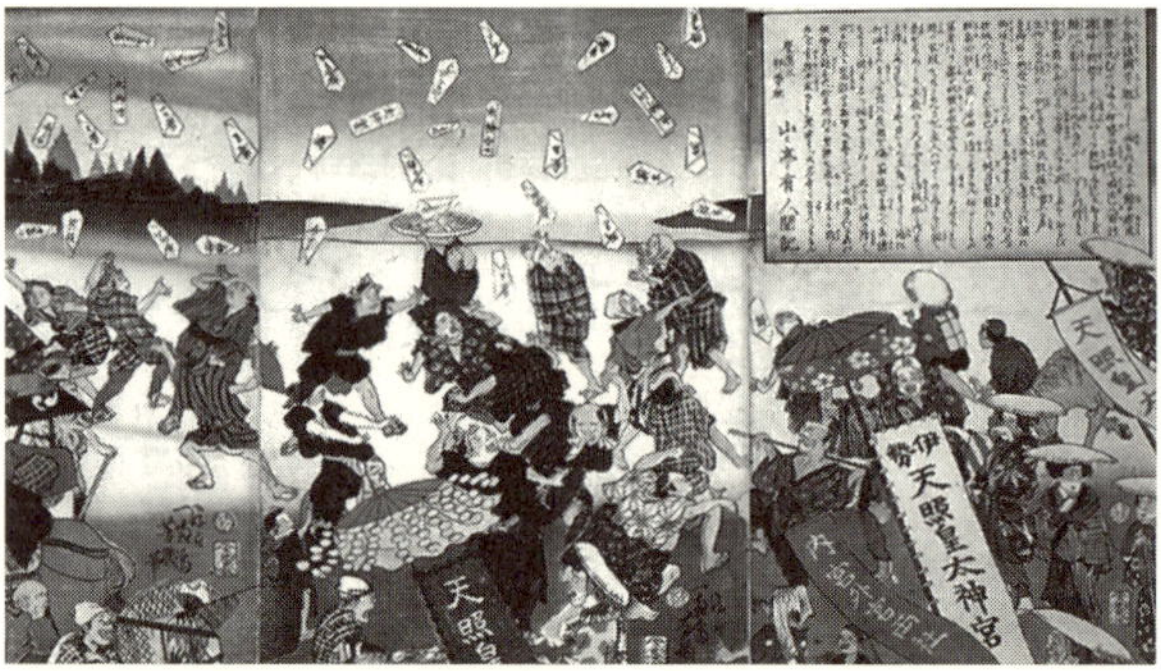

豊饒御蔭参之図（大阪歴史博物館蔵）

一揆を収めた福島藩主板倉勝己像

これも下手渡

あんぽ柿

「あんぽ柿」は、フルーツ王国福島の冬を代表するフルーツである。

宝暦の頃（一七五一～一七六四）、五十沢（福島県伊達市梁川町）に百姓の七右衛門がもち込んだ蜂屋柿を大正時代、佐藤福蔵がアメリカで干しブドウづくりに硫黄燻《くん》蒸《じょう》していることを知って、干し柿を硫黄燻蒸することを思いついた。その後、五十沢の農民たちが研究開発を進めて、橙色の美しい干し柿「あんぽ柿」を完成した。

伊達市は「あんぽ柿」生産日本一として知られているが、大正時代、伊達郡では養蚕産業の衰退で、農家の新たな産業が求められていた。そのなかで干し柿は、農作業の少ない冬場の仕事であり、大量生産が可能で伊達郡一帯に広がった。

「あんぽ柿」は、蜂屋、平核無《ひらたねなし》などの渋柿を硫黄燻蒸してつくるのが特徴である。十一月上旬が柿の収穫期で、数日間熟成させて、皮をむき硫黄燻蒸し、その後、四十～五十日間天日干ししてできあがる。

羊羹のような食感と天日干しで、より一層甘くなったあんぽ柿のおいしさは格別である。自然食品の「あんぽ柿」は平成二十三年の福島原発事故の影響で、生産自粛を余儀なくされたが、影響がないことが証明され、また、復活している。

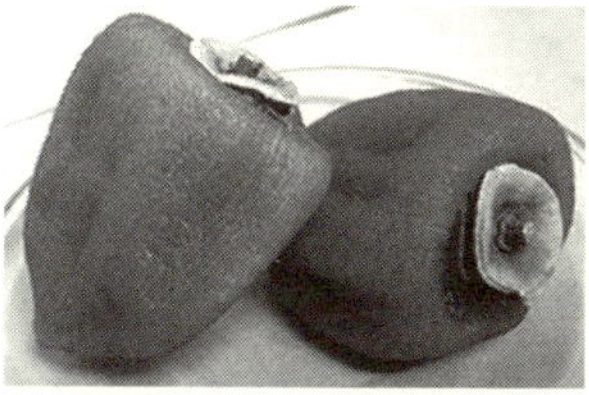

あんぽ柿

軒下につるされた柿

（写真・伊達市提供）

② 開国と攘夷のはざまで

皮肉にも下手渡から三池への半知復封が尊攘運動を三池にもたらすことになった。激烈な尊攘運動は筑後一円の農町民に広がり、草莽の勤王の志士を輩出した。幕府要職にあった藩主は開国と攘夷のはざまで苦闘した。

勤王の志士塚本源吾

開国に揺れる幕末の騒擾《そうじょう》は三池の地にもやってきた。

三池に尊王攘夷運動を広めたのは、郷士の塚本源吾である。

源吾は文政四年（一八二一）、稲荷村の豪農塚本忠次郎、賀野の嫡男に生まれた。

塚本家は自宅から一里四方は他人の土地を踏むことがないというほどの大地主で、祖父の忠兵衛は数千町歩の田畑にくわえ養蚕で成した財を炭鉱に投資して、石炭業に乗り出した。商才にたけた忠兵衛は石炭の販路を九州域内だけでなく、瀬戸内沿岸から北は江戸、南は薩摩まで広げ、輸送の千石船も島原に数隻有した。

源吾の父忠次郎の代には、炭鉱王藤本家と並ぶ地域一番の資産家だった。

源吾には下手渡藩の三池復封運動を成功させたという逸話がある。

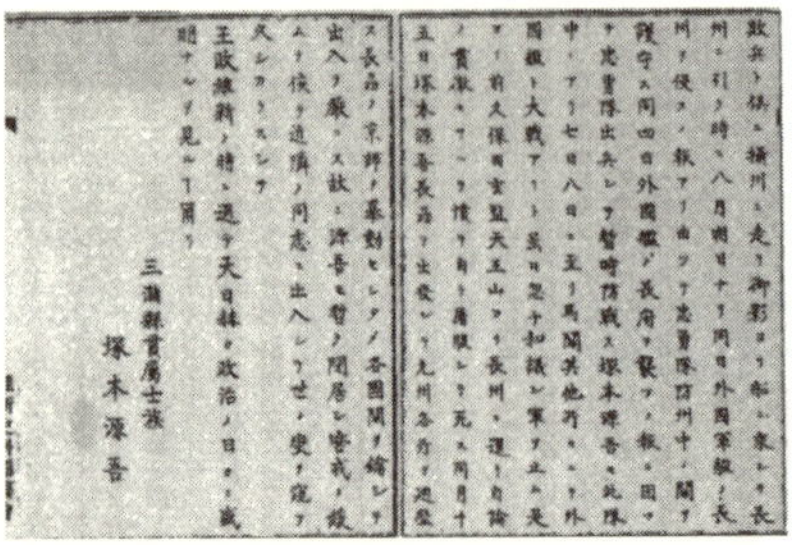

塚本源吾の履歴書
（東京大学史料編纂所蔵）

嘉永二年（一八四九）、三池に残った藩士の悲惨な境遇を見ていた源吾は、父母が伊勢参宮で留守をしている間に数千両の金を持ち出し、江戸に出て幕閣に下手渡藩の三池復封運動をしたというのである。これを旅先で知った父の忠次郎が案じて、蔵に積まれた米には手をつけるなと早飛脚を送っている。

忠次郎は下手渡藩が三池に復封すると、嘉永五年三月、陣屋整備や当座の費用にと献金を申し出て、郷士格御用人に取り立てられた。

稲荷村　忠次郎

その方儀、兼々心得方宜、御勝手向きお差支えの処、献金等致し、御満足思し召し、今般、御領分に相なり候に付き、郷士格御用人支配仰せつけ候。

忠次郎の献金には、炭鉱王藤本傳吾が石炭山を没収されたことがあり、わが身におよぶことを危惧して先手を打ったということであったのだろう。

「稲荷焚石山、傳吾、与吉殿、御取り上げに相なり、稲荷山忠次郎殿、新町幸一殿、下世話役仰せつけ、閏二月十二日より御用御山にて相始まる」

忠次郎の先を読んだ献金が功を奏し、郷士格取り立てのうえ、御用人支配役とともに焚石山下世話役を命じられている。しかし、嘉永六年八月二十六日、政治好きで破天荒な源吾を案じながら忠次郎は病死した。享年六十六。

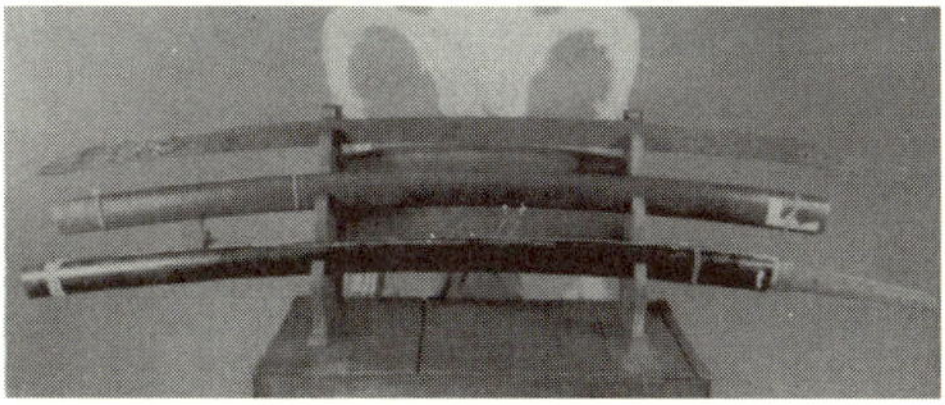

塚本源吾の太刀
（塚本揆一家蔵）

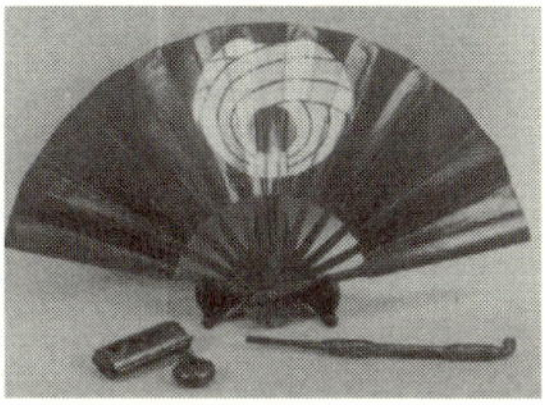

塚本源吾愛用の扇
（塚本揆一家蔵）

源吾は家督相続を受け、家業に励んだ。焚石《たきいし》山下世話役を受け継ぎ、中小姓役の命を受け、郷士から藩士に取り立てられた。三十三歳だった。

この年は日本を揺るがしたペリー艦隊が浦賀に姿を現した年でもあった。

安政五年（一八五八）六月十九日、幕府は日米修好通商条約を結び、箱館にくわえ、新潟・神奈川・兵庫・長崎を開港した。しかし、開国に反対する者たちが多く、幕府はこれを弾圧、国内を震撼《しんかん》させた「安政の大獄」がおきた。

源吾はこの大獄に義憤を感じ、生来の政治好きが頭を持ち上げた。

安政六年、下手渡の吉村春明や森泰が三池を訪れ、開国反対、攘夷を説いた。吉村は尊王攘夷論で下手渡と三池と江戸をまとめようと六回も下手渡と江戸・三池の間を往復したが、藩士で同意したのは向坂《さきさか》多仲《たちゅう》ら少数でしかなかった（ちなみにマルクス経済学者として高名な向坂逸郎は多仲の孫になる）。

吉村は藩主の種恭《たねゆき》に一藩尊王攘夷を上書したが、種恭から、

「当今一藩の動静は汝《なんじ》の進退に繫《つな》がる。いま汝去ることあれば、一藩の惑乱妄動もまた計りがたし、幕政すでに頽廃すといえども、大名を以て一卵をつぶすがごとくならん。時至らば共議協力、志を共に尽くさん、余を顧念しつつ、しばらく時期を待て」と説かれ、種恭の下で働くようになった。

下手渡の吉村に次ぎ、江戸在の原儼吾兵衛《げんごべえ》、堺俊平、石橋綱五郎などが尊王攘夷運動を藩内に広めるために、江戸藩邸を脱して三池にきた。

ペリー艦隊の来航（横浜開港資料館蔵）

尊王攘夷運動に燃える彼らに源吾は突き動かされ、弟の伍一郎、医者の久保田言罕《げんかん》、藩士の山本巌らを説いて攘夷運動をはじめた。

源吾が政治にのめり込んでいった頃、家業に異変が起きた。

万延元年（一八六〇）七月、藩は塚本家と古賀家に請け負わせていた炭鉱事業を藩の直営にした。皮肉にも炭鉱の支配に命じられたのは攘夷運動の同志の吉村春明と向坂多仲だった。しかし、源吾の尊攘運動の情熱は家業が危機に陥っても止まなかった。文久元年（一八六一）四月、肥後玉名の安楽寺村の医者で尊攘家の松村大成を訪ね、教えを請うた。こうして攘夷運動の士として知られてきた源吾のもとには、各地から同じ志をもつ攘夷浪士が訪れるようになった。

源吾は江浦の医者久保田言罕、柳川の横地春斎の家塾龍山書院の門下生、肥後の医者轟武兵衛・宮部鼎蔵《ていぞう》、久留米の神主真木和泉、筑前の足軽平野次郎らと連携し、さらに水戸・対馬・長州藩の尊王攘夷派と結んだ。

文久二年（一八六二）、源吾は勤王の志士として生きる意思を固め、京に上った。すでに不惑の年となる四十一歳だった。源吾に続いて久保田言罕も上京した。

「尊王攘夷を大志に」二人は京都に上ったのだが、そこで白昼から横行する尊攘浪士の天誅と称するテロには違和感を覚えた。源吾は志士のつもりだったが、テロに狂奔する浪士は長州から金で雇われた悪党たちだった。やはり、脱藩して上京した佐賀藩の江藤新平は、京都で暗躍する攘夷浪士に会って、すぐ失望した。

平野次郎像
（京都大学附属図書館蔵）

真木和泉像
（久留米市水天宮）

真木は平野らとともに尊攘運動を筑後一円に広めた

江藤からすると尊攘浪士は「すべてその攘夷や討幕の手段の具体的な策はなく、格別英明な方も及ばず」、多くは尊王攘夷を口実に薩摩や長州からばら撒かれる金を目当てに「収名貧功《しゅうめいひんこう》」している亡者で、志士は皆無だったというのである。

孝明天皇と八月十八日の変

塚本源吾が上京した文久二年（一八六二）の京都は長州の天下だった。

明治天皇崩御にさいして発行された『明治天皇興国史』には次のようにある。

「長州人隠然《いんぜん》その牛耳を執りて、自ら浮浪の盟主たるの勢いを示せり。長州の国論は断然たる奉勅攘夷にして、攘夷の勅を奉都でぜざるにおいては幕府を倒す」。長州は全国から集まった過激浪士を金で操り、京都の治安を攪乱していた。

その参謀が「今楠公《いまなんこう》」と呼ばれた真木和泉だった。真木は長州派の公家三条実《さね》美《とみ》の下で「王政復古」の名のもとに偽勅によって倒幕を謀ろうとしていた。

一、文久三年二月十八日、在京の諸藩に攘夷の詔勅を下す

一、二月二十三日、神武天皇御陵修補の奉告使を発す

一、四月十一日、石清水行幸、同月、賀茂神社行幸。同月、十万石以上の諸藩に朝廷の各御門守衛の兵をださせ、親兵となす（天皇直属の軍の創設）

一、七月三十日、諸藩兵の展覧をなす（天皇が将軍より上位にあることを示す）

「賀茂神社行幸絵巻」（上賀茂神社蔵）。賀茂神社行幸につづく倒幕の意図をもった大和行幸は孝明天皇に阻止された（八月十八日の変）

一、八月十三日、大和行幸を発す（行幸と称し、親征倒幕の軍を起こす）

これらは孝明天皇がまったく関与しない、すべて真木が書いた偽勅なのである。真木は絶頂にあった。尊攘派の指導者としてこの国を動かしつつあり、真木の力に源吾と久保田は圧倒された。

とてもつい先頃まで、筑後の水田に幽閉されていた神主だとは思えなかった。

しかし孝明天皇はこのような真木や三条らの過激な動きを憂慮していた。「浪人に加担の堂上」がいて「浪徒の権威盛んにては朝廷の威光降り、一等心配候」と案じ、堂上（平公家）を煽動する公卿の三条実美を指弾した。「三条発暴烈之所置深く痛心之の次第、其の上言上もなく、浪士輩と申し合わせ勝手次第の処置多端、表には朝威を相立て候などと申し候えども、真実朕の趣意は相立てず」（『孝明天皇紀』）。

三条は表面では朝威を盛り立てるためと言いながら、天皇の命は聞かずに、浪士と謀議し、勝手なことをしている、これでは朝威は落ちるばかりである。

怒った天皇は「重々不埒《ふらち》の国賊三条実美」と言い、長州は「朝敵」と言った。

それまで偽勅がうまくいったのは、天皇の周囲は三条ら長州派の公家で占められ、天皇は一人孤立していたからである。

そのなかで天皇は、大和行幸の偽勅には「行幸の後で、帝は火を放って京中を焼き払い、還幸之叡念（御所に戻る気持ち）を断ち」、同時に大和と生野《いくの》で挙兵し

三条実美像。孝明天皇は三条を京都から追放した

「直ちに錦の旗を箱根の山に進め、倒幕の兵をあげる」というクーデターの謀があることを密かに知らされた。天皇は直ちに行幸の中止を命じた。

『孝明天皇紀』には、天皇が自ら尊攘派の排除に動いたことが記されている。天皇の勅令は公家伝奏を通して下されたが、伝奏飛鳥井《あすかい》雅典も野宮定功《ののみやさだいさ》も三条一派で、握りつぶされる懼《おそ》れがあり、密勅は出せなかった。そこで信頼する公卿の近衛忠煕《ただひろ》を密かに召し出して、こう伝えた。

「奸人朝堂を左右し、いまを拉致するや偽勅の行われること甚だし、朕の真意を会津に伝えよ、ことあるに及んでその力を借りんと」（『孝明天皇紀』）。

近衛は女官を京都守護職松平容保《かたもり》のもとへ走らせ、天皇の密勅を届けた。また、近衛は妻の里であり、屋敷の隣の薩摩藩邸にも使いを出し助力を求めた。

「孝明天皇は、自らの真意とかかわりなく天皇の名で過激な勅命が出る現状に、深刻な危機感をいだいた。天皇は青蓮院宮や公武合体派の公家と連絡を取りながら、三条実美ら暴論の公家と長州勢力を朝廷から排除する計画を極秘裏に進め、それを島津久光や京都守護職松平容保らに託した。

過激な攘夷派に対する天皇の逆襲だった」（日本近世史『幕末から維新へ』）。

容保は薩摩とともに「八月十八日の政変」で、長州の御所警衛の任を解いて京都から追放し、三条や長州の卑劣なクーデターを阻止した。

天皇は三条ら七人の公家の身分をはく奪して、京都を所払いにしている。

京都守護職・松平容保

「八月十八日の政変」の舞台となった「京都御所」

源吾は真木らとともに七卿を警固しながら長州へ落ちていった。

一方、天皇は容保の素早い処置に感謝し宸翰《しんかん》（真筆の感状）を与えた。

「堂上以下暴論を疎ね、不正の処置増長につき、痛心耐え難く内命を下せし処速やかに領掌し、憂患掃攘（憂いを払う）、朕の存念貫徹の段、まったくその方の忠誠にて、深く感悦のあまり、これを遣わすものなり」

朝廷の正常化を取り戻した天皇は八月二十六日、「これまでは、真偽不明の分在り候えども、去る十八日以後、申し出の儀は真実の朕の存意」と示達《じたつ》した。

京都を追われ「朝敵」となった長州藩や三条らは、捲土《けんど》重来《ちょうらい》をもくろんだ。元治元年（一八六四）六月、浪士の先陣部隊が密かに入京し、「北風の激しい日を選び、御所と中川宮朝彦親王の邸に火を放ち、朝彦親王や京都守護職松平容保を殺害、その混乱に乗じて孝明天皇を拉致する」という計略を基に六月五日、御所攻撃を決行することにした。その日は京都祇園の宵祭りの最中だったが、尊攘派にとって、国体（天皇）さえ手に入れれば、市民の犠牲などどうでもよかった。

この謀略は、京都の治安警備をしていた浪士組に覚《さと》られ、阻止された。近藤勇の名を世に知らしめることになった池田屋事件である。天皇はこの働きを賞し、浪士組に「新選組」の名を下賜している（「島田魁日記」）。

池田屋事件で天皇の拉致を阻止され、後へ引けなくなった三条らと尊攘浪士は、長州兵とともに地位回復を求めて京都へ攻め上《のぼ》ることを決定した。

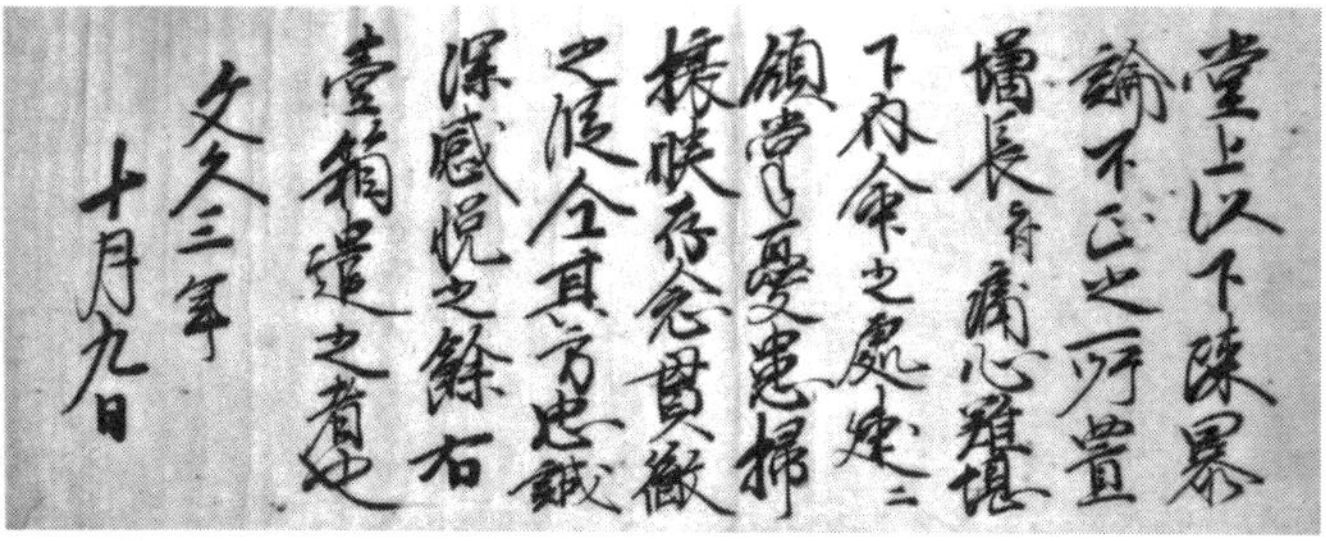
堂上以下疎暴
論不正之所置
増長有痛心難堪
下内命之処速ニ
領掌し憂患掃
攘朕存念貫徹
之段全其方忠誠
深感悦之餘右
壹箱遣之者也
文久三年
十月九日

孝明天皇が松平容保に与えた御宸翰（個人蔵）

禁門の変と三池草莽隊

文久三年（一八六三）十月十七日深夜、塚本源吾は黒革おどしの鎧をつけ、鋤《すき》形《がた》つきの甲《かぶと》をかむり、密かに弟の伍一郎や同志とともに長州を目指した。

翌日、これを知った藩庁は捕り手を差し向け、残った家族に謹慎を申しつけ、青竹閉門を命じた。塚本家の没落のはじまりだった。

十二月十八日、源吾は長州で三条実美ら七公家と会い、三条から「右の面々隊伍長仰せつけられ」、伍長として、真木和泉が率いる浪士隊「忠勇隊」の七番隊長となり、旗奉行も担った。忠勇隊で源吾は清水源五左衛門と名乗った。

七番隊は三池出身者で、隊士は蒲池虎三郎（久保田言罕）・太田次郎・沢田震太郎・清水太郎二郎（源吾の弟、塚本伍一郎）だった。

元治元年（一八六四）七月十九日、長州兵は京都の三方から御所へ攻め入った。源吾は真木の率いる忠勇隊とともに天皇を拉致すべく御所に向かった。

現在の御所は広大な敷地にあるように見えるが、当時は、禁裏の周りはびっしりと大小の公家屋敷で埋まっていたのである。

禁門の変の戦いは、屋敷街の狭い道や小さな広場で行われた。

戦いは長州軍の敗退により一日で終わったが、鷹司邸から出た火がおりからの

「禁門の変図屏風」（会津若松市蔵）

北東の風にあおられ、たちまち燃え広がり、二日二晩燃えつづけ、武家屋敷五一、公家屋敷一八、社寺二五三、町家二万七五一三を焼き、焼死者三四〇人、負傷者七四四人の大惨事となった。御所は無事だったものの、市街のほとんどを焼失し、復興が容易にならなかった。住まいを失った人々は郊外や他所に移るなど人口流失がつづいて街は荒廃した。これが維新後、天皇の東京奠都《てんと》の理由ともなった。

京都を退いた忠勇隊は天王山（京都府）に追い詰められ、真木をはじめ一七人が自刃した。忠勇隊は草莽《そうもう》隊★で郷士・百姓・町人・神官などからなり、久留米・土佐・肥後・宇都宮・福岡の出身者だった。

真木は志半ばに倒れたが、その意志と主張は岩倉具視に引き継がれている。

忠勇隊とともに天王山に退いた源吾は、真木らと決別して山を下り、淀川を下って八月一日、御影《みかげ》（兵庫県神戸市）から船で長州の三田尻に入った。四日、三池から同行していた久保田言罕が自刃した。三十八歳だった。源吾は久保田を弔い、江浦（みやま市）の遺族に事の次第を書簡で送った。

八月十五日、長州を発った源吾は百姓に身をやつし、同志の手引きで身をひそめながら密かに三池に戻ったのは二年後だった。

明治九年（一八七六）五月三十一日、病に侵された源吾は「全快したなら、必ず上京する」などとうわごとを繰り返しながら、不帰の人となった。享年五十六。

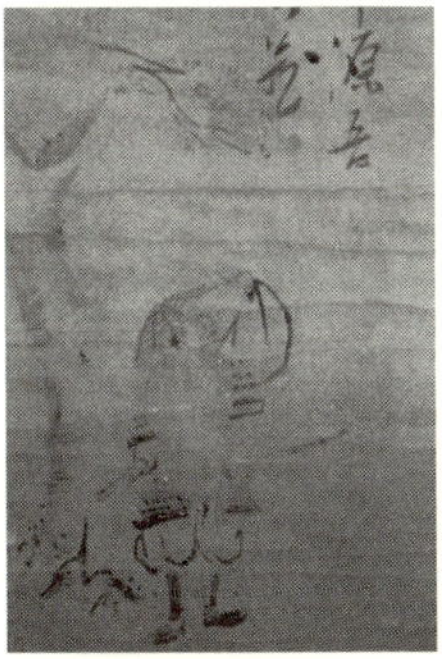
塚本源吾出陣図
（塚本揆一氏蔵）

▼草莽隊
民間人、神主などで構成された部隊。

真木らの忠勇隊は天王山に追いつめられ自刃した（水天宮蔵）

これも三池

大牟田名物・草木饅頭

三池藩があった大牟田市の名物といえば「草木《くさき》饅頭」といえるだろう。

草木饅頭はあんこがたっぷり入った一口サイズの蒸し饅頭で、大正三年（一九一四）に発売されると、たちまち人気商品になった。

とくに三池炭鉱で働く炭鉱マンに、一日の疲れをいやしてくれるお菓子として愛された。はじめは「平和饅頭」という名で売り出したが、地名の草木から草木饅頭と呼ばれるようになり、いまでは「草木饅頭」がブランドとなった。

現在、総本家黒田屋と元祖江口栄商店が草木饅頭を売り出している。

黒田の草木饅頭は、明治中期、鉄道員だった黒田辰治は全国の名物饅頭を食べつくしたが、飽き足らなさを感じて自ら納得のいく饅頭づくりを目指して奮闘し、一年余を費やして創案したものだという。

両者とも同じ家から派生したため、創業も同じ大正三年になっている。

JR大牟田駅前には両店が仲良く隣同士で店を出し、顧客の便宜に応えている。

●草木饅頭総本家黒田屋　電話0944（52）5707

●江口栄商店草木本店　電話0944（52）4829

③
種恭の改革と決断

老中格として幕閣に在った種恭は、幕政改革にあたって欧米に倣う政体を推進していたが、下手渡藩の藩政改革にあたって、入れ札と衆議という近代的な政治改革を実践し、藩士を驚嘆させた。

老中日記

種恭《たねゆき》は若年寄への昇進から老中格を辞した慶応四年（一八六八）二月まで「老中日記」をつけていて、激動の幕末の内幕を知る第一級の史料になっている。

文久三年（一八六三）癸亥年九月十日（余二十七歳）。

今朝五ツ半時、御諚召老中連名の奉書、昨夜九ツ時到来。よりて今朝六ツ時すぎの供揃いにて登城（このときは本所深川霊巌寺後ろ仮住居）。

将軍家茂公、御座の間へ召出さる。よりて同所南側御障子きわへ出平伏す。諏訪因幡守はじめ同様御勤めの旨上意これあり。老中より結構の仰せにて、有難き旨申し上げられ、念を入れて勤むべき旨、再び上意ありて畏み奉り候。

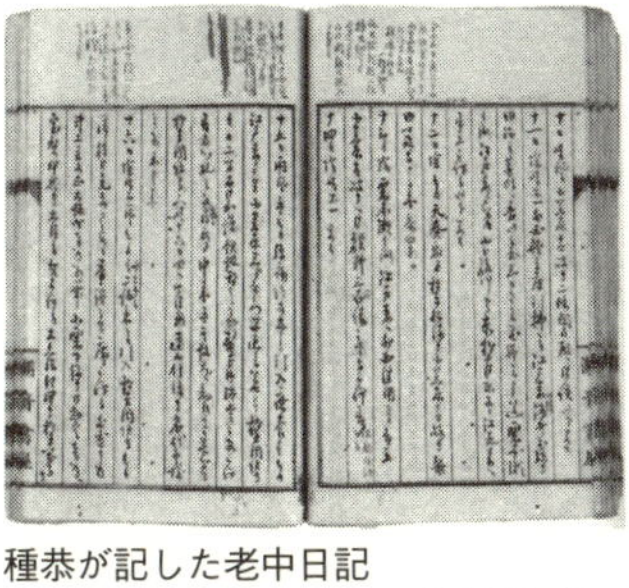

種恭が記した老中日記
（大牟田市立三池カルタ・歴史資料館蔵）

若年寄就任の模様が知れておもしろい。種恭によれば、老中・若年寄・諸奉行・大目付などの職名は正式にはなく、便宜上のものだったという。

これは「百官名は、朝廷の官ゆえに、これに類似せんことを慎み、わずかに、その場所執るところのままをもって、名称とせしもの也」というのである。

文中の仮住居は、若年寄に与えられる西の丸下の役屋敷に移る前のことである。

> 広間取次・馬役・祐筆等数十人新役々を即刻御用部屋において入招し、すぐさま宅へ認めし家老より即時、それぞれ申し達し、直ちに師匠番宅へ出して、それぞれの伝達を受けせしめる定めとす。
>
> ここに困難なること多し。右の役々、深川（藩邸）より、馬場先（江戸城）うちを行きても、一事づつのほか伝達をうる能わず。いわんや帳面一冊を借用せんとするも何十回の論議を以てし、それをいささかも違背するときは必要の伝達を

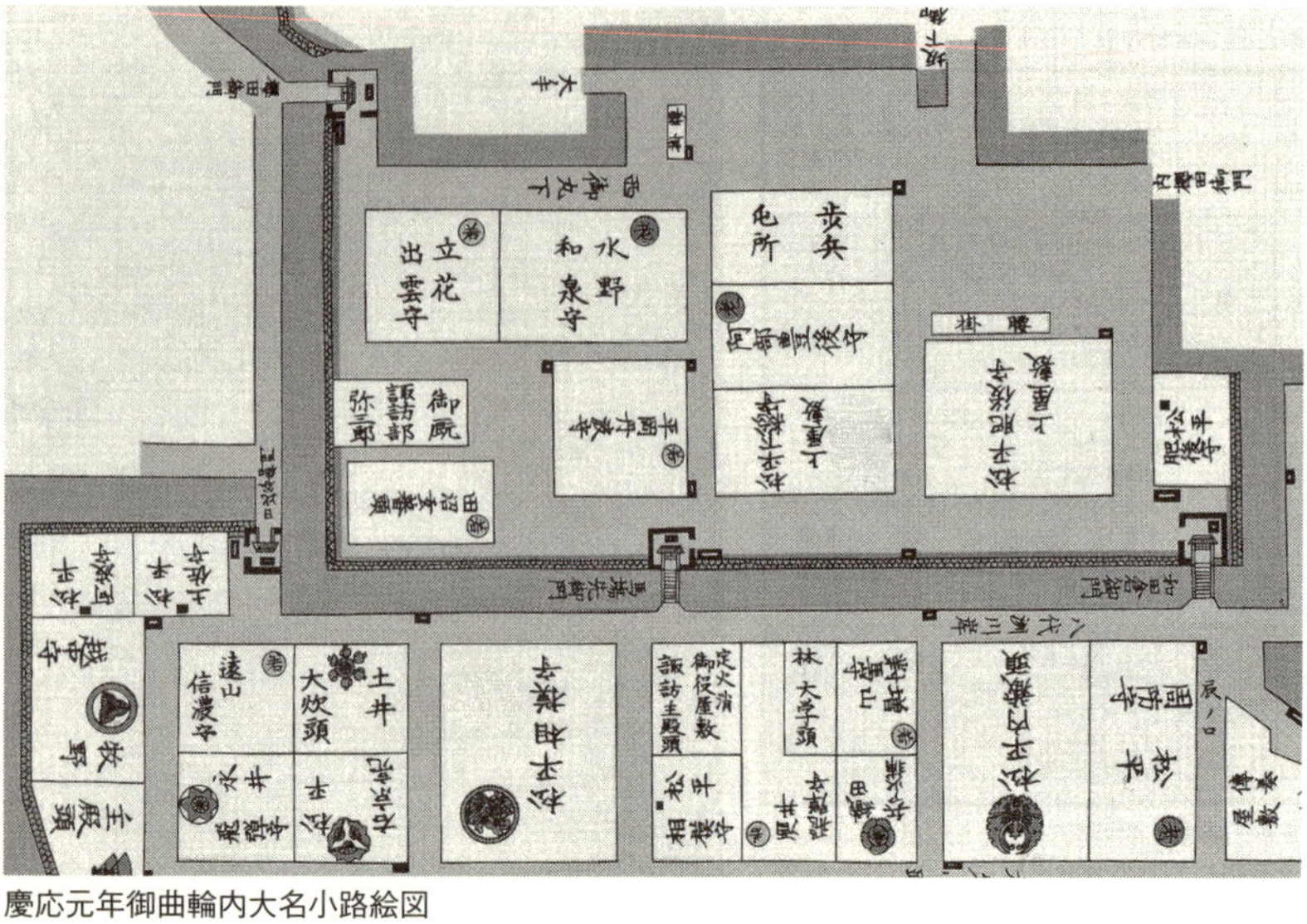

慶応元年御曲輪内大名小路絵図

なさず、たちまち勤務上に大関係を生じ背む。かくのごとく一行一事の伝達、ことに遠路数十人の往復、いうばかりなし。

ことさら至急を要するは、馬を走らしむるがゆえに、この頃、家計の内困難、節倹を専らにし、わずかに馬二頭を超える能わざりしも、たちまちにして一七、八頭も要せざるを得ず、挙家愕然《がくぜん》、論議紛々たりしも止むを能わずして、毎月耐忍し、遂にその極を得たり。


種恭は若年寄に上がって、その究極のお役所仕事ぶりに愕然となる。帳簿一つを持ち出すにも何十回もの手続きと説明が必用で、手紙一つを馬で藩邸から江戸城まで走らせるという具合で、藩邸の馬は予算上二頭飼うのがやっとだったが、一七、八頭必要となったというのである。

日本の近代化に尽くす

初めはお役所仕事に窮した種恭だが、その後、種恭らが取り組んだ開国した幕府の幕政改革の斬新さには目を見張るものがある。

世界を知る「幕府の統一国家思想は、現実の制度の上に立っているので具体的でリアリティがある。倒す方（攘夷派）は、綱領以上は出てこない」（『日本の近

城内につめる諸大名

江戸城（現在の皇居正門前）

世』）。

「実務能力のある幕府の外交・技術官僚をはじめ、蕃書《ばんしょ》調書・開成所・長崎海軍伝習所など幕府諸機関で学問・技術・技能を取得した幕臣・諸藩士を抜きに明治政府の文明開化策は実現できなかった」（『日本の歴史』）。

「明治四年までの（新政府の）政策は慶喜政権がつくったものを踏襲している」「将軍（慶喜）は蒸気機関車・海軍・電信・炭鉱や科学の必要性を理解しており、とくに横須賀製鉄所や西洋式軍隊の推進者だった小栗忠順《ただまさ》はガス灯から兵庫商社（株式会社）、諸色会所（商工会議所）、中央銀行、新聞、郵便、鉄道、郡県制度まで様々な構想を持っていた」（『日本の歴史』）。

慶応元年（一八六五）から四年の幕府瓦解まで、将軍と幕閣の一部は大坂城・二条城にいて、朝幕政権をめざし、「摂関体制への幕府体制の移行であり、他面では西洋議会制度導入による将軍の首相化」を進めていた。

「大坂城で指揮を執る老中首座板倉勝静《かつきよ》らは江戸・大坂に分かれた幕府機構において、政治は大坂、江戸は諸藩からの申請処理や幕政の近代化策の推進と分担し、継飛脚（公儀飛脚）を四日毎に往復させ、両者の齟齬《そご》を補うために大坂町奉行兼勘定奉行井上義斐《よしあや》が大坂・江戸を往復してあたった。元来縦割りの幕府機構も、この頃は奉行以上の重臣は何役も担い、お互い協力しあって、幕政の近代化に取り組んでいた」（宮本敦恒「将軍進発期江戸・大坂間の幕府政務処理について」）。

将軍に侍し、大坂城に居た若年寄立花種恭も例外ではなかった。「老中日記」を見ると「御改革御用」のため江戸城にあった種恭も、このような幕政の近代化に大きくかかわっていたことが読み取れる。

元治元年（一八六四）四月十六日、種恭は、老中牧野忠恭《ただゆき》邸において仏国公使レオン・ロセスと初めて会見、同年十二月十九日、外国御用取扱老中水野忠精《ただきよ》、同阿部正外《まさと》、同諏訪忠誠《ただまさ》とロセスの会談がもたれ、仏国の協力による幕政の近代化がはじまった。この後、幕政改革に向かって種恭の東西奔走がつづく。

慶応元年（一八六五）五月、将軍家茂に随従して京都にいた種恭は、大坂町奉行井上義斐、大目付田沢正路とともに兵庫へ向かい、英艦にて各国公使と応対して、神戸開港問題について十日間の延期を談じた。

同年十月五日、種恭は条約勅許の難局を乗りきり、十二月二十三日、再びロセスと英国公使ハリー・パークスに面談した。翌二年三月十八日、佐渡金山・伊豆鉄山の開発について勘定奉行小栗忠順と協議、四月四日には御勝手改革見込書を提出、四月十四日、御勝手御入用掛となって、小栗へ改革見込書を令達した。

同月二十日、種恭は「御改革御用」の用命を受け、江戸へ下った。

五月には懸案の関税並びに横須賀製鉄所建設について、ロセスと面談した。

七月十五日、北海道の岩内炭鉱と三ツ谷村の銀山の現地調査、十八日には軍政取調御用を任じられ、幕府軍政の再建に乗り出した。陸軍は仏国軍制を採用して、

仏国公使レオン・ロセス

英国公使ハリー・パークス

仏国軍事顧問三人を採用し、十二月二十三日、軍制改革を開始した。

　この間には将軍家茂の死去、第二次征長戦の休戦、徳川慶喜の第十五代将軍の就任など、多事多難が打ちつづく日々だった。

　そのため外国御用・月番は免除されたが、御勝手御入用掛・軍政取調御用掛として改革に取りくんだ。過労で高熱と頭痛に悩まされる種恭は、それでも「幕府を立て直す」というよりは「新しい日本をつくる」という意気込みで改革を進めていった。

「老中日記」には、英仏など諸外国の公使との交渉や、幕政改革を共に推進していた小栗や横須賀製鉄所の仏人技術者ヴェルニーが度々登場する。

　これらの「新しい国づくり構想」は、明治政府の国づくりの礎となった。

　大蔵大臣として、貨幣を円札に変えた大隈重信は、「我々のやっていることは小栗がつくったレールの上を走っているに過ぎない」と述懐している。レールといえば、新橋・横浜間の鉄道建設は、幕府瓦解で計画に終わったが、その構想は大隈らに引き継がれ、明治五年（一八七二）九月十二日に開通した。また、ガス灯や書信館制度（郵便制度）も構想し、電信は外国奉行江連尭則《えづれあきのり》の建議で設計図まで完成し、工事にかかるばかりだった。

　このほかにも次のような近代化構想と功績がある。

勘定奉行・小栗忠順像（東善寺蔵）。種恭や小栗らはヴェルニーと協力して日本の近代化を進めた

仏人技術者ヴェルニー

海外渡航の自由化

慶応二年（一八六六）、幕府は開港にともない国民の海外渡航の自由化を発した。おもしろいのは曲芸師や手妻師などの海外興行で、旅券発行第一号から三〇号までは芸人だった。曲芸師の廣八は、米・英・仏・蘭・スペイン・ポルトガルを巡業した「日記帳」を残しているが、庶民の実見した欧米の実像を日本に伝えることになった。そのほかの庶民の渡航は貿易、留学などが多かった。

兌換紙幣の発行

種恭は慶応三年五月、御勝手掛、六月には会計奉行となった。慶応四年一月、若年寄から老中格に昇進、会計総裁を兼ねた。三十一歳だった。幕政改革にあたって秀逸なのは、小栗の建議による兌換《だかん》紙幣の発行である。基本の貨幣を欧米のように兌換紙幣に転換させ、金の流出を防ぐことにしたのである。慶応三年八月、勘定奉行小栗忠順は三井御用所の三野村利左衛門に命じて、「江戸横浜通用銀札」を発行させた。発行元は銀座で「江戸銀座札」と呼ばれた。

幕府は一〇万両の金札を三井御用所に引き渡して、外国方関係の支払いに充てさせ、兌換準備金は関税収入で補った。

その後、幕府は「関八州国内限り通用金札」を発行して江戸の本両替商に一軒

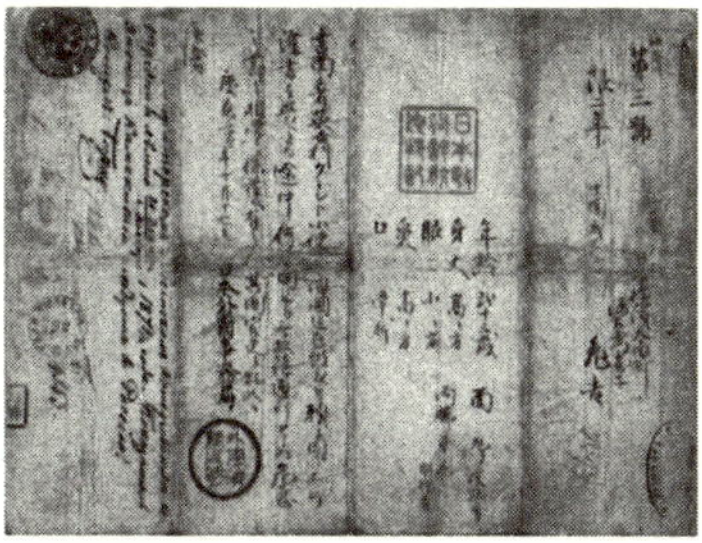

慶応２年（1866）発行の幕府のパスポート（外務省蔵）

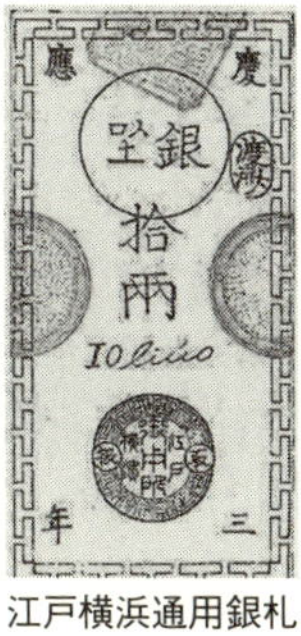

江戸横浜通用銀札

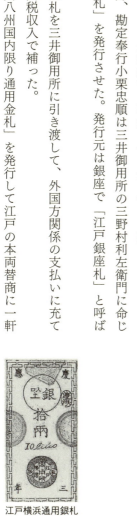

あたり三〇〇〇両を交付し、正貨（小判）二〇〇〇〇両を幕府に上納させ、兌換資金とした。

貿易商社の設立

慶応三年六月五日、兵庫開港に備え、貿易商社「兵庫商社」を鴻池ら大坂の豪商につくらせた。兵庫貿易の独占の見返りとして一〇〇万両の金札を発行させ、幕府はこの金を兵庫開港の財源となした。兵庫開港三年後には関税収入が銀一〇〇万両と見込まれ、これを準備正貨とすることにした。次に幕府が一〇〇万両の銀札を発行し、ガス灯・郵便・鉄道の建設を計画した（『小野友五郎の生涯』）。

横須賀製鉄所の建設

安政二年（一八五五）、国を開いた幕府は、海軍創設のために長崎に海軍伝習所を開き、軍艦も一五隻を擁したが、軍艦の改修や修理を行うドックがなく、上海にある欧米のドックに依頼していた。そこで小栗忠順の上申で、仏国の海軍技師ヴェルニーを招いてドックと鉄工所を建設、横須賀製鉄所と称した。

「老中日記」には、種恭がヴェルニーの労をもてなしたことが記されている。

日本海海戦で勝利し、日露戦争を決した東郷平八郎提督は、戦後、幕府がドックを建設していたことを称え、司馬遼太郎は小栗忠順を「明治の父」と呼んだ。

横須賀ドックの建設は日本の近代化の礎となった

幕府がつくらせた貿易商社「兵庫商社」

鳥羽伏見の敗戦と幕府崩壊

立花種恭は混迷する政局にあって幕末の幕政改革に奔走し、藩政を見るいとまがなかった。この間国許では、藩政を揺るがす事件がつづいていた。

慶応二年（一八六六）二月、幕領川俣宿松沢の粂八が第二次長州征伐反対の檄文を全国に撒く事件があり、六月には信達騒動の大一揆が下手渡にも押し寄せた。不作のこの年、拝借金の返済が滞り、藩庫からの立て替えを余儀なくされるなど、地元は混乱の極にあった。そこで慶応三年十一月七日、家老屋山外記と立花堅二《けんじ》が江戸に来て種恭に藩情を訴え、帰国を促した。

幕閣の立場と藩主としての立場の間で、種恭の苦悩がつづいた。そうしたなか、翌慶応四年一月、幕府は崩壊を迎えることになる。「老中日記」には次のようにある。

一月三日、晴、坂地（大坂）より飛脚着、慶喜公、朝廷により御入京の途次、前駆、騒擾起こり、為に朝敵の名蒙《こうむ》る。

一月五日、松平周防守から老中格への内命ありといえども辞退す。

一月八日、周防守より「大坂よりの早飛脚で、伏見にて戦争あり」とのこと。老中格の儀、周防守より再度説諭され、やむを得ずお受けする。

鳥羽伏見の戦い。薩摩藩主にも知らせず、西郷らが引き起こした戦争に、国許は騒然となった

慶応３年（1867）10月14日の将軍徳川慶喜の大政奉還を伝える外国の新聞
（横浜開港記念館蔵）

一月十二日、周防守より文あり「昨夜、屋敷に突然、老中首座板倉伊賀守、宝賀美作守が訪れ、伏見の次第と徳川慶喜が逃げ帰ったことを聞いた。よって早めに登城されたし」とのこと。

一月十五日、今日も大激論。勘定奉行兼陸軍奉行並の小栗忠順が罷免された。

一月十六日、開戦論の種恭は議論の場から下がろうとする慶喜の前に立ちふさがって、開戦しないなら「どうぞお斬りあそばせ」と抵抗したが、慶喜は「その方どもはさよう申すが、今日の旗本の様子はどうだ」と御意になったので黙って退いた。徳川を守るはずの旗本にまったく戦意がないのである。

これで恭順が決まり、種恭はやはり開戦論の榎本武揚《たけあき》らと幕府の終焉《しゅうえん》を思い、松の廊下で泣いた。種恭は混乱のなかで、幕府に見切りをつけた。狂乱のなかで無念のあまりか、若年寄堀直虎が突如自刃している。

一月二十三日、慶喜は幕臣を中心にした新閣僚を任じた。

一月二十四日、京都聞役菴原覚兵衛が上府し、柳川藩の動向を伝えた。

一月二十八日、江戸藩邸に重臣が集まり、種恭に老中格の辞職を勧めた。

二月一日、種恭は幕府へ老中格の辞職願を出した。

二月二日、嫡男弥七郎、大病の処、今暁子下刻死去した。

二月四日、老中格の辞職を認められる。

二月九日、長女峰、馬昇風《ばしょうふう》（破傷風）にかかり、亥の下刻死去する。

老中首座板倉伊賀守

二月十二日、慶喜公、東叡山（上野）へ移り、御謹慎に相なる。
二月十五日、早朝、一書を認め、柳川藩立花飛驒守へ届ける。
二月十六日、家老菴原覚兵衛、御用人立花鑒二を急ぎ上京せしむ。

老中格を辞職したものの、混乱のなかで子ども二人を相次いで亡くしている。

江戸城では慶喜が陸軍総裁勝麟太郎、会計総裁大久保一翁、外国事務総裁山口直毅、海軍総裁矢田堀景蔵を新閣僚に任命した。初めて政治権力を手にした倒幕派の勝は「慶喜の思惑にかかわらず、幕藩体制を潰して新しい体制に委ねようとして、旧幕内の主流派を一掃しようとした」（『小野友五郎の生涯』）。

そのなかで種恭に幕閣より、老中格再任・復帰の要請があった。

種恭は「下手渡藩は勝手向き病弊洗うがごとく、種恭は家臣の扶助もできないありさまである。まして脳病を発して床に伏している」と届け、再任を辞退した。

この後、老中首座板倉勝静（備中松山藩主）、稲葉正邦（淀藩主）、松井康英（川越藩主）、小笠原長行（唐津藩主）、酒井忠惇《ただとし》（姫路藩主）、老中大給乗謨《のりかた》（田野口藩主）、稲葉正巳《まさみ》（館山藩主）、大河内正質《まさただ》（大多喜藩主）、若年寄永井尚服《なおこと》（加納藩主）、大給近説《ちかよし》（府内藩主）、石川総管《ふさかね》（下館藩主）、京極高富（峰山藩主）ら旧幕閣は二月二十一日までに慶喜から罷免された。

旧閣僚の多くはこの後、京都維新政府に恭順を表したが、武士の義を貫いた者もあった。恭順した者も上京を求められ、その後、罰された者もあった。

将軍徳川慶喜

陸軍総裁勝麟太郎

二月十八日、西の丸の役屋敷を出て、深川上高橋の屋敷に移る。

二月十九日、母上はじめ家内中、西の丸役屋敷から深川邸へ戻る。

二月二十日、下手渡より、宮崎又蔵、早追いにて着し下手渡事情を告げる。

二月二十六日、家臣浅井四郎、木村如助、小野川鶯馬を三池へ出立させる。

二月二十九日、細川利永（熊本新田藩主）来る。七日、上京の由。

三月三日、小笠原長行、同家中一同、在所唐津へ移転の内意の由。

深川の屋敷に移った日、京都新政府より貢使を差し出すよう達しがあった。京都の菴原覚兵衛の新政府への工作がうまくいったらしい。

一方、下手渡からは「仙台より福島へ使者来る。二本松征伐すべき相談と、佐竹、上杉へ会津征伐の勅命ありといい、国許は論議沸騰、情勢不安につき、鎮静方々国許へ早々下向されたくとのこと」と嘆願がきた。

同日、陸軍調役並本多敏三郎・同、伴《ばん》門五郎が来て、「彰義隊」を創設し、東叡山に兵を集めているので隊長をお願いしたいと、家臣森脩に願いきた。そこで「慶喜公、東叡山で御謹慎なれば君臣は謹慎すべし」と森を通じて諭した。

老中格を辞めても、種恭のもとには幕臣からの頼みごとが引きも切らない。下手渡の藩情もひっ迫して、帰国を促す使いが相次いでいる。

三月五日、家臣一同の建議を受けて、種恭は国許に向かった。

三月六日明け六つ半（七時）、在所下手渡へ出立。邸前より船で下る。

種恭は、西の丸役屋敷から深川藩邸に移る

三月九日、喜連川《きつれ》(栃木県さくら市)泊、ここへ江戸邸から京都詰の菴原家老より手飛脚★あり。「下手渡の下向について、しばらくご見合わせを」とある。すでに徳川征討軍が進発し、情勢が緊迫していることを恐れたのであろう。

奥州情勢も混とんとし、下手渡への旅も困難に面した。奥州街道筋は幕府脱走軍が出没し、これを恐れて人馬の継立《つぎたて》★、問屋も逃亡し、種恭一行は荷物の運搬に困窮して、家臣が担いで運ぶこともあった。

三月十三日明け六つ(六時)に出立し、二本松から阿武隈川を渡りて領分西飯野に着す。羽田村神社に詣で休息、それより古鹿坂峠を過ぎて、下手渡に着いた。三月十五日、江戸邸より飛脚があり柳川藩と共に天保山(大坂)警衛を京都(維新政府)より仰せつかるが、上京の儀は病気として延引している。

下手渡に着いた種恭は家臣を集め、藩政改革と今後の方針を示すことにした。三月二十一日、種恭は三席一同(重臣)を広間へ集め、「政治向き改革、近隣諸家へ使者差出の儀、並びに議事規則を認め」一同に示した。

三席投票制と藩政改革

下手渡藩政改革について

立花種恭は「老中日記」に、新たな藩制改革について記している。

仙台大手門。仙台藩には京都騒乱の事情を知らない奥羽諸藩から情報を求めて使者が相次いだ

▼手飛脚
家中の飛脚。国許と藩邸を結ぶ飛脚で、足軽や中間が担った。

▼継立
運搬の人馬をかえること。

万事公平を以て趣意とし、主人役々之儀はもちろん、下末々の事に至るまで、いささか嫌疑斟酌《しんしゃく》のなく、辞譲を去って十分に正論を尽くすべく申す。尤も、議論混雑あるまじきこと。銘々議論の儀有之、いかほど大論に及び候えども、元来、公論の席、退去後、私怨の念慮決して相蓋《そうがい》★申すまじき事。

一、三席投票人選の儀等申し達す。

一、議事規則を定め、議事局を設ける。

一、議官と議事掛を以て治政を行う。

今後の藩政については上意下達ではなく、何事も万事公平にして意見を求め、藩主や家老など重臣から下士に至るまで、思うところを述べ、正論を尽くすようにしたい。しかし、議論にあたってはいかに争論となっても、議論の主題は公論であり、退去後、私怨に思ってはならないと、藩政改革の意義を諭した。

また、藩政を執行してきた代々世襲の家老・中老など幹部は、これより家臣の投票で決め、政治を衆議で行うというのだから、広間を埋める家臣はざわめいた。議官は投票によって種恭が選ばれた。議事掛は任期一年、これも投票で選んだ。結果的にそれぞれ藩主と家老、中老が選ばれ、その任にあたることになった。

藩政改革を終えると種恭は仙台藩をはじめ近隣諸藩へ使者を送り、また、探索方を発して、奥羽諸藩の動向を探った。その報告を受けて、種恭は下手渡藩の今後について決断した。「老中日記」には次のようにある。

▼相蓋
むし返す。

下手渡藩より下賜された御膳
（御代田村、真法寺蔵）

奥羽陸奥近隣諸家への使者及び探偵をもって、隣藩の模様を察するに、
一、仙台は大藩なりといえども、藩内、論議四分五裂にして、一定の定見がなく、内露（内情はあきらか）にして論ずるに足らず。
一、二本松・相馬・福島・三春・平藩のごときは小藩にして力なく、会津、米沢、庄内の三藩は、見るところ無きに非ざるも、右連合、一致進退なすを共にすべきにあらず
一、佐竹は方向を変え、羽州の藩々におけるも、さらに見るべきものなし。余、思慮するところありて、下手渡にきたりしも、ここにいては何の為すべきこともあらん。止みなん、止みなん、しかるときは徒に、この地へ止まるべきにあらず。速やかに家族を連れて上京し、家族は筑後三池に住せしむるにしかずと決せり。柳川藩よりも、右同様の義を以て忠告しくる。江戸よりは森脩きたって、速やかに上京すべしと江戸邸家臣一同議決、よって早追の心を以てきたると。ここにおいて諸方の論議一致し、柳藩等四百里外の決議、今日来るは、また奇というべく、ゆえに発意を決して、明後三十日に出立と定む。

種恭は、仙台藩は藩論が四分五裂し、奥羽諸藩も足並みが揃わず、西軍に対峙できる勢力ではないと考え、行動をともにすべきではないと判断した。

柳川藩からも同様な忠告がきた。このまま下手渡に居ては近隣諸藩、それも大

「変わり花杏葉盃」（川俣町、佐藤一家蔵）。種恭は下手渡に戻ると領内の功労者を表彰し、報賞を与えた

立花侯携帯重箱（川俣町、佐藤一家蔵）

立花侯御膳（飯野町、高野慶博家蔵）

藩である仙台藩の意向に下手渡藩の進路を左右されることになる。

そのためには一刻も早く下手渡を離れるべきだと考え、江戸へ行くことにした。三月三十日、家老屋山外記を筆頭に供四〇人、人足二三人、荷駄六頭で江戸へ向け出立した。種恭が発った翌四月一日、旧幕府川俣代官所支配の村々は新政府の天領と布告された。同日、仙台兵が下手渡をへて川俣から本宮へ向かったが、川俣で旧幕領川俣陣屋に出向き、以後、旧幕領は仙台藩が差配するとした。新政府と仙台藩のはざまで陣屋は当惑、幕府崩壊による地方の混乱がつづいていた。

江戸に着いた種恭は藩邸に宿泊、四月十日、船で大坂へ向かった。

一行は種恭夫妻をはじめ、佐野三郎治・菴原覚兵衛・芳賀達之丞・中村伝蔵・南昌慶・重野猪之助・斑《まだら》目《め》好之進・小畑九平衛・西山金之助・青砥喜左衛門・平山勝左衛門ら藩士家族・足軽、仲間まで八二人というので、江戸藩邸の種恭の近侍は三池へ引きあげということのようだった。

下手渡留守居の家老の屋山外記と供の家臣は下手渡に戻っていった。

「御用向きは、御在所方会津征討につき、人心動揺及び事により応援の御沙汰も計りがたきを以て」とある。屋山は下手渡に残った藩士を案じたのである。

種恭は閏四月十日、兵庫に着き、三池に行く奥方や藩士とその家族と別れた。

④ 奥羽戦争と下手渡藩

三百年近くもの太平がつづいた徳川の世の末期におきた戦争は歴史に例のない無惨な戦争となり、参戦した三池兵も新政府軍の暴虐さは許せなかった。その上、戦火で陣屋も城下も焼かれ、下手渡治政は終焉した。

奥羽列藩同盟と下手渡藩

慶応四年（一八六八）三月三十日、下手渡藩主立花種恭が奥羽の情勢に危機感をいだき下手渡を去った後、奥羽では事態がさらに進んでいた。

この前三月十九日、仙台に奥羽鎮撫使なる一行が上陸した。奥羽鎮撫総督九条道孝以下、下参謀で薩摩の大山格之助・同長州の世良修蔵以下、薩摩藩、長州藩、福岡藩、総督府付属隊など六百余人の部隊だった。

奥羽鎮撫総督九条道孝は、仙台藩主伊達慶邦《よしくに》に「朝敵会津討伐」を命令した。

しかし慶邦は、「京都の治安回復に尽くし、天皇の守衛に献身した会津がなぜ朝敵になるのか」理解できなかった。

慶邦は奥羽諸藩に呼びかけ、会津救解《きゅうかい》★について討議することにした。

仙台藩主・伊達慶邦

▼救解
弁護して救うこと。

陸奥下手渡と九州筑後三池に領地がある下手渡藩は、微妙な立場にあった。江戸まで随行した家老屋山外記は戻っていて、藩士六八人とともに下手渡にいた。

その屋山に仙台藩から招集がきた。

会津救解を討議する奥羽列藩会議開催の招集である。

閏四月十一日、白石《しろいし》城（宮城県白石市）に参集し、奥羽二五藩の総意で「会津藩寛典処分嘆願書」を差し出した。下手渡藩家老屋山外記も加判した。

藩主立花種恭は新政府への恭順の意を呈すために京へ上ったが、維新政府に対峙する奥羽列藩下にある小藩が独り反対できるわけがない。領地と藩士やその家族を守るためにも屋山は、列藩同盟に従うしかなかった。

「領地は奥州伊達郡中にあり、奥羽同盟を脱し、倒幕の旗を翻すに能わず、故に老臣を遣わし同盟に参加せしめ、或いは隣藩二本松の応援に藩士を出陣せしむるなど、困惑を感ぜしのみならず、小藩のこととて一層苦心惨憺《さんたん》たるものありし」

と種恭の日記に苦渋の思いが残されている。両陣営に恭順の態度を示すことは二股とそしられようとも、小藩が乱世を生き抜くための知恵である。

同じ立場にあったのが三春藩だった。三春はすでに二月十二日に京都に使者を送り、維新政府へ恭順を表明し、奥羽列藩同盟にも加盟して兵を送った。

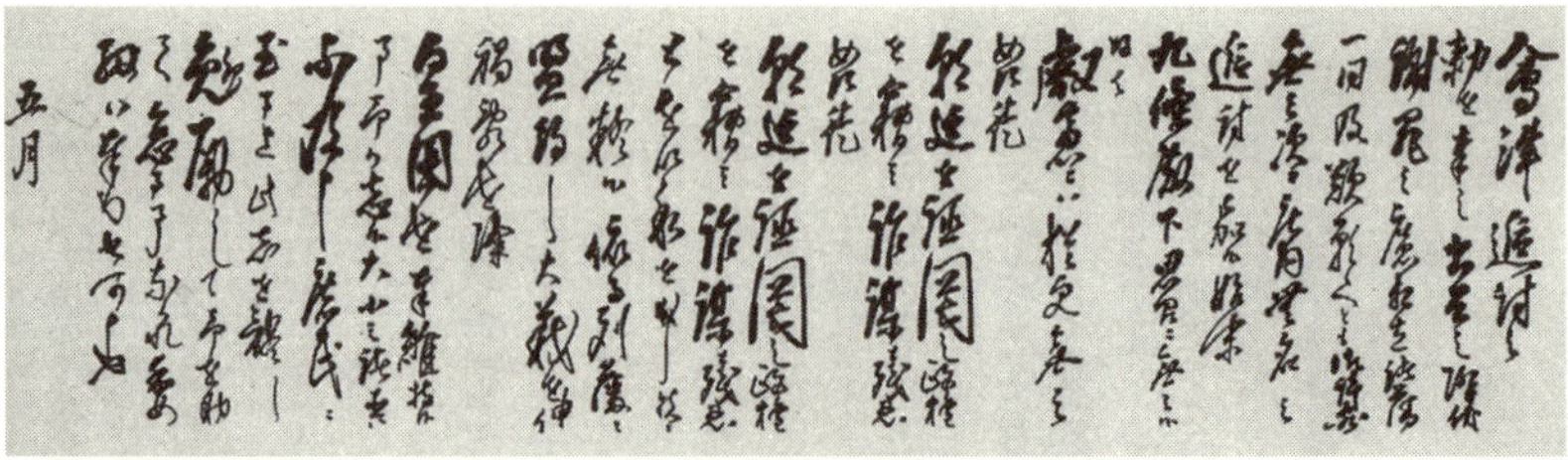

「奥羽列藩同盟結成文」（仙台市博物館蔵）。仙台藩を盟主に下手渡藩など奥羽25藩は奥羽列藩同盟を結成し、維新政府に対峙した

「降るも滅び、降らざるも亦滅ぶ」

といい落城したのは二本松藩家老丹羽《にわ》一学《いちがく》だが、三春藩家老秋田主税《ちから》も同じ思いだった。二股といわれようと、小藩が生き残るための悲壮な決断だった。

主税と同じ思いをしていたのが、下手渡藩家老屋山外記である。

ところが鎮撫使の下参謀世良修蔵は、奥羽二五藩が署名し差し出した「会津救解嘆願書」を破りすて、会津救解を許さなかった。

奥羽鎮撫使の役目は表向き、維新政府に恭順を促し、維新政府に協力して逆賊会津を討てと命じることだったが、奥羽諸藩を鎮撫する姿勢は見られなかった。

維新政府の目的は鎮撫ではなく、会津を含めた奥羽諸藩の征討なのである。

「断固たる（新政府の）基礎を据えることは、戦争より良法はない」とする国家思想は会沢正志斎の「新論」にある「断固たる攘夷によって、天下を死地に置くことにより、人心を糾合して挙国一致、国家の富強に努めねばならない」というのだから、死地に置く状況、つまり過酷な戦争とそのためのスケープゴートを必要としたのである。西郷隆盛は「日本中を焦土にする覚悟でかからねばならぬ。天下は灰になり、民は苦しむ。しかし、その灰と苦しみのなかから出なければ新しい国家はならぬ」と言い、岩倉具視も「人心が戦慄するほどに天皇の御威光を拡充しなくては、朝廷の基礎を確立することはできぬ」と言った。

すでに維新政府は慶応四年（一八六八）一月七日、徳川追討を発し、征討軍を

奥羽25藩が参集した白石城

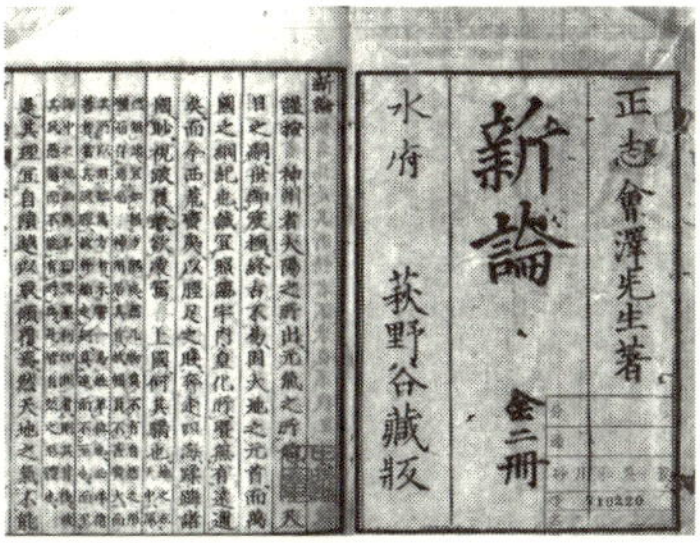

尊王攘夷運動の発端となった
会沢正志斎の「新論」

三道（東海道・東山道・北陸道）から進軍させていた。

「関東の戦争は、実に大政一新の最良法なり」（「木戸孝允《たかよし》文書」）というものだったが、江戸では徳川が無血開城、矛先を失った維新政府は奥羽征討を進めた。

そのようなことを知らない奥羽諸藩は会津に恭順を勧め、平和裏にことを収めようとした。だが、維新政府はこれを拒否した。それどころか、奥羽へ戦争をしかける使命をおびた奥羽鎮撫使は開戦させるために、これ以上ない卑劣なことをした。

「薩長兵の入国以来、公然として仙台藩士を侮辱《ぶじょく》する俗謡を歌ひつつ街路を横行し、酒を被りて、士人を凌辱《りょうじょく》し、隊を組みて市井を乱暴するも、天朝の軍人たりといふの故を以て、有司も之を咎《とが》むるを得ず。甚だしきに至りては良家の婦女子を捉えて終身拭ふべからず辱めを与へ、而も、これらの事ただに無頼走卒のみならず、大山、世良及び隊長と称する者、亦之を敢えて省みらざる。

人は視て、鎮撫使の為すところなし、之を疾《や》みて官賊と蔑するに至る。是、奥羽の人望を失ふ基を開くの一なり。世良参謀、討会出陣と号し、常に福島周辺の妓楼に在り、昼夜昏且《かつ》を分かたず杯盤狼藉《ろうぜき》傍を人無き如く、故に諸隊長より兵卒に至るまで、世良参謀を疾み視る仇讐のごとし」（『仙臺戊辰史』）と、藩士はおろか農町民まで維新政府の鎮撫使を蔑み憎んだ。

本来、王政復古は、天皇の徳を以て新しい天皇政府を開くべきだったが、維新

奥羽戦争を主張した木戸孝允

「奥羽はみな敵」とした下参謀・世良修蔵像

政府首脳に平和な解決と民主的な国民国家をつくる気など、毛頭なかった。

木戸孝允など「天皇の力を見せつけるために、相手に絶望感を抱かせる残虐非道な戦争を遂行しなければならない」と、天皇の御威光とは即ち恐怖政治というのだから、奥羽戦争は比類のない非道な戦争となった。

その命を受けた下参謀の世良修蔵は「奥羽はみな敵」として、奥羽二五藩のせん滅を謀っていた。世良の密書でこれを知った奥羽諸藩は激怒、福島の妓楼に居た世良を襲って処刑した。世良の処刑は即ち開戦を意味した。

奥羽列藩会議は「救解を認めない」維新政府のかたくなな態度から、列藩で維新政府に対する軍事同盟に発展していった。

五月一日、奥羽軍と維新政府軍の東西両軍は白河城攻防で激突した。

白河以北が奥羽といわれたが、この頃、白河城は空き城で、東西両軍とも白河城をシンボルと見て、攻防を繰り返した。

五月三日、奥羽諸藩二五藩は越後六藩とともに奥羽越列藩同盟を結成して、維新政府と対決した。越後では長岡藩を攻撃し、奥羽越で戦争がはじまった。

非道な戦争を問う三池兵士

奥羽戦争には三池兵も参戦している。

奥羽25藩は維新政府と対決、5月1日、奥羽戦争がはじまった（長谷川恵一画／白虎隊記念館蔵）

鳥羽伏見戦争で幕軍敗戦の後、下手渡藩がどう対応したかはわかっていないが、柳川藩の記録に、三池兵が柳川軍に随従して参戦したことが記されている。

慶応四年（一八六八）二月六日、柳川藩は薩摩藩の出兵要請の使者に応諾した。急ぎ軍制を洋式に改め、軍艦を購入、新たな部隊は英隊と断隊と名づけた。

二月二十八日、英隊は藩船千別《せんべつ》丸に乗り込んで大坂へ向かった。この隊には三池兵四一人が随従したことが記されている。

上坂した柳川・三池隊は、維新政府から東山道軍第二総督西園寺公望の随行を命じられた。三池隊は隊長辻佐久馬・古賀蒙太郎・伊藤九郎右衛門・松浦鶴治・向坂多仲・荒木又之丞・高石斎彦・北原松次郎・小山直之丞・下村一馬・小田原清之丞・山本喜十郎・浅井四郎・荒木浅吉・川口績、足軽小畑小次郎、小者四人だった。三池隊は京都で藩主種恭から激励を受けた後、江戸に向かった。

六月七日、柳川・三池隊は奥羽戦線への出兵命令を受け、平潟（茨木県北茨城市）へ向かった。

柳川・三池合同軍は総勢三二九人、うち三池隊は銃隊一六人、夫卒二人とある。

六月十九日、柳川・三池合同軍は平潟に上陸した。

平潟上陸部隊は、浜通りを仙台へ向かう部隊と内陸の三春へ向かう部隊に分かれ、柳川・三池隊は三春に向かう隊に属した。平潟から下手渡へは四〇里（一六〇キロメートル）ばかりで、三池兵はすぐにも救援に向かおうと気が逸《はや》るばかり

維新政府軍が上陸した平潟港

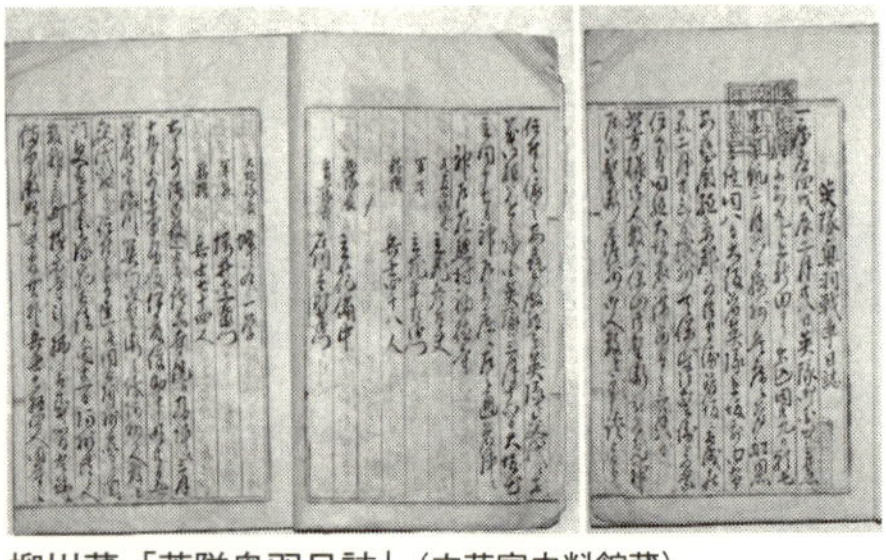
柳川藩「英隊奥羽日誌」（立花家史料館蔵）

だった。

戦争の状況について『相馬街道の戊辰戦争』に沿いながら話を進める。

六月二十三日、維新政府軍と同盟軍の本格的な衝突は新田《しんでん》山麓の新田坂（福島県いわき市）だった。戦争がはじまると同盟軍は、維新政府軍の官軍という呼称を嫌い西軍と呼び、同盟軍を東軍といった。

この日は雨で東軍に多かった火縄銃が使えず、戦況は洋式銃で装備した西軍有利に展開した。勢いに乗った西軍は泉藩の陣屋を落としたが、湯長谷藩は守兵百十余人ながらよく防戦し、なかなか落ちなかった。

七月十三日、平戦争（福島県いわき市）。平藩は元老中首座安藤信正で、徹底抗戦で迎え撃った。西軍の誤算は、小藩だと侮った平藩の猛烈な反撃だった。

戦争は人を狂気にするというが、西軍は見せしめに鬼畜を思わせる蛮行をした。

「平城の陥るや、西兵、城下の

海道軍の進軍

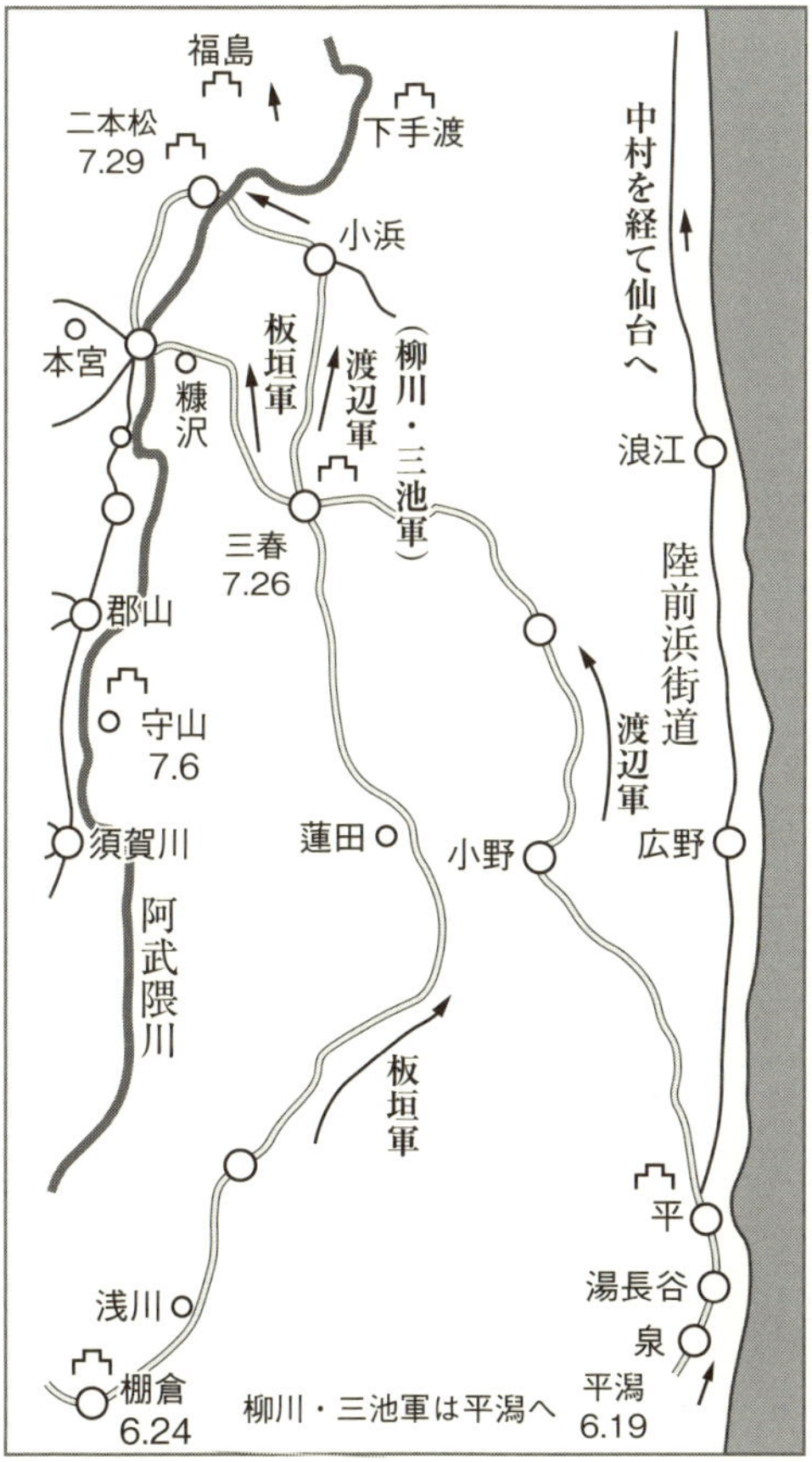

財貨を略奪し、残すところなく、その悪虐暴戻なるは婦女子の掌を穿《うが》ち（手の平に穴をあけ）、縄を通して使役する」（『仙台戊辰戦史』）。

さらに、西軍は東軍に恐怖心を起こさせるために非道に徹した。

「西軍兵は、木に縛り付けた捕虜の東軍兵の耳を切り落とし、鼻を削ぎ、胸を切り割り、残骸は打ち捨てた」（『仙台戊辰戦史』）。

「戦死した小川平助の腹を切り裂き、生肝を取り出して食らう」（『二本松藩史』）。

陸奥ではないが「那須郡三斗小屋宿では旧幕府軍の軍夫にさせられた農民が畑の中に立たされ、新政府軍の一斉射撃の的にさせられた」（『三斗小屋誌』）とある。

維新政府が掲げる攘夷の「夷敵禽獣《きんじゅう》」は、ここでは維新政府軍そのものだった。

三池の尊攘派の魁として出征した向坂多仲は、その野蛮さは目を覆うばかりで、「戦いのなかの野蛮さは勝者の繕いとして隠ぺいすべきではない」と語っている。

三池兵は戦争を初めて経験し、その無惨さと非道さを知ることになった。

向坂多仲が参戦した奥羽戦争は「戊辰戦争」といわれるが、戊辰戦争という呼称は中国・九州ではあまり知られていない。「維新戦争」と称するからである。

維新を認めない奥羽では、戊辰の年に起きた戦争なので戊辰戦争という。

同様に奥羽では「官軍」を認めず「西軍」という。なぜだろうか。

それは奥羽にとって「明治維新」は奥羽に新しい燭光をもたらしたわけでもなく、唯々残虐な侵略戦争の犠牲になり、維新後は復興も許されず、「白河以北一

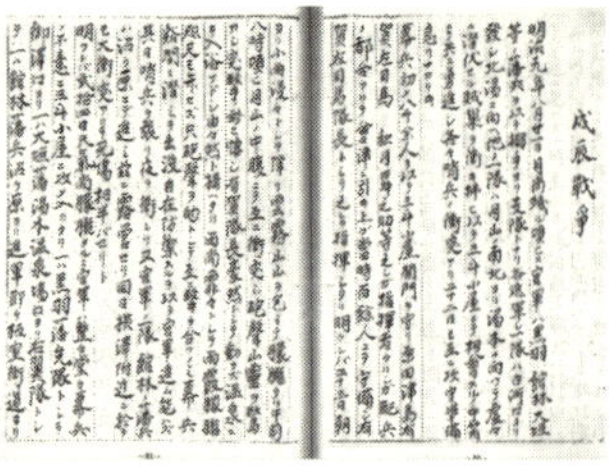
戊辰戦争

『三斗小屋誌』（黒磯市図書館蔵）

平戦争で維新政府軍は残虐の限りを尽くした

山百文」とさげすまれる非道な仕打ちにあってきたからである。

下手渡藩と奥羽戦争

恐れていた奥羽戦争の開戦で、藩主が京都に在って新政府に恭順し、東軍に兵を送れない下手渡藩家老屋山外記は絶体絶命に陥った。

種恭は京都に留め置かれ、応分の兵を出せと命令され、下手渡では東軍から兵を出せと強要される。京都の藩主の身の安全を考えれば西軍に敵対できず、一方、兵を出さない下手渡藩の向背が東軍から疑われたのである。場合によっては東軍から討たれることも十分に考えられた。

西軍の作戦は「枝葉を刈れば幹（会津藩）は枯れる」というもので、会津を幹、仙台や米沢など会津の周辺諸藩を枝と見て、落としていくものだった。

西軍に対する同盟軍の盟主が仙台藩である。その仙台藩や奥羽の諸藩兵は奥州街道の白石、浜通りの旗巻峠《はたまき》（福島県相馬市）、仙台領丸森から川俣街道をへて陸奥へ入り、西軍も同じルートで陸奥へ進撃したので、その間の伊達郡一帯は東西両軍が入り乱れる戦場となって、両軍から災禍にあうことになった。

七月二十六日、東軍の仙台藩猛虎組が川俣で軍用金を押借り、それ以前にも金品を強要し、下手渡村、大波村で金品を強奪した。

白河小峰城

「白河戦争」。奥羽戦争は白河ではじまった

七月二十九日、二本松落城。二本松では城兵がなく、十二歳から十四歳の少年兵まで戦い、守兵が全滅する悲劇があった。これを知った福島藩は城を退いた。八月二日、東軍の仙台兵が梁川を焼き討ちした。

八月六日、相馬藩が西軍に降伏。西軍は相馬藩を従え、仙台領へ進撃した。

五月にはじまった奥羽戦争で東軍は負け戦がつづき、三カ月で、はや終焉に近い。やけになったのか仙台兵は、伊達郡の村々を襲って略奪放火を繰り返した。

白河戦争にはじまった奥羽戦争は現在の福島県全域に広がり、浜通り・川俣街道・中通り・会津地方は戦火に覆われた。

種恭の日記には「八月六日　下手渡藩士家族、老若婦女子を三春藩へ避難さす」とある。仙台藩兵が下手渡藩に不審を抱き、攻撃するとの情報があり、家老屋山外記が三春へ出向いて、西軍参謀渡辺清へ援軍を頼んだが、兵不足なので三春へ引き移るよういわれた。屋山は老若婦女子を三春へ避難させた。避難先は庚申坂の遊郭とあり、婦女子には戸惑いがあったことであろう。

実はこの前、柳川兵・三池兵は下手渡陣屋に進駐していて、西軍の阿波兵などが川俣・下手渡に着頭すると、七日の夜に八人ばかりを残して陣屋を引きあげている。解せない行動だが、弾薬不足で補充のためだったともある。

八月十四日、御代田戦争。御代田村へ仙台兵七、八人が現れ、名主を拉致したために近隣の百姓が集まり、仙台兵を殺害したとの知らせを受け、下手渡兵三人

三春庚申坂の遊郭跡。下手渡藩士の家族は戦乱を避け、10里（40キロ）の道を歩いて三春へ避難した

を差し向け、山中を探索すると仙台兵二〇〇人ほどを発見、裏山に登って、後方から撃ちかけたところ、仙台兵七、八人が斃れ、四散した。

これを受けて、川俣陣屋に使いを走らせ、農兵の増援を頼んだ。

「わが藩は藩主不在且つ態度明ならざるを以て、同盟の盟主仙台藩は、わが藩が同盟を脱し、条約に背きたりとなし、八月十六日下手渡陣屋を襲撃せり」

「八月十六日、下手渡戦争。明け六つ半刻（七時）、掛田宿より仙賊三〇〇人が下手渡陣屋へ襲来、町方や領分在々に火を放ちながら乱入してきた。陣屋の守備は柳川兵七、八人と下手渡兵二〇〇人に農兵三〇〇人がいたが、農兵は戦力にならず、味方は衆寡敵せず、無念の内に小島村まで退いた」（『老中日記』）。

柳川兵の主力が駆《か》けつけるのは翌十七日なので、斥候《せっこう》を兼ねた小隊が残っていたのだろうか。しかし、この一日の差で、下手渡陣屋と城下は灰燼と化した。

「仙賊は、陣屋はもちろん、武家屋敷、在々の集落、寺まで放火、陣屋の御土蔵米、御代田、布川・上糠田・当村にて家財の略奪を行った」（「戊申検断日記」）。

八月十七日、下手渡・月舘戦争。

三池と柳川の援軍が再び駆けつけたのは十七日の昼頃だった。仙台兵はすでに引きあげていたが、月舘に二〇〇人ほどいることを知って、ちょうど来あわせた阿波兵とともに追撃した。これを知った仙台兵も援兵があり、六五〇人ほどの軍勢になり、お互い砲戦しきりとなった。やがて仙台兵は敗走した。

戦乱は奥羽各地に広がり、下手渡陣屋を焼失した（長谷川恵一画／白虎隊記念館蔵）

戦争に勝利したものの、結果は無惨だった。陣屋はおろか城下の村落も七軒を残して焼き払われ、家財や金銭にくわえ陣屋の常備米六〇〇俵を奪われた。

八月二十三日、小島村中島で戦闘。仙台兵六五〇人、維新政府軍は阿波兵二五〇人に、下手渡藩内山田《うちやまだ》権太夫率いる黒田正蔵・清水鉄太郎・中島録之助・野崎健一郎・平野太吉・小川岩三郎・原金太郎・内山田鉄太郎・森平太郎、足軽高木庄八・高山安之助の一二人と山筒（猟師隊）竜松ほか一〇名、農兵三名が出陣した。

八月二十四日午後二時、仙台兵二五人が小島村を襲い、農家七軒を焼き払った。

八月二十五日、掛田宿の仙台兵と阿波兵が戦闘、敗れた仙台兵は仙台領へ退いていった。この日を境に、伊達郡一帯の戦争は終わり、屋山家老は小島村の興隆寺を仮陣屋とし、川俣にも藩士の宿舎を広げて、下手渡領の復興にあたった。

九月十日、仙台藩は相馬藩との藩境にある旗巻峠で敗れ、領内に攻め込まれた。

九月十八日、仙台藩が新政府に降伏。

九月二十三日、会津若松降伏開城、奥羽での戦争は終わった。

柳川兵とともに会津戦争に参戦した三池兵も、帰国の途に就いている。

十月一日、藩士大河内忠良が三春に避難した家族を連れて、下手渡に戻った。

「兵燹《へいせん》（兵火）後藩士並びに家族らに住むに家なく、民家また同様にして容易に復旧する能わず、すこぶる困難せり、藩主は遂に下手渡に還らずして三池に移られ、藩士の多くはこれに従いしを以て、下手渡に残りしは少数にて、これらの

会津城。１カ月の籠城の末、降伏

会津戦争では女性と子どもの犠牲が多かった

人々も漸次各地に離散するのはやむなきに至りたり」(『下手渡藩史』)。

十月十二日、藩士平塚庄三郎、森山邦衛が新政府の磐城民政局より、福島領の民政筋取締役を命じられる。

十二月十四日、戊辰戦争出征の三池兵が三池へ凱旋した。

出兵総数、三池四一人。うち、手負い、向坂多仲・小山直之丞・小畑小四郎。

三池兵は北越戦争にも出兵しているのだが、記録がなく不明である。

下手渡藩・三池藩の終焉

立花種恭は維新政府と対峙した幕府トップの一人であり、京都においてその罪を追及されたが、一方、幕閣や旗本に恭順を説き、かつ、老中格辞職後は下手渡藩主として維新政府に恭順、戊辰戦争に小藩ながら新政府軍として出征して、功があったことから、厳しい懲罰を受けることはなかった。

慶応四年(一八六八)八月十六日、陣屋を焼かれた下手渡藩は、明治元年(一八六八)十一月十一月十九日、三池への国替え願いを明治政府へ差し出していたが、同月二十五日、旧領安堵は叶わないが、三池移住の儀は許された(『福岡県史』)。

封地替えは許されず、種恭の三池移住が許されただけだった。しかし、下手渡には藩庁がなく、三池陣屋で実質的に政務を行うこととなったのである。

立花種恭像

政府から移住の許しを得た種恭は、十二月二日に東京を発ち、明治二年一月四日夕刻、三池陣屋の御殿に着き、家族や家臣と再会した。

三池での新しい治政は、政府が明治元年十月に発布した体制で行われることになった。そのため幕藩体制は、廃藩置県を待たずに終わったことになる。

明治二年の分別帳では士卒総数二二九人（士分一五〇人、卒七〇人、その他九人）、そのうち三池在は一二二人。東京に三九人が残り三一人が三池に帰国した。

明治二年六月十七日、版籍奉還が布告され、藩地と領民が天皇に返され、藩主と藩士は切り離された。治政は種恭に委ねられ、種恭は藩知事となった。藩庁が下手渡から三池に変わったため、治政はより複雑になった。

種恭は版籍奉還に伴い炭鉱の藩営をやめ、藩士に下げ渡した。家禄がなくなった藩士が帰農するにも三池藩領には「管内尺寸開拓の地あらず、その資本のごときもまた出るところを知らず」という状況に置かれていたためである。

明治二年の三池藩の組織は次のとおりになる。

藩知事　立花種恭
執政　　屋山外記・立花靭負・菴原覚兵衛
参政　　佐野三郎治
准参政　立花鑑二・森泰・吉村春明

明治三年の三池地区の戸数と人口は次のようだった（『大牟田市史』）。

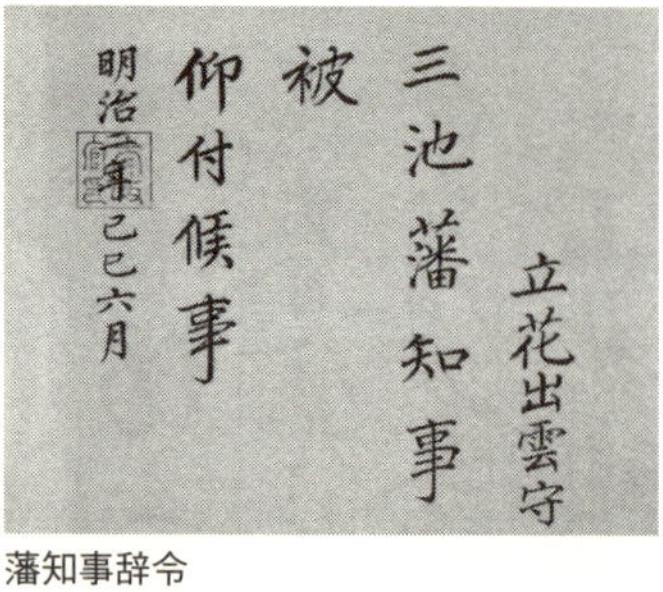

立花出雲守
三池藩知事
被
仰付候事
明治二年己巳六月

藩知事辞令
（大牟田市立三池カルタ・歴史資料館蔵）

晩年の立花種恭。学習院初代院長となった

士族は七九戸・三五五人、卒族は三五戸・一二二人、農町民は七六五戸・三六九九人うち郷士は六戸・四二人。

これは三池県全体ではなく、三池在の士卒である。

下手渡には士卒合わせて六八人ほどが残っていたようだ。

維新後すべてが三池に引きあげたわけではなく、三池県で大参事を務めた屋山外記や吉村春明は、後世を福島県の郡山や福島で送っている。

奥羽戦争で陣屋と城下の村を焼かれ、下手渡城下の復興は容易ではなかったが、藩士は領民とともに城下や村々の復興にあたった。

戦争中、三春に避難した家臣と家族を連れ戻った大河内忠良は、廃藩後は村長として下手渡村の発展に尽くし、その子孫の方は現在も下手渡で暮らされている。

下手渡には「城下町」という武家町が残り、子孫の方々が住まわれている。

藩政時代には郷方調役大河内忠良、中小姓野崎牧之進、御殿医南俊庵、御雇勤野崎健一郎、御料理方馬場太次郎氏らの名が見られる。

一方、戦後、仮陣屋を小島村の興隆寺（福島県伊達郡川俣町大字小島）に置いたため、小島村や小手村に定住した者や廃藩置県を期に下手渡に見切りをつけ県都となった福島や郡山、東京、そして三池に戻った者もあった。

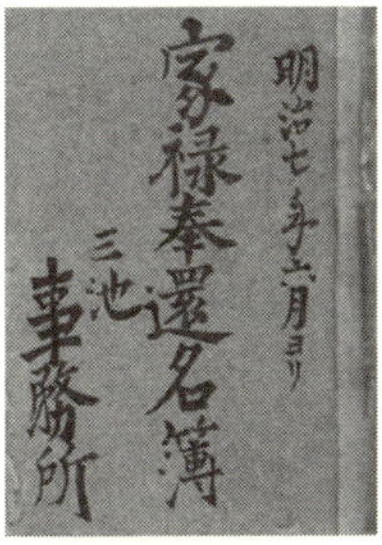

「家禄奉還名簿」（大牟田市立三池カルタ・歴史資料館蔵）

下手渡に残った御殿医南邸

エピローグ

明治の三池・下手渡と種恭

明治四年（一八七一）七月十四日、廃藩置県が発せられ、三池藩はここに終焉した。同日、三池藩は三池県となり、立花種恭は知藩事となったが、すぐに、元藩主は東京移住を新政府から命じられ、上京した。種恭は上京にさいして、陣屋内の藩主屋敷を売却している。三池には帰らないつもりだった。

三池藩から三池県下手渡村となった下手渡は、明治四年十一月二日に二本松県に編入されたが、同月十四日に福島県に編入、明治九年八月二十一日に浜通り・中通り・会津地方が統一され福島県になった。

下手渡に残った野崎牧之進、中島健介、大河内勝衛、原則久、宮内文炳などは、地元の村長を務め、新しい時代に向かって地域の発展に尽くしている。

九州の三池県は明治四年十一月十四日に廃され、三潴県に編入された。それも明治九年八月二十一日に福岡県に統一されている。

明治五年作成の「旧三池藩士族禄渡帳」には三池在住の士族は一一八名とある。

三池町は地域最大の町だったが、有明海沿いの大牟田村が三井炭坑の城下町となり、鉄道駅も大牟田に置かれると、廃藩に準じたかのように衰退していった。

その後、三井財閥の三池炭鉱の発展を受け、ベッドタウンとして再興した。

東京市深川高橋に住まう立花種恭は新政府から出仕を命じられた。

明治十年十月十七日、学習院初代院長を拝命、十七年五月十四日まで務めた。

同月、宮内省御用係に補せられ、七月、子爵を授けられた。

明治二十二年七月、爵位局主事に任じられた。二十六年三月、辞職。

明治三十二年、東京府豊玉郡渋谷村大字下渋谷字常盤松三一九番地に移転。

明治三十七年七月、貴族院議員に任ぜられた。

明治三十八年一月、従二位勲四等に叙せられ、瑞宝章を賜った。同月三十日、病のためその数奇な一生を終えた。享年七十。

墓は東京都青山霊園にあるが、別途、伊達市月舘町下手渡の菩提寺耕雲寺にあり、祖父・父の墓とともに立花家下手渡藩三代の墓が家臣の墓と向きあって建っている。耕雲寺の境内からは盆地の村落の向こう、広瀬川の対岸の山腹に下手渡陣屋の御井戸の小さな屋根が望まれる。しかし、四段に城壁が築かれ、立花下手渡藩三代の威容を誇った陣屋跡は、いまでは覆い繁る木々に埋もれて、往時の姿を望むことはかなわない。藩士平田友雄の歌が下手渡のその後を語っている。


きみならてたれか訪ふらむあし曳の山根にのこる霜かれの里

あとがき

電柱にはしごをかけ、電線を張っているちょんまげの工夫の写真を見て衝撃を受けた。電線を張るには電気の知識がなければ危険を伴う、すでにこの頃、電気の知識がある工夫が大勢いたことになり、改めて幕政時代に近代化の素地が広く培われていたことを知った。維新の四傑といわれる西郷・大久保・岩倉・木戸には国づくりや近代化の構想がまったくなかった。そのため「明治元年から四年までの政策は慶喜政権がつくったものを踏襲している」（『日本の近世』）。

それまで維新のおかげで日本は近代化したというのが通史だが、近年は幕府側からの視点や事績が研究され、幕政時代の新たな史観が語られるようになり、この国の近代化の過程や明治以降の近代化の加速は幕政時代に培われてきた「基礎」によるものだということが明らかになっている。

このことと同様に「明治維新以後終戦まで、朝廷に反対する者は悪である。逆に勤皇の志士というと、すべて美だというか、善にしてしまう」（『日本の近世』）。

ということを正さないと日本の歴史は後世にゆがんだままに伝えられていくのではないだろうか。幕末、老中格にのぼった立花種恭の思想や活躍を見ると、改めて幕末の幕政側についてスポットを当てることの重要さを思い知らされる。

さて、二〇一八年は明治一五〇年ということで、政府主導で祝祭が行われているが、賛同したのは旧薩長土肥だけである。昨秋、東北へ行ったさい話を聞くと「明治一五〇年」を祝うなど、どこまで我々を愚弄するのかという叫びを聞いて愕然とした。東北では「奥羽が無念の涙をのんだ戊申一五〇年」なのである。

改めて、歴史が勝者の歴史であってはならないことを確信した次第である。

歴史にまつわる本を書いてきて思うのは、「歴史はその地域唯一の資源」であるということである。地域オンリーワンの資源で、他所ではまねのできない、地域の宝であり、地域の誇りである。町おこし、地域おこしの資源があるのだから、ぜひ、資源をもとに再生・再興して元気を取り戻していただきたいのである。

執筆にあたっては、下手渡・月舘は今回、伊達市教育委員会文化課の今野賀章さんや五十嵐さんなど伊達市保原歴史文化資料館の皆さんのお手を煩わした。

三池については、郷土史家の新藤東洋男氏や大城美知信氏、三池史談会などの著書を参考にさせていただいた。また三池の取材は「大牟田市立三池カルタ・歴史資料館」の梶原伸介館長に資料提供をいただき、大牟田在で友人の古賀弘之君がいたので電話で連絡を取り、案内を乞うた。古賀君から古賀昭岑先生をご紹介いただいたのだが、先生の案内はまことに壺を得ていて、ありがたかった。

参考文献

安斎宗司『福島の戊辰戦争』一九八一　歴史春秋社
家近良樹『徳川慶喜』二〇一四　吉川弘文館
家近良樹『幕政改革』二〇〇一　吉川弘文館
岡本種一郎『北方領土と三池藩』一九七一　時事通信社
大城美知信・新藤東洋男『三池・大牟田の歴史』一九八三　古雅書店
大城美知信・田渕義樹『蒲池氏と田尻氏』二〇〇八　柳川市
梶原伸介「三池藩立花家の歴史と三池陣屋について」（論文）二〇一五
久保田武巳『日本の黎明と三池藩』一九八七　私家本
坂本藤良『小栗上野介の生涯』一九八七　講談社
庄司吉之助『世直し一揆の研究』一九七〇　校倉書房
新藤東洋男『明治維新と三池』一九六五　大牟田市立教育研究所
新藤東洋男『立花種恭の生涯』一九八六　大牟田の教育文化を語る会
高澤憲治『松平定信』二〇一二　吉川弘文館
高橋莞治『下手渡藩』一九七二　田中一郎
立花種恭『老中日記』（岡本種一郎編）一九八一　三池郷土館
田中彰『開国と倒幕』一九九二　集英社
田代音吉『三斗小屋誌』一九一一　黒磯郷土史研究会私家本
塚本学『日本の近世』一九九二　中央公論社
中野等・穴井綾香『近世大名立花家』二〇一四　柳川市
永井新『柳川藩史料集』一九八一　青潮社
野口晋一朗『塚本源吾と筑肥の志士たち』一九八一　私家本
橋本捨五郎『三春戊辰戦争始末記』二〇〇三　私家本
橋本虎之介『仙台戊辰物語』一九三五　無一文館書林
平川新『日本の歴史・開国への道』二〇〇八　小学館
藤井哲博『小野友五郎の生涯』一九八五　中央公論社
藤田覚『幕末から維新へ』二〇一五　岩波書店
藤原相之助『仙台戊辰史』一九八一　東京大学出版会
星亮一『仙台戊辰戦史』二〇〇五　三修社
水谷憲二『戊辰戦争と「朝敵」藩』二〇一一　八木書店
本木栄『三池山夜話』一九三四　私家本
本木栄『大牟田市史』一九三九　大牟田市
山口宗之『真木和泉』一九七三　吉川弘文館
吉村五郎『下手渡藩史』岩磐郷土研究会　一九三八
米田藤博『東北の大名陣屋町』二〇一六　関西地理学研究会
米田藤博『小藩大名の家臣団と陣屋町』二〇〇九　クレス出版
渡辺村男『旧柳川藩志』一九五七　福岡県柳川山門三池教育会
大内寛隆「相馬街道の戊辰戦争」（論文）二〇一六　伊達市教育委員会
だて市政だより『伊達地方の養蚕業』二〇一三　伊達市
北海学園大学『戦前期石炭鉱業の資本蓄積と技術革新』二〇一一　北海学園大学
岩磐郷土研究会『岩磐史談』（復刻）一九八二　歴史春秋社
いわき市勿来地区地域史『いわき市』二〇一二　いわき市役所勿来支所
江東区史編纂委員会『江東区史上巻』二〇〇九　江東区
三池史談会『三池史談』一九七五　三池史談会
三池小学校開学一三〇周年記念誌『みいけのさと』二〇〇四　三池小学校
二本松藩史刊行会『二本松藩史』一九二五　二本松藩史刊行会
大牟田市史編纂委員会『大牟田市史』一九六六　大牟田市
月舘町史編纂委員会『月舘町史』二〇〇二　月舘町
二本松市史編纂委員会『二本松市史』一九九九　二本松市
梁川町史編纂委員会『梁川町史』一九七七　梁川町
九州歴史資料館『戦国武将の誇りと祈り』二〇一三　九州歴史資料館

林洋海（はやし・ひろみ）
一九四二年、福岡県生まれ、久留米商業高校卒、トッパンアイデアセンターを経てAGIOデザイン主宰。二十代より世界を回り、中国・韓国・台湾にデザイン関係の友人多数。
六十歳から北海道から沖縄まで毎年訪れ、定点観測を行う。東北被災地は二〇一二年から毎年視察する。福岡アジアデザイン交流協会会長、星亮一戊辰戦争研究会顧問、JAGDA会員。著書『ブリヂストン石橋正二郎伝』『十二歳の戊辰戦争』『〈三越〉をつくったサムライ日比翁助』『東芝の祖　からくり儀右衛門』『キリシタン武将　黒田官兵衛』シリーズ藩物語『久留米藩』『福岡藩』『秋月藩』以上、現代書館。『医傑凌雲』三修社、『新島八重』上毛新聞社。

シリーズ藩《はん》物語《ものがたり》　**三池藩《みいけはん》（下手渡藩《しもてどはん》）**

二〇一八年六月二十五日　第一版第一刷発行

著者――林洋海
発行者――菊地泰博
発行所――株式会社　現代書館
東京都千代田区飯田橋三―二―五　郵便番号102―0072　http://www.gendaishokan.co.jp/
電話03―3221―1321　FAX03―3262―5906　振替00120―3―83725
組版――デザイン・編集室　エディット
装丁――伊藤滋章（基本デザイン・中山銀士）
印刷――平河工業社（本文）東光印刷所（カバー・表紙・見返し・帯）
製本――鶴亀製本
編集――二又和仁
編集協力――黒澤　務
校正協力――高梨恵一

江戸末期の各藩

松前、**八戸**、七戸、黒石、**弘前**、**盛岡**、**一関**、秋田、亀田、本荘、秋田新田、仙台、松山、**新庄**、**庄内**、天童、長瀞、**山形**、上山、**米沢**、米沢新田、相馬、福島、**二本松**、三春、**会津**、**守山**、棚倉、平、湯長谷、泉、**村上**、黒川、三日市、**新発田**、村松、三根山、与板、**長岡**、椎谷、**高田**、糸魚川、松岡、笠間、宍戸、**水戸**、下館、結城、**古河**、下妻、府中、土浦、麻生、谷田部、牛久、大田原、黒羽、烏山、喜連川、**宇都宮・高徳**、壬生、吹上、**足利**、佐野、関宿、高岡、佐倉、小見川、多古、一宮、**生実**、鶴牧、久留里、大多喜、請西、飯野、佐貫、勝山、館山、岩槻、忍、岡部、**川越**、沼田、前橋、**伊勢崎**、館林、高崎、吉井、小幡、安中、七日市、飯山、須坂、**松代**、**上田**、**小諸**、岩村田、田野口、**松本**、諏訪、**高遠**、飯田、金沢、荻野山中、小田原、**沼津**、小島、田中、掛川、**相良**、横須賀、浜松、富山、加賀、大聖寺、郡上、高富、苗木、岩村、加納、大垣、高須、今尾、犬山、挙母、岡崎、西大平、西尾、吉田、田原、大垣新田、尾張、**刈谷**、西端、長島、**桑名**、神戸、菰野、亀山、津、久居、鳥羽、宮川、彦根、大溝、山上、西大路、三上、膳所、水口、丸岡、勝山、大野、**福井**、鯖江、敦賀、小浜、**淀**、新宮、田辺、紀州、峯山、宮津、田辺、綾部、山家、園部、亀山、福知山、柳生、柳本、芝村、郡山、小泉、櫛羅、高取、高槻、麻田、丹南、狭山、岸和田、伯太、豊岡、出石、柏原、篠山、尼崎、三田、三草、明石、小野、姫路、林田、安志、龍野、山崎、三日月、赤穂、鳥取、若桜、鹿野、**津山**、勝山、新見、岡山、庭瀬、足守、岡田、岡山新田、浅尾、松山、鴨方、福山、広島、広島新田、高松、丸亀、多度津、西条、小松、今治、松山、**大洲・新谷**、**伊予吉田**、**宇和島**、徳島、**土佐**、土佐新田、**松江**、広瀬、母里、浜田、津和野、岩国、徳山、長州、長府、清末、小倉、小倉新田、**福岡**、**秋月**、**久留米**、柳河、**三池**、蓮池、唐津、**佐賀**、小城、鹿島、大村、島原、平戸、平戸新田、**中津**、杵築、日出、**府内**、臼杵、**佐伯**、森、**岡**、熊本、熊本新田、宇土、人吉、延岡、高鍋、佐土原、飫肥、薩摩、対馬、五島（各藩名は版籍奉還時を基準とし、藩主家名ではなく、地名で統一した）

★太字は既刊

シリーズ藩物語・別冊『それぞれの戊辰戦争』（佐藤竜一著、一六〇〇円＋税）

江戸末期の各藩
（数字は万石。万石以下は四捨五入）